기본서 반영
최신 개정판

합격으로 가는 하이패스

토마토패스

증권투자 권유대행인

핵심정리문제집

백영 편저

PREFACE

머리말

주식투자에 대한 관심이 매우 높아졌음을 피부로 느끼고 있습니다. 젊은 신규 투자자뿐만 아니라 주식의 주자만 들어도 겁내하시던 주부님들도 과감하게 주식투자에 뛰어드는 것을 보고 세상이 바뀐 것을 실감할 수 있었습니다. 우량기업의 배당이 외국인에게 주로 가는 것이 안타까웠는데 이제는 합리적인 투자를 지향하는 분들이 늘어 든든합니다.

왜 저축에서 투자로 트렌드가 옮겨 갔을까요? 누가 주식시장에 우리를 초대했을까요? 저축과 투자를 구분하는 가장 큰 특징이 바로 위험, 즉 "변동성을 감수할 것인가"입니다. 그렇다면 왜 굳이 위험을 떠안아야만 할까요? 답은 간단합니다. 금리(이자율)가 떨어졌기 때문입니다. 금리는 시장에 자금 향방을 결정하는 신호등이라 할 수 있습니다. 중요한 점은 금리가 너무 떨어졌다는 것입니다. 정기예금으로는 물가통계가 따라잡지 못하는 생활비 상승을 감당할 수 없다는 것입니다. 월급은 더디게 오르는데 말이죠. 그래서 합리적으로 위험을 감수하고 수익률을 높여야 하는 상황이 되었습니다.

저성장 고령화 시대를 맞아 편안한 노후를 위해 목표수익률만큼 어떻게.리스크를 합당하게 인수할 것인지가 중요해 졌습니다. 그러한 공부를 하는 데 일반인이 가장 접근하기 좋은 방법이 바로 증권투자권유대행인 자격 취득입니다.

자본주의를 배우는 데 주식과 채권은 가장 훌륭한 교재입니다. 증권투자권유대행인 자격 취득을 공부하면서 투자를 배우고 함께 편안한 노후를 준비하시기를 기원합니다.

쉽고 빠르게 자격증 취득을 위한 교재로 정성을 다했습니다. 더 많은 분들이 자격증을 취득하시고 투자의 장에서 함께 하시기를 기원합니다.

편저자 씀

GUIDE

시험안내

증권투자권유대행인 소개

증권(집합투자증권 및 파생상품 등을 제외) 및 단기금융집합투자기구의 집합투자증권의 매매를 권유하거나 투자자문계약, 투자일임계약 또는 신탁계약의 체결을 권유하는 자

※ 증권(집합투자증권 및 파생결합증권 제외)에 대한 매매체결 및 투자자문업무 종사 불가(증권투자권유자문인력 시험 합격 필요)

증권투자권유대행인 시험제도

- 합격기준 : 응시과목별 정답비율이 40% 이상인 자 중에서, 응시 과목의 전체 정답 비율이 60%(60문항) 이상인 자. 과락 기준은 하단의 과목구성 참조
- 시험정보 : 시험시간(1교시 : 120분), 과목구성(3과목 : 100문항)

과목구성			세부과목구성	
과목명	문항수		세부과목명	문항수
	총	과락		
금융투자상품 및 증권시장	30	12	금융투자상품	10
			유가증권시장 · 코스닥시장	10
			채권시장	6
			기타 증권시장	4
증권투자	25	10	증권분석의 이해	15
			투자관리	10
투자권유	45	18	증권 관련 법규	10
			영업실무	10
			직무윤리	10
			투자권유와 투자자분쟁예방	10
			투자권유 사례분석	5

응시제한대상(응시부적격자)

- 동일시험 기합격자
- 『금융투자전문인력과 자격시험에 관한 규정』 제2-11조 및 제2-13조에 따라 응시가 제한되는 자(자격취소자)
- 『금융투자전문인력과 자격시험에 관한 규정』 제3-19조 제1항에 따라 응시가 제한되는 자(부정행위로 인한 응시 제한)

※ 상기 응시 부적격자는 응시할 수 없으며, 합격하더라도 추후 응시 부적격자로 판명되는 경우 합격 무효 처리함. 또한 3년의 범위 내에서 본회 주관 시험응시를 제한함

GUIDE

합격후기

증권투자권유대행인 합격 후기 - 조*하

1. 취득 동기

10년 전 군 입대부터 저의 꿈은 금융권 취업이었습니다. 하지만, 전역 후 실제 취업은 금융과 거리가 먼 곳으로 하게 되어 금융에 대한 열정과 금융자격증에 대한 관심은 점점 사라져 갔습니다. 금융과 상관없이 지내오다, 우연찮게 증권투자권유대행인 시험접수가 코 앞이라는 얘기를 듣고 젊은 시절 내 꿈과 추억을 회상하는 의미로 시험을 접수하였습니다. 강의 선택의 고민이 있었으나, 주식 분야 최고의 어플인 '증권통'을 운영하는 토마토패스에 대한 신뢰가 있어 고민 없이 토마토 백영 강사님의 강의를 신청하였습니다.

2. 토마토패스 장점

이론 설명 후, 문제풀이를 병행하여 실제 시험은 어떻게 출제되는지 감을 익힐 수 있었습니다. 무엇보다도, 백영 강사님의 수업내용이 진짜 액기스 of 액기스라 생각합니다. 방대한 양을 줄여 쉽게 설명해주셔서 수험공부의 양을 획기적으로 줄여 주셨고, 필연적으로 투입 시간 또한 줄어들 수 있었습니다.

3. 공부 기간 및 방법

사업을 하는 사람이다 보니, 정규적인 시간을 낼 수 없어 1.8배속으로 강의를 수강했습니다. 커리큘럼을 보아, 필기가 필요하다 생각되는 분야(법규, 증권시장 등)는 프린트 출력하여, 볼펜, 형광펜으로 중요한 내용, 암기사항 등 체크하며 수강하였습니다. 필기가 필요 없다 생각되는 분야(권유, 고객상담 등)는 차량 이동 시 틀어놓고 이동하며 귀로 익혔습니다. 1.8배속 강의 1회독 한 것이 제 공부의 전부입니다. 전체 공부시간은 10시간도 되지 않을 것입니다. 하지만, 백영 강사님의 강의전달력과 핵심내용 압축 덕분에 10년만에 합격이라는 기쁨을 맛볼 수 있었습니다.

4. 합격 팁

혼자 공부하지 마세요. 책을 읽어보면, 무슨 내용인지 이해도 안 될 뿐더러, 시간만 오래 걸립니다. 왜 토마토가 증권통으로 신뢰를 얻고 있는지, 왜 강사님이 강의를 하시는지 그 이유는 시장에서 인정하기 때문입니다. 우리는 시험에 합격하면 되는 수험생입니다. 강의는 여러분의 시간과 수고로움을 줄여주고, 자신감을 높여줄 것입니다. 작은 자격증이지만, 10여 년 만의 합격을 통해 참으로 오랜만에 성취감을 느낄 수 있었습니다. 토마토패스와 백영 강사님께 감사함을 전달하며, 합격 후기를 마칩니다.

제18회 증권투자권유대행인 합격 후기 - 노*환

1. 취득 동기

2017년 4월 9일에 응시한 증권투자권유대행인 시험 58점으로 불합격 후 이 시험은 나랑 안 맞는다, 다시는 시험 안 봐야지 했습니다. 오랜 시간이 흘러 갑자기 무슨 바람이 불었는지 6년 만에 공부란 걸 다시 해보고 싶어서 시험을 봤습니다. 6년 만에 증권투자권유대행인 시험을 보려고 강좌를 찾아봤습니다. 토마토패스 수강료는 저렴하고 교재도 얇아 공부 부담이 적을 것 같았습니다(서점에서 다른 교재도 살펴봤는데 아주 두껍더라고요). 지금 생각해 보면 아주 현명한 판단이었습니다.

2. 토마토패스 장점

토마토패스 교재는 시중에 나온 교재 중 가장 얇지만 시험에 나오는 내용을 대부분 커버합니다. 이론 공부 문제를 풀어보면서 오답 체크하면 시험 대비가 완벽해집니다. 얇으면 내용이 빈약하지 않을까 생각할 수 있지만, 지엽적인 문제가 출제된 이번 시험에서도 토마토패스 교재와 강의를 놓치지 않고 완벽하게 학습했다면 90점 이상은 커버했을 것으로 생각합니다. 또한, 강사님이 강의를 잘하십니다. 시험에 자주 출제되고 중요한 부분을 체크해 주십니다. 그래서 마음이 편안합니다. 깔끔한 설명에 중간중간 재미있기까지 합니다. 강의 분량도 총 22강에 30~40분으로 구성되어 있어서 부담 없이 전체 내용을 익히는데 좋았습니다.

3. 공부 기간 및 방법

7월 30일에 강의를 듣는 것으로 시작했지만 대부분 시험 직전에 공부했고, 실제 공부시간을 따져보면 30시간 정도였던 것 같습니다. 직장인이다 보니 퇴근 이후 시간과 주말을 이용해 공부해야 했고, 아주 그럴듯한 공부 계획을 세웠으나 결국 시험 전날 13시간 벼락치기를 했습니다. 핵심종합 강의를 빠르게 듣고, 문제집에 있는 문제 풀면서 이론 설명 부분에 기출분석하듯이 표시하고(시험에 출제되는 부분과 중요도를 확인하기 위함), 시험 전날 실전모의고사 2회분 풀고 틀린 부분 표시 및 암기를 했습니다.

4. 합격 팁

문제집에 있는 문제 풀면서 적어도 이 문제가 몇 과목 어느 부분에 나온다 정도는 알고 계셔야 할 것 같습니다. 그리고 시험 공부 기간 오래 잡지 말고 빨리 전체 내용 파악, 문제 풀고 오답 체크하기, 시험 직전 안 외워지고 중요한 부분 암기하면 비전공자라도 쉽게 합격할 수 있을 거로 생각합니다.

※ 해당 합격 후기는 모두 합격증이 웹상에 인증되어 있으며, 토마토패스 홈페이지 수강 후기에서 더 많은 합격 후기를 확인할 수 있습니다.

GUIDE

이 책의 **구성**

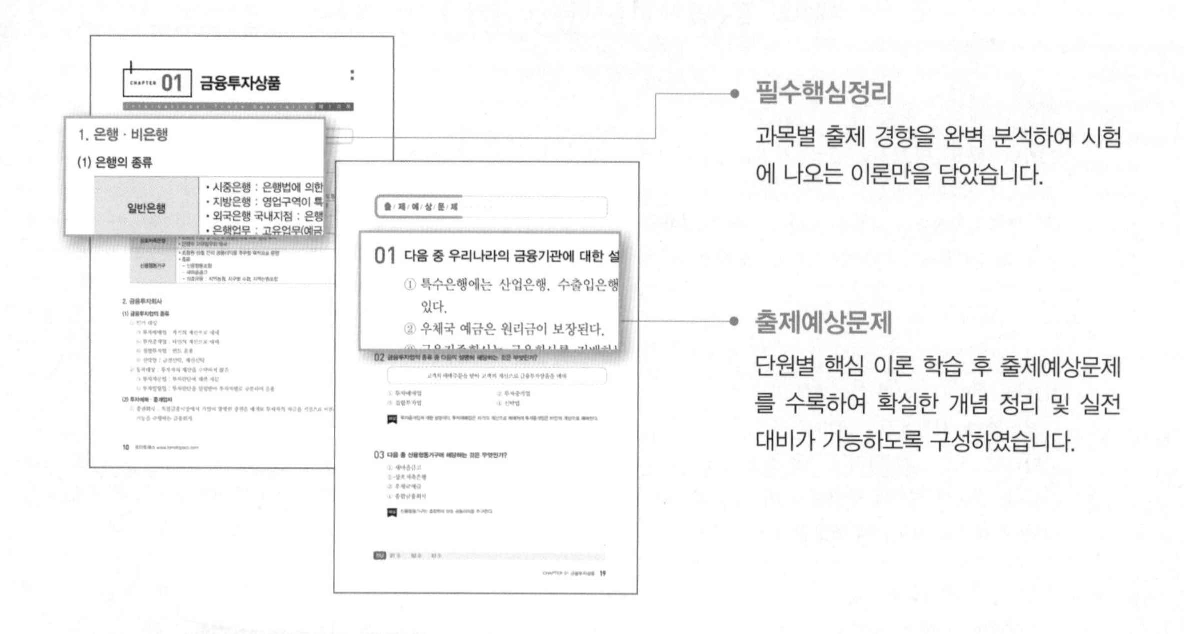

필수핵심정리

과목별 출제 경향을 완벽 분석하여 시험에 나오는 이론만을 담았습니다.

출제예상문제

단원별 핵심 이론 학습 후 출제예상문제를 수록하여 확실한 개념 정리 및 실전 대비가 가능하도록 구성하였습니다.

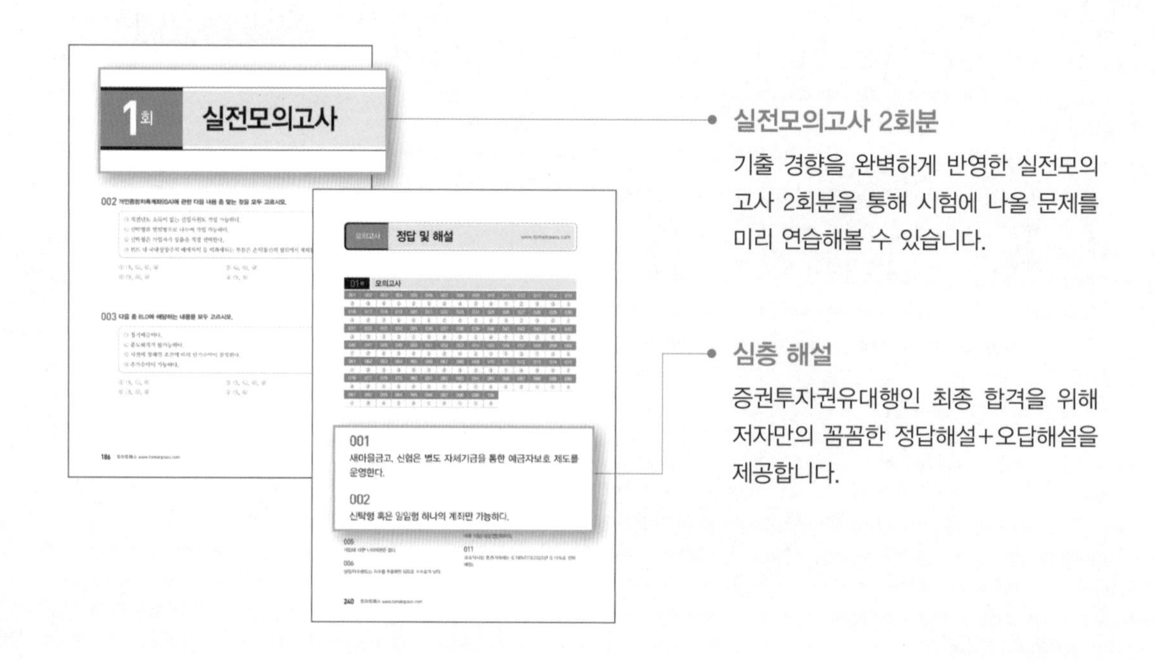

실전모의고사 2회분

기출 경향을 완벽하게 반영한 실전모의고사 2회분을 통해 시험에 나올 문제를 미리 연습해볼 수 있습니다.

심층 해설

증권투자권유대행인 최종 합격을 위해 저자만의 꼼꼼한 정답해설+오답해설을 제공합니다.

CONTENTS

목차

합격으로 가는 하이패스 토마토패스

제1과목 금융투자상품 및 증권시장

제2과목 증권투자

제3과목 투자권유

부록 실전모의고사

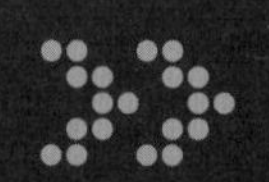

토마토패스
www.tomatopass.com

제1과목

금융투자상품 및 증권시장

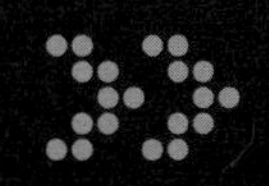

CONTENTS

CHAPTER 01 금융투자상품

International Trade Specialist 제 1 과 목

TOPIC 1 우리나라의 금융회사

1. 은행 · 비은행

(1) 은행의 종류

일반은행	• 시중은행 : 은행법에 의한 설립, 전국 영업구역 • 지방은행 : 영업구역이 특정지역 중심 • 외국은행 국내지점 : 은행법에 의한 규제 • 은행업무 : 고유업무(예금, 대출, 환), 부수업무, 겸영업무(보험대리점, 신용카드 등)
특수은행	• 중소기업은행, 농협(수협)중앙회 신용사업부분, 한국산업은행, 한국수출입은행 • 특별법에 의하여 설립

(2) 비은행예금취급기관

상호저축은행	• 소규모 기업 및 서민의 금융편의와 저축 증대 목적 • 은행의 고유업무와 유사
신용협동기구	• 조합원 상호 간의 공동이익을 추구할 목적으로 운영 • 종류 – 신용협동조합 – 새마을금고 – 상호금융 : 지역농협, 지구별 수협, 지역산림조합

2. 금융투자회사

(1) 금융투자업의 종류

① 인가 대상
  ㉠ 투자매매업 : 자기의 계산으로 매매
  ㉡ 투자중개업 : 타인의 계산으로 매매
  ㉢ 집합투자업 : 펀드 운용
  ㉣ 신탁업 : 금전신탁, 재산신탁

② 등록대상 : 투자자의 재산을 수탁하지 않음
  ㉠ 투자자문업 : 투자판단에 대한 자문
  ㉡ 투자일임업 : 투자판단을 일임받아 투자자별로 구분하여 운용

(2) 투자매매 · 중개업자

① 증권회사 : 직접금융시장에서 기업이 발행한 증권을 매개로 투자자의 자금을 기업으로 이전시켜 주는 기능을 수행하는 금융회사

㉠ 위탁매매 : 금융투자상품의 투자중개업무, 매매주문을 성사시키고 수수료를 받음

위탁매매	고객의 매매주문을 받아 증권회사의 명의와 고객의 계산으로 금융투자상품의 매매를 행하는 업무
매매중개 · 대리	타인 간 상품매매가 성립되도록 노력하거나 고객을 대리하여 매매하고 수수료를 받는 업무(증권회사는 명의상 매매당사자가 아님)
위탁의 중개 · 주선 · 대리	거래소 회원이 아닌 증권사

㉡ 자기매매 : 자기명의와 계산으로 금융투자상품을 매매

㉢ 인수 · 주선

인수	증권사가 신규 발행 증권을 매출할 목적으로 취득하는 업무로 모집, 사모, 매출 세 가지 형태가 있음
주선	증권사가 제3자의 위탁에 의해 모집 · 매출을 주선하는 업무

㉣ 펀드판매 및 자산관리업무

㉤ 신용공여업무 : 증권거래와 관련한 신용공여

② 선물회사 : 선물거래 및 해외선물거래에 대한 위탁매매 등 장내파생상품에 대한 투자매매 및 투자중개업무를 영위하는 금융회사

③ 집합투자업자 : 집합투자기구의 재산을 운용하는 것이 주된 업무

㉠ 집합투자기구 구분

증권투자집합기구	집합투자재산의 50%를 초과하여 증권에 투자하는 펀드, 주식형, 채권형, 혼합형으로 분류
부동산집합투자기구	50%를 초과하여 부동산에 투자, 환매금지형
특별자산집합투자기구	50%를 초과하여 특별자산에 투자, 환매금지형
혼합자산집합투자기구	투자비율에 제한을 받지 않는 펀드, 환매금지형
단기금융집합투자기구	MMF, 단기금융상품에 투자하는 펀드

㉡ 집합투자기구 구조 : 수익자=고객, 위탁자=자산운용사, 수탁자=은행 신탁, 판매자=증권, 은행, 보험

④ 투자자문업자 : 투자자문

⑤ 투자일임업자 : 투자판단의 일부 또는 전부를 위임받아 투자, 로보어드바이저 도입

⑥ 신탁업자 : 신탁겸업업자(은행, 증권회사, 보험회사), 부동산 신탁회사

㉠ 금전신탁 : 신탁재산으로 금전을 수탁(특정금전신탁은 단독운용 방식)

㉡ 재산신탁 : 신탁재산으로 유가증권, 금전채권, 부동산 등을 수탁

(3) 기타

① 보험회사 : 생명보험업, 손해보험업, 제3보험업

② 우체국보험 : 정부 지급책임

③ 공제기관 : 생명공제, 보험공제 등 유사보험 취급기관

3. 기타금융회사

① 금융지주회사

㉠ 개요 : 지분의 소유를 통하여 금융업을 영위하는 회사를 지배하는 것을 주된 사업으로 하는 회사

㉡ 특징

• 비금융회사를 자회사로 지배할 수 없음(금산분리원칙)

• 지주회사의 자회사는 다른 자회사 또는 지주회사의 주식을 소유할 수 없음

② 여신전문금융회사

㉠ 개요 : 수신기능 없이 여신업무만 취급

㉡ 종류 : 신용카드회사, 할부금융회사(구매자금 공여), 리스회사(시설대여)

③ 벤처캐피탈회사

㉠ 개요 : 고수익 · 고위험 사업을 시작하는 기업에 지분인수를 대가로 투자자금을 공급하거나 기업인수, 합병, 구조조정 등을 통해 수익을 추구

㉡ 종류 : 신기술사업금융회사, 중소기업창업투자회사

④ 대부업자

㉠ 개요 : 소액자금을 신용도가 낮은 소비자에게 대부하거나 중개

㉡ 특징

• 최저자본금 등 진입요건과 영업지역 제한, 자금조달 규제가 없음

• 3년마다 등록 갱신, 미등록 업자는 대부중개 및 채권추심 불가

⑤ 증권금융회사

㉠ 개요 : 증권의 취득, 인수, 보유 및 매매와 관련하여 증권회사와 일반투자가에게 자금을 공급하거나 증권을 대여하는 증권금융업무를 취급

㉡ 특성 : 증권인수자금대출, 증권유통금융, 증권담보대출, 금전신탁 등

TOPIC 2 금융상품

1. 금융상품

① 금융 : 돈의 융통

② 상품의 속성에 따라 예금성, 투자성, 보장성, 대출성 금융상품으로 구분

③ 원본손실 가능성에 따라 금융투자상품과 비금융투자상품으로 구분

④ 원본초과손실 가능성에 따라 증권과 파생상품으로 구분

2. 예금성 금융상품

① 예금계약 : 소비임치계약

② 요구불예금 : 예금주의 환급청구가 있으면 조건 없이 지급

㉠ 보통예금 : 자유로운 입출금, 저리

㉡ 당좌예금 : 당좌수표 및 약속어음 등의 지급을 은행에 위임할 수 있는 예금, 무이자

㉢ 가계당좌예금 : 개인 및 개인사업자 가입

③ 저축성예금 : 예금자가 약정된 기간이 경과한 후 인출할 것을 약정

㉠ 정기예금 : 저축기간과 금리를 미리 정하여 일정 금액을 예치하는 저축성예금

㉡ 정기적금 : 매월 특정일에 일정액을 적립하는 예금

㉢ 상호부금 : 일정 기간 부금을 납입하면 대출받을 권리가 있는 적금

㉣ MMDA(시장금리부 수시입출금식예금)

- 금액 제한 없이 통장 개설, 예치금액에 따라 이자율 차등
- 목돈을 단기로 운용할 때 유리하며 CMA, MMF와 경쟁상품

④ 주택청약 관련 예금 : 주택청약종합저축으로 통합

㉠ 개요 : 민영주택 및 국민주택을 공급받기 위해 가입하는 저축상품

㉡ 가입대상 : 국민, 외국인 거주자(1통장)

㉢ 저축방식 : 일시예치, 적금

㉣ 소득공제 : 총급여 7천만원 이하 근로자인 무주택세대주 연간 240만원 한도로 납부분의 40%

㉤ 예금자보호 : 비해당(정부 관리)

3. 투자성 금융상품

(1) 증권

① 정의 : 추가로 지급의무를 부담하지 않는 것

② 채무증권 : 국채증권, 지방채증권, 특수채증권, 사채권, 기업어음증권 등

③ 지분증권 : 주권, 신주인수권이 표시된 것, 법률에 의하여 직접 설립된 법인이 발행한 출자증권 등

④ 수익증권 : 금전신탁의 수익증권, 집합투자 투자신탁의 수익증권, 그 밖에 유사한 것으로 신탁의 수익권이 표시된 것

⑤ 투자계약증권 : 투자자가 타인 간의 공동사업에 투자하고 타인이 수행한 공동사업의 결과에 따른 손익을 귀속받는 계약상의 권리가 표시된 증권

⑥ 파생결합증권 : 기초자산의 가격 등을 기초로 하는 지수 등의 변동과 연계하여 미리 정한 방법에 따라 수익이 결정되는 권리가 표시된 것

⑦ 증권예탁증권(DR)

㉠ 예탁된 증권에 관한 권리가 표시된 것

㉡ 주식을 맡기고 이를 근거로 국외에서 유통

(2) 펀드와 집합투자기구 – 특수한 형태의 집합투자기구

① 환매금지형 : 일정 기간 환매를 금지(예 부동산펀드)

② 종류형 : 다양한 판매보수 혹은 수수료를 가진 클래스(예 선취, 후취)

③ 전환형 : 세트 내에서 다른 펀드로 교체 가능

④ 모자형 : 모펀드–자펀드

⑤ 상장지수집합투자기구(Exchange Traded Fund ; ETF) : 상장된 인덱스펀드 – 지수를 추종, 주식처럼 거래, 증권거래세 면제

(3) 파생결합증권

① 정의 : 기초자산의 가격 등을 기초로 하는 지수 등의 변동과 연계하여 미리 정한 방법에 따라 수익이 결정되는 권리가 표시된 것

② 주식워런트증권(Equity Linked Warrant ; ELW) : 주식 및 주가지수 등의 기초자산을 사전에 정해진 가격(행사가격)에 사거나(Call) 팔(Put) 수 있는 권리

㉠ 콜 ELW : 만기에 기초자산을 권리행사가격으로 인수하거나 만기평가가격과 권리행사가격과의 차액을 수령할 수 있는 권리가 부여된 ELW로 기초자산 가격 상승에 따라 이익 발생

㉡ 풋 ELW : 만기에 기초자산을 권리행사가격으로 인도하거나 권리행사가격과 만기평가가격과의 차액을 수령할 수 있는 권리가 부여된 ELW로 기초자산 가격 하락에 따라 이익 발생

㉢ Basket 워런트 : 다양한 주식들의 바스켓을 대상으로 하여 발행되며, 특정 산업에 속하는 기업들의 주식을 대상으로 발행되는 워런트

㉣ 지수 워런트 : 주가지수를 대상으로 발행하는 워런트

㉤ Exotic 워런트 : 기초자산의 변동성 축소, 손익구조 변경을 통해 프리미엄을 낮춘 다양한 옵션기법을 활용한 워런트

Barrier 워런트	특정한 가격대에 도달하면 워런트가 즉시 행사된 후 만료
Corridor 워런트	특정한 가격대를 상하로 설정하여 주가가 그 범위 내에서 움직일 경우 미리 정한 금액을 지급하고, 범위를 벗어날 경우 지급하지 않는 조건

㉥ Installment 워런트 : 워런트 만기까지 기초자산 가격을 일정하게 구매할 수 있는 권리(Loan으로 주식을 취득하는 개념)를 가짐

③ 주가연계증권(ELS) : 기존의 금융투자상품에 주식관련 파생상품을 혼합한 복합상품으로 주가지수의 성과에 따라 수익률 변동

㉠ ELS 수익구조

Knock-out형	투자기간 중 정한 주가수준에 도달하면 확정된 수익으로 상환되며 그 외에는 만기 시 주가에 따라 수익결정
Bull spread형	만기시점의 주가수준에 비례하여 손익이 확정되며 최대수익 및 최대손실을 일정 수준으로 제한
Digital형	만기 시 주가가 일정 수준을 상회하는지 여부에 따라 사전에 정한 두 가지 수익 중 한 가지를 지급
Reverse Convertible형	미리 정한 하락폭 이하로 주가가 하락하지만 않으면 사전에 약정한 수익률 지급하며 정해진 수준 아래로 하락 시 손실이 발생하는 구조
조기상환형	발행 당시 정해진 조건을 충족하면 고수익을 지급하고 종료되나 충족이 안 되면 다음 번으로 상환 이월

㉡ 금융기관별 주가연계상품 비교

ELS	증권사가 발행한 유가증권
ELD	은행이 판매하는 정기예금 형태, 원금보장, 예금자 보호
ELF	자산운용사가 운용하는 수익증권 형태
DLS(파생연계증권), DLF(파생연계펀드)	주식 외 기초자산

(4) 파생상품 : 기초자산에 대한 선도, 선물, 옵션, 스왑계약

(5) 기타 금융투자상품

① CMA(Cash Management Account) : 단기성 상품에 운용하는 수시입출금식 상품으로 결제 및 급여 계좌가 가능

㉠ MMF형 : MMF에 운용

㉡ RP형 : RP에 운용

㉢ MMW형 : 투자일임형

② Wrap Account(자산종합관리계좌) : 여러 종류의 자산운용 관련 서비스를 하나로 모아 고객에 맞게 제공

㉠ 고객 입장 : 증권사(영업직원)와 이익상충 가능성이 적음

㉡ 금융투자회사 입장 : 자산규모를 근거로 수수료 부과

㉢ 영업직원 입장 : 증권회사에 대한 독립성 약화

4. 보장성 금융상품

(1) 위험유형별 보장성 금융상품

① 생명보험상품

㉠ 사망보험 : 종신보험

㉡ 생존보험 : 연금보험(10년 이상 유지 시 비과세 가능)

② 기타 보장성 상품

㉠ 장기저축성보험(10년 이상 가입 시 비과세 가능)

㉡ 연금저축 : 세액공제 가능

(2) 기타 보험상품

① 변액보험 : 투자의 기능을 추가한 보험

② 실손의료보험 : 상해 또는 질병으로 인한 입원 및 통원 치료 시 발생한 의료비를 보장

5. 기타 금융상품

(1) 개인종합저축계좌(Individual Savings Accout ; ISA)

특징	• 한 계좌에서 다양한 금융상품을 담아 운용 • 일정 기간 후 이익과 손실을 통산한 후 순이익을 기준으로 세제 혜택 • 납입금 한도 내에서 횟수 제한 없이 중도인출 가능
유형	• 신탁형 : ISA 가입자가 금융상품을 직접 선택 • 일임형 : 금융회사가 제시하는 모델포트폴리오 중 선택 • 중개형 : 신탁형과 유사하며 국내 상장주식도 투자 가능
세제혜택	• 200만원까지 비과세, 초과금액 분리과세(총급여 5천만원 혹은 종합소득 3천 8백만원 이하 400만원까지 비과세) • 일반형 비과세 한도 200만원, 서민형 및 농어민형 400만원 • 비과세 한도를 초과하는 순이익은 9.9% 분리과세

가입조건	• 일반형 – 만19세 이상(근로소득자 15세 이상) 거주자 – 금융소득종합과세 대상이 아닌 자 • 서민형 : 총급여 5,000만원(종합소득 3,800만원) 이하 거주자 • 농어민형 : 종합소득 3,800만원 이하 농어민
납입한도	• 연간 2,000만원씩 총 1억원(5년) : 누적한도 가능(의무가입기간 3년) • 소장펀드(연 600만원 한도) 및 재형저축 가입자는 가입금액 차감

(2) 개인투자용 국채

① 개인투자용 국채 : 만기 10년 이상 국채 2억원까지 발행일부터 만기일까지 보유

② 세제혜택 : 이자소득 14% 분리과세

(3) 신탁상품

① 의의 : 신탁의 설정자인 위탁자와 신탁을 인수하는 수탁자 사이의 신임관계를 기반으로 수익자의 이익을 위하여 재산을 관리 · 처분하는 법률관계

② 특정금전신탁

㉠ 투자자가 신탁재산의 운용을 지정

㉡ 맞춤형 특정금전신탁, 분리과세 특정금전신탁(10년 이상 장기채권)

③ 재산신탁 : 인수하는 신탁재산이 유가증권, 금전채권, 부동산 등을 수탁

㉠ 금전채권신탁 : 일정한 금전의 급부를 목적으로 하는 양도가 가능한 채권을 신탁

㉡ 유가증권신탁 : 증권을 신탁재산으로 수탁

㉢ 부동산신탁 : 고객 소유의 부동산을 신탁계약

- 부동산토지신탁 : 토지를 개발하여 임대하거나 분양
- 부동산관리신탁
- 부동산처분신탁
- 부동산담보신탁 : 위탁자가 부동산을 신탁회사에 신탁하고 발급받은 수익권증서를 담보로 금융기관이 대출을 실행하고 신탁회사는 수탁부동산을 관리하며 위탁자의 채무불이행 시 부동산을 처분하여 채권금융기관에 변제

(4) 기타 상품

① 양도성예금증서(CD)

㉠ 정기예금에 양도성을 부여한 것으로 무기명 할인식 발행

㉡ 중도해지는 불가하며 유통시장에 매각하여 현금화 가능

② 표지어음

㉠ 금융기관이 기업으로부터 매입(할인)하여 보유한 어음을 묶어 새로이 발행하는 어음

㉡ 배서에 의한 양도 가능

③ 발행어음 : 종금사나 증권금융회사가 자체 신용으로 발행하는 융통어음

④ 현금관리계좌(CMA) : 종금사나 증권사가 고객의 예탁금을 단기금융상품에 운용하는 단기금융상품

⑤ 연금저축

㉠ 적립금의 원리금을 연금으로 수령할 수 있는 장기 금융상품

㉡ 취급기관별로 신탁(신규 ×), 펀드, 보험

ⓒ 적립기간 : 5년 이상 55세 이상까지

ⓔ 납입한도 연간 1,800만원 + ISA 만기금

ⓜ 세액공제한도 : 당해 연도 최대 600만원(IRP 포함 최대 900만원)

ⓑ 공제율

- 16.5%(종합소득 4천 5백만원 혹은 총급여 5천 5백만원 이하)
- 13.2%(종합소득 4천 5백만원 혹은 총급여 5천 5백만원 초과)

ⓢ 연금소득세 : 70세 미만 5.5% / 80세 미만 4.4% / 80세 이상 3.3%

ⓞ 특별중도해지 : 가입자의 사망, 해외이주, 천재지변, 개인회생 혹은 파산

⑥ 주택연금(역모기지론)

ⓖ 고령자가 주택을 담보로 금융기관이 제공하는 노후 생활자금을 연금처럼 받는 대출

ⓛ 대상자 : 부부 또는 배우자 55세(60세 ×) 이상

ⓒ 대상 주택 : 9억원 이하인 주택(주거용 오피스텔 가능)

ⓔ 지급방식 : 종신, 확정기간, 대출 상환 방식 등

ⓜ 대출금 상환 : 주택연금 계약 종료 시 담보주택 처분가격 범위 내 주택가격이 대출잔액 보다 적은 경우에도 상속인에게 청구하지 않음

6. 금융상품과 세금

① 일반 : 소득세 14% + 지방소득세 1.4% = 15.4%

② 절세 금융상품 : 비과세, 세액공제, 소득공제, 세금우대 등

ⓖ ISA : 2021년까지 가입 가능

ⓛ 비과세해외주식 투자전용펀드 : 2017년까지 가입

ⓒ 연금저축

ⓔ 저축성보험 : 비과세 가입한도 월 150만원/거치식 1억원

ⓜ 비과세종합저축 : 65세 이상자 등 가입, 가입한도 5천만원

ⓑ 조합출자금, 예탁금 : 저율 과세

7. 예금보험제도

① 개요 : 금융기관의 부실이나 파산 등으로 예금을 지급할 수 없을 때 예금보험기관이 대신하여 예금을 지급해 주는 제도(합병의 경우 합병된 후 금융기관과 계속 거래)

② 가입기관

ⓖ 은행, 증권회사, 보험회사, 종합금융회사, 상호저축은행

ⓛ 농 · 수협중앙회, 은행법의 적용을 받는 외국은행의 국내지점

ⓒ 예금자보호법 비적용 : 상호금융(지역 농수협 등), 새마을금고, 우체국, 신용협동조합

③ 보호금액 : 금융기관별 1인당 최고 5,000만원

ⓖ 원금 + 약정이자가 아닌 소정이자

ⓛ 예금자 1인을 기준으로 하며, 법인도 대상에 포함됨

ⓒ 5,000만원은 예금의 종류, 지점별 보호금액이 아닌 금융기관별

예 한 금융기관에서 예금자보호가 되는 여러 종류의 상품을 가입하더라도, 총 보호 한도는 5,000만원임

④ 보호상품

㉠ 보호 : 표지어음, 발행어음, 개인연금, 퇴직연금, MMDA, 종금CMA, 개인보험 등

㉡ 비보호 : CD, RP, CP, MMF, 증권CMA, ELS, ELF, 변액보험 등

출/제/예/상/문/제

01 다음 중 우리나라의 금융기관에 대한 설명으로 가장 거리가 먼 것은?

① 특수은행에는 산업은행, 수출입은행, 농협협동조합중앙회, 수산업협동조합중앙회 등이 있다.
② 우체국 예금은 원리금이 보장된다.
③ 금융지주회사는 금융회사를 지배하는 것을 주된 사업으로 하며 비금융회사를 자회사로 지배할 수 없다.
④ 신용협동기구는 조합원이 아닌 서민과 소규모 기업에게 금융편의 제공을 위해 설립된 금융기관이다.

해설 상호저축은행에 대한 설명이다.

02 금융투자업의 종류 중 다음의 설명에 해당하는 것은 무엇인가?

고객의 매매주문을 받아 고객의 계산으로 금융투자상품을 매매

① 투자매매업　　② 투자중개업
③ 집합투자업　　④ 신탁업

해설 투자중개업에 대한 설명이다. 투자매매업은 자기의 계산으로 매매하며 투자중개업은 타인의 계산으로 매매한다.

03 다음 중 신용협동기구에 해당하는 것은 무엇인가?

① 새마을금고
② 상호저축은행
③ 우체국예금
④ 종합금융회사

해설 신용협동기구는 조합원의 상호 공동이익을 추구한다.

정답 01 ④　02 ②　03 ①

04 다음 중 투자대상의 투자비율에 제한을 받지 않는 펀드는 무엇인가?

① 증권투자집합기구
② 부동산집합투자기구
③ 특별자산집합투자기구
④ 혼합자산집합투자기구

해설 혼합자산집합투자기구는 투자비율에 제한이 없다.

05 다음 중 예금성 금융상품의 설명으로 틀린 것은?

① 예금주의 환급청구가 있으면 조건 없이 지급하는 것을 요구불예금이라 한다.
② 일정한 기간을 정해 부금을 납입한 경우 일정 금액을 대출받을 수 있는 예금을 정기적금이라 한다.
③ 거치식예금은 일정 금액을 약정된 기간 동안 예치하여야 한다.
④ 목돈을 단기로 운용할 때 유리하며 예치금액에 따라 이자율이 차등되는 예금을 시장금리부 수시입출금식예금(MMDA)이라 한다.

해설 상호부금에 대한 설명이다.

06 다음 중 은행의 요구불예금에 대한 설명으로 틀린 것은?

① 보통예금은 가입대상, 예치금액, 예치기간에 제한 없이 거래할 수 있다.
② 당좌예금은 지급거래를 위한 결제예금에 해당한다.
③ 가계당좌예금은 가계수표로 지급결제하는 것으로 전 금융기관 중 1계좌만 가능하다.
④ 시장금리부 수시입출금식예금(MMDA)은 요구불예금의 한 종류이다.

해설 MMDA는 입출금이 자유로우나, 통상 500만원 이상의 목돈을 1개월 이내의 초단기로 운용할 때 유리한 저축성예금의 한 종류이다.

07 다음에서 설명하는 증권은 무엇인가?

> 기초자산의 가격, 이자율, 지표 또는 이를 기초로 하는 지수 등의 변동과 연계하여 미리 정하여진 방법에 따라 지급금액이 결정되는 권리가 표시된 것

① 채무증권
② 지분증권
③ 파생결합증권
④ 투자계약증권

해설 파생결합증권에 대한 설명이다.

08 다음 중 가입 시 확정된 실세금리를 받을 수 있는 금융상품이 아닌 것은?

① RP
② 표지어음
③ CD
④ CMA

해설 CMA는 실적배당형 상품이다.

09 다음 중 연금저축에 대한 설명으로 가장 틀린 것은?

① 저축금액에 대해 세액공제 혜택이 주어진다.
② 연금수령은 가입 후 5년 경과 시 가능하다.
③ 연금외 수령 시 기타소득세가 발생하나 부득이한 사유에 해당하면 정상적인 연금소득세율 적용이 가능하다.
④ 연금저축을 다른 금융회사로 이전하는 경우 세액공제 혜택이 중단된다.

해설 연금저축상품의 이전에도 세액공제 혜택은 유지된다.

정답 04 ④ 05 ② 06 ④ 07 ③ 08 ④ 09 ④

10 다음 중 기초자산의 가격변동에 따라 미리 정해진 방법에 따라 수익률이 결정되는 상품으로 가정 거리가 먼 것은?

① ELS
② ETF
③ ELW
④ ELD

해설 ETF는 투자집합기구이며 나머지는 파생결합증권이다.

11 다음 중 상장지수펀드(ETF)에 대한 설명으로 틀린 것은?

① 인덱스펀드에 거래소에 상장되어 거래가 편리한 장점을 더한 것이다.
② 레버리지ETF는 기초지수의 변동에 양의 배수로 연동하여 운용된다.
③ 인버스ETF는 기초지수의 변동에 음의 배수로 연동하여 운용된다.
④ 상장되어 있으므로 증권거래세가 부과된다.

해설 상장지수펀드는 증권거래세가 면제되어 거래비용을 낮추는 효과도 있다.

12 다음 중 주식형 집합투자기구에 대한 설명으로 옳은 것은?

① 자산총액의 50% 이상을 주식으로 운용한다.
② 자산총액의 50% 이하를 주식으로 운용한다.
③ 자산총액의 60% 이상을 주식으로 운용한다.
④ 자산총액의 60% 이하를 주식으로 운용한다.

해설 주식형 집합투자기구는 자산총액의 60% 이상을 주식으로 운용한다.

13 주식워런트증권(ELW)에 대한 설명으로 틀린 것은?

① ELW는 기초자산을 사정에 정한 가격으로 만기에 사거나(콜 ELW) 팔(풋 ELW) 수 있는 권리를 가지는 파생상품의 한 종류이다.
② 콜 ELW는 기초자산의 가격 상승 시 이익이 발생한다.
③ 풋 ELW는 기초사산의 가격 하락 시 이익이 발생한다.
④ Barrier워런트는 특정한 가격대에 도달하였을 때, 워런트가 행사되고 만료된다.

해설 ELW는 증권의 한 종류이다.

14 다음 중 주가연계 금융상품에 대한 설명으로 틀린 것은?

① ELS는 증권사가 발행하며 발생사가 지급을 보장한다.
② ELD는 은행이 발행하며 예금자보호 대상 상품에 해당하지 않는다.
③ ELF는 자산운용사가 발행하며 중도환매가 가능하다.
④ ELD는 주가지수에 연동하여 사전약정한 금리를 지급하나 원금을 보장한다.

해설 ELD는 예금자보호 대상 상품이다.

15 다음 중 랩어카운트에 대한 설명으로 틀린 것은?

① 투자자에게 적합한 포트폴리오로 운용하므로 자산종합관리계좌라고도 한다.
② 자산규모에 따라 운용수수료를 부과한다.
③ 고객과 이익 상충 가능성이 높은 단점이 있다.
④ 일임형 랩어카운트는 자산 포트폴리오 구성에서 운용까지 모두 증권사가 대행한다.

해설 매매에 대한 수수료 부과가 아니므로 이익 상충 가능성이 낮다.

16 개인종합저축계좌(ISA)에 대한 설명으로 틀린 것은?

① 수익에 대해 전액 비과세 상품으로 절세혜택이 크다.
② 한 계좌에서 다양한 금융상품을 담아 운용할 수 있다.
③ 이익과 손실을 통산한 후 순이익 기준으로 과세한다.
④ 납입한도는 총 1억원이다.

해설 일반형은 200만원까지 비과세 혜택을 제공하며, 초과금액은 분리과세(9.9%)한다.

17 다음 중 특정금전신탁에 대한 설명으로 틀린 것은?

① 금전의 운용대상, 운용방법을 고객이 주체적으로 지정한다.
② 고객의 투자성향에 따라 맞춤형 투자가 가능하다.
③ 실적배당으로 예금자보호 대상 상품이 아니다.
④ 유가증권의 매매차익은 과세하고, 이자는 이자소득으로 배당은 배당소득으로 과세한다.

해설 유가증권의 매매차익은 세법의 요건에 따라 비과세된다.

정답 10 ② 11 ④ 12 ③ 13 ① 14 ② 15 ③ 16 ① 17 ④

18 다음 어떤 금융상품에 대한 설명인가?

금융기관이 기업으로부터 매입해 보유하고 있는 상업어음을 액면금액과 이자율을 새로이 설정해 발행하는 상품

① 양도성예금증서　　② 표지어음
③ 발행어음　　④ 현금관리계좌(CMA)

해설 표지어음에 대한 설명이다.

19 다음 중 예금보험제도에 대한 설명으로 틀린 것은?

① 농협 및 수협중앙회는 보호대상 금융기관이다.
② 주택청약종합저축은 보호대상에 포함이 된다.
③ 원금이 보전되는 금전신탁은 보호대상에 포함된다.
④ 저축은행이 발행한 후순위채권은 비보호대상이다.

해설 주택청약종합저축은 정부가 재원을 관리하므로 보호 대상이 아니다.

20 다음 중 연금저축에 대한 설명으로 옳은 것을 모두 고르시오.

가. 연간 1,800만원 한도 내에서 자유로운 적립이 가능하다.
나. 일시금 수령 등 연금 형태의 수령이 아닌 경우 기타소득세를 부과한다.
다. 적립기간은 5년 이상 연단위이다.
라. 연금지급기간은 55세 이후로 가입자의 연령에 따라 3.3~5.5%의 연금소득세가 부과된다.

① 가　　② 가, 나
③ 나, 다, 라　　④ 가, 나, 다, 라

해설 가~라 모두 연금저축에 대해 옳은 설명이다.

21 다음 중 예금보호 대상에 해당하지 않는 상품은 무엇인가?

① 위탁자예수금
② 은행 법인예금
③ 양도성예금증서
④ 표지어음

해설 양도성예금증서는 단기이며 양도가 가능하고 은행이 지급을 확약하므로 예금자보호 대상 상품이 아니다.

정답 18 ② 19 ② 20 ④ 21 ③

CHAPTER 02

유가증권(코스닥)시장

TOPIC 1 증권시장 개요

1. 증권시장의 개요

① 증권시장의 의의 : 증권시장은 증권을 매개로 하여 자금의 수요자와 공급자를 직접 연결하는 직접금융방식의 자본시장이다.

② 증권의 종류 : 채무증권, 지분증권, 수익증권, 투자계약증권, 파생결합증권, 증권예탁증권

2. 증권시장의 구조

(1) 발행시장

① 유가증권이 처음 발행되어 최초로 투자자에게 매각되는 시장

② 1차적 시장

③ 자본이 투자자로부터 발행주체에게 이전되는 추상적인 시장

(2) 유통시장

① 발행시장에서 이미 발행된 유가증권이 투자자 상호 간에 매매되는 시장

② 2차적 시장(협의의 증권시장)

③ 거래소시장(유가증권시장, 코스닥시장, 코넥스시장)과 장외시장

TOPIC 2 발행시장 개요

1. 발행시장의 기능

① 경제의 양적, 질적 고도화

② 금융정책 및 경기조절기능

③ 자원의 효율적인 배분

④ 투자기회 제공을 통한 소득분배 촉진

2. 증권의 발행형태

(1) 공모

① 모집 : 50인 이상의 투자자에게 새로 발행되는 증권 취득의 청약을 권유하는 것

② 매출 : 50인 이상의 투자자에게 이미 발행된 증권의 매수 · 매도 청약을 권유하는 것

(2) 사모

① 정의 : 소수를 대상으로(50인 미만) 증권을 발행하는 경우

② 50인 산출 시 제외되는 자

㉠ 전문가 : 전문투자자, 기금, 회계법인, 신용평가사, 창업투자회사

㉡ 연고자

- 최대주주, 5% 이상 주주, 발행인의 임원, 우리사주조합원
- 발행인 계열사와 임원 등

(3) 증권발행

① 직접발행

㉠ 발행주체가 자기책임과 계산으로 발행위험과 발행사무를 부담

㉡ 발행위험이 적고 발행사무가 간단한 경우(예 국채)

② 간접발행 : 발행주체는 수수료를 부담하고 발행기관(금융기관)이 발행위험과 발행사무를 부담

③ 간접발행 방법

구분	내용
모집주선(위탁모집)	• 발행회사가 발행위험 부담 • 모집업무와 같은 발행사무는 발행기관에 위탁 • 간접발행 방법 중 가장 수수료 저렴
잔액인수	• 발행기관에 발행 및 모집사무를 위탁하고 모집부족액이 발생하는 경우 그 잔량에 대해서만 인수기관이 인수 • 인수수수료는 발행기관이 부담하는 위험이 클수록 높음
총액인수	• 주관회사가 구성한 인수단이 발행위험(인수위험)과 발행 및 모집 사무 모두 담당 • 간접발행의 대부분은 총액인수 방식 • 수수료율도 가장 높음

3. 발행시장의 조직

① 발행주체 : 발행인

② 발행기관 : 간사기능, 인수기능, 청약대행기능

③ 주관회사 : 인수단을 구성하고 증권발행에 따른 사무처리를 대행하는 기관

④ 투자자 : 전문투자자, 일반투자자

▪▪▪ TOPIC 3 주식발행의 방법 및 절차

1. 주식의 의미

① 자본의 구성단위

② 액면주식(금액)과 무액면주식(비율)

2. 주식발행의 형태

① 주식회사 설립 시의 주식발행

㉠ 발기설립 : 발기인이 주식의 총수를 인수

㉡ 모집설립 : 일부를 발기인이 인수하고 나머지는 발기인 이외의 주주로부터 모집

② 기설립기업의 증자에 의한 주식발행

㉠ 유상증자 : 신주를 발행하여 주금을 납입

㉡ 무상증자

- 주금을 납입하지 않고 잉여금을 자본으로 전입
- 회사자산의 실질적인 증가는 없는 재무제표상의 항목 변경

3. 주식의 분류

이익배당 및 잔여재산에 따른 종류

보통주	우선과 열후의 기준이 되는 주식
우선주	이익의 배당이나 잔여재산 분배에 우선적 지위가 있는 주식
후배주	이익의 배당이나 잔여재산 분배에 열후적 지위가 있는 주식
혼합주	이익배당은 우선, 잔여재산 분배는 열등한 지위의 주식

4. 기업공개 절차와 실무

① 기업공개(Initial public offering ; IPO)

㉠ 개인이나 소수의 주주로 구성되어 있는 기업이 주식의 분산요건 등 거래소시장에 신규상장하기 위한 일정 요건을 충족시킬 목적으로 행하는 공모행위

㉡ 상장을 위한 준비단계

② 기업공개 절차

㉠ 외부감사인 지정

㉡ 대표주관계약의 체결

㉢ 정관정비

㉣ 명의개서대행계약

㉤ 우리사주조합 결성 : 유가증권시장(코스닥시장 상장 법인은 선택)

㉥ 신주발행 주주총회(이사회) 결의

㉦ 회계감리를 위한 상장예비심사신청계획 통보

㉧ 거래소와 상장신청 사전협의

③ 기업공개 절차 : 상장추진단계

㉠ 주권의 상장예비심사신청서 제출

㉡ 증권신고서 제출

㉢ 투자설명서 제출

㉣ 공모희망가격 산정

㉤ IR, 수요예측

㉥ 청약과 납입

㉦ 증자등기 및 증권발행실적 보고

㉧ 주권의 발행 및 교부

5. 유상증자

① 유상증자의 의의

㉠ 주식을 발행하여 자기자본 증가

㉡ 기업의 재무구조 개선, 타인자본 의존도 줄임

② 유상증자의 방법

주주배정방식	• 신주의 인수권을 기존주주에게 부여(일반적인 방법) • 실권주는 이사회결의로 처리(실권주이익에 대한 증여세 가능성) • 일반공모에 비해 비용이 적고 절차가 간편
주주우선 공모방식	• 구주주에 우선 배정하여 미달분은 일반투자자를 대상으로 일반공모 • 주주배정방식 + 일반공모방식 혼합
일반공모방식	구주주의 신주인수권을 배제하고 일반인에게 공모
제3자 배정방식	• 주주총회의 특별결의로 특정 3자에게 신주인수권을 부여 • 발행가액을 기준주가의 90% 이상으로 엄격히 정함

※ 기업구조조정을 위한 경우 발행가격 결정의 예외 가능

6. 기타 주식발행

① 주식배당 : 이익잉여금의 자본화

② 주식형 사채의 권리행사 : 전환사채, 신주인수권부사채

③ 합병, 주식병합, 주식분할 등에 의한 주식발행

TOPIC 4 유통시장과 한국거래소

1. 한국거래소

① 개설시장

㉠ 거래소 : 증권 및 장내파생상품의 공정한 가격형성과 매매를 위해 금융위원회의 허가를 받아 금융투자상품시장을 개설하는 법인

㉡ 거래소가 개설한 시장

- 유가증권시장 : 상대적으로 큰 기업, 채권 등도 상장
- 코스닥시장 : 성장기업 중심, 유가증권시장과는 별도 독립시장
- 코넥스시장 : 기술력이 있는 중소기업 지원
- 파생상품시장

㉢ 회원만 거래

㉣ 한국거래소가 현재 유일한 거래소로 자율규제기관 기능을 담당하며, 금융투자상품거래청산업 인가도 받음

TOPIC 5 상장제도

1. 상장의 의의, 효과 및 혜택

① 상장(Listing) : 증권시장에서 거래될 수 있는 자격을 부여하는 것

② 상장의 효과

㉠ 직접자금 조달기회 및 능력의 증대

㉡ 기업의 홍보효과와 공신력 제고

㉢ 종업원의 사기진작과 경영권의 안정효과

㉣ 투자자본의 회수효과(설립자나 비상장 단계 투자자의 투자자본 회수 기회)

㉤ 소유와 경영의 분리 가속화

㉥ 구조조정의 추진이 용이

③ 자본시장법상 상장기업의 혜택

㉠ 주식매수청구권 : 합병 등에 대한 소액주주 보호

㉡ 주식발행 및 배정 특례 : 주주 외의 자에게 신주 배정 가능

㉢ 우리사주조합원에 대한 우선배정

㉣ 액면미달발행 : 주주총회 특별결의

㉤ 조건부자본증권 발행

㉥ 이익배당 특례 : 분기배당 가능

㉦ 주식배당 특례 : 이익배당총액에 상당하는 금액까지 주식배당 가능

㉧ 의결권 제한 주식 발행한도 특례 : 발행주식 총수의 1/2까지 가능

④ 기타 상장기업의 혜택
㉠ 양도소득세 비과세 : 소액주주 장내거래 비과세
㉡ 상속증여재산 평가 : 평가기준일 전후 각 2개월 종가평균
㉢ 증권거래세 탄력세율 : 비상장 0.35%
- 2023년 유가증권시장 0.20%(0.05+0.15 농특세), 코스닥 0.20%
- 2024년 0.18%, 2025년 0.15%로 인하

㉣ 국가에 납부할 보증금 등을 상장증권으로 납부 가능
㉤ 주주총회 소집절차 간소화 : 신문, 전자공시시스템에 공고

2. 상장원칙과 상장종류

(1) 상장의 원칙

① 신청에 의한 상장 : 상장신청이 있을 것
② 주권의 전부 상장
③ 특정한 사유 발생 시 주권의 상장유예 가능
④ 재무내용의 적용기준 : 외부감사인의 감사보고서상 재무제표 기준

(2) 주권상장의 종류

신규상장	상장되지 않은 주권을 처음 증권시장에 상장하는 것
추가상장	• 기상장된 주권의 발행인이 새로이 주권을 발행하여 상장하는 것 • 유상증자, 기업합병, 전환사채권 권리행사, 주식배당 등
변경상장	• 당해 주권을 변경한 후 새로이 발행한 주권을 상장하는 것 • 주권의 상호, 액면금액, 주식의 병합 등이 변경
재상장	• 일반 재상장 : 상장폐지일로부터 5년 이내 보통주권으로 재상장 • 분할 재상장 : 보통주권의 분할 및 분할합병을 통한 재상장 • 합병 재상장 : 보통주권의 합병에 의한 재상장
우회상장	• 주권상장법인과 주권비상장법인의 합병 등으로 주권비상장법인의 지분증권이 상장되는 것 • 기업합병, 포괄적 주식교환, 자산 · 영업양수, 현물출자 등

3. 유가증권시장 상장요건

(1) 규모 및 분산요건

① 자기자본 : 300억원 이상
② 상장주식 수 : 100만주 이상
③ 주식분산 : 일반주주 지분 25% 이상 또는 500만주 이상 등
④ 주주 수 : 일반주주 500명 이상(코스닥 소액주주 500명 이상)

(2) 경영성과(조건 중 중요부분)

① 매출액 : 최근 매출 1,000억원 이상 등
② 영업활동기간 : 설립 후 3년 이상 경과

(3) 감사의견

① 최근 적정(코스닥은 최근사업연도 적정만 요구)

② 전 2사업연도 : 적정 또는 한정(감사범위제한에 따른 한정 제외)

4. 코스닥시장 상장요건

(1) 규모 및 분산요건

① 자기자본 : 30억원 이상 등

② 시가총액 : 90억원 이상 등

③ 주식분산 : 공모 후 소액주주 25% 이상 등

④ 주주 수 : 소액주주 500명 이상

(2) 경영성과(조건 중 중요부분)

① 매출액 : 최근 매출 30억원 이상과 시총 500억원 이상 등

(3) 감사의견

① 최근 사업연도 : 적정

5. 기타 신규상장심사요건

(1) 신규상장요건의 적용특례

① 공공적법인

② 지주회사

③ 벤처기업 및 기술성장기업(코스닥) : 경과연수 미적용

㉠ 벤처기업 : 신기술과 아이디어를 가진 창조적인 중소기업에 완화된 상장요건 적용

㉡ 기술성장기업

- 벤처기업 중에서 기술력과 성장성이 인정되는 기업
- 경영성과 요건과 자기자본이익률 요건 비적용
- 자기자본 10억원 이상, 시가총액 90억원 이상

④ 상장주권보호예수

㉠ 목적 : 안정적인 수급, 내부자의 불공정한 차익거래로부터 소액투자자 보호, 핵심주주의 책임경영

㉡ 최대주주 및 특수관계인 : 6개월(기술성장기업 1년)

㉢ 상장예비심사신청일 1년 이내 제3자 배정 : 6개월(기술성장기업 1년)

⑤ 우회상장 심사요건

㉠ 부실한 비상장법인의 우회상장을 차단하기 위한 제도

㉡ 신규상장에 준하는 형식적, 질적 요건 심사

㉢ SPAC(기업인수목적회사)

- 의의 : 다른 법인과의 합병을 목적으로 설립한 기업인수목적회사
- 취지 : 우량한 비상장기업의 건전한 우회상장 기회 및 다양한 증시 진입수단 제공
- 일반적인 우회상장 보다 SPAC은 공모자금을 보유하고 있어 시장건전성 저해 가능성이 낮음

6. 재상장절차

(1) 의의

① 상장폐지된 보통주권을 다시 상장하는 것

② 보통주권상장법인의 분할, 분할합병, 합병으로 설립된 법인의 보통주권을 상장하는 것

(2) 재상장 신청인

① 유가증권시장에서 상장폐지 후 5년이 경과하지 않은 주권의 발행인

② 주권상장법인의 분할, 분할합병에 따라 설립된 법인

③ 주권상장법인 간의 합병에 의하여 설립된 법인

7. 상장증권의 매매거래정지제도

① 취지 : 상장법인의 주권에 중대한 영향을 미칠 사유가 발생한 경우 거래를 정지하고 해당 사실을 공표한 후 거래를 재개하여 투자자 보호

② 주요 매매거래 정지사유

㉠ 조회공시, 답변공시 기한 내 불응

㉡ 기업의 주가, 거래량에 중대한 영향을 미칠 수 있는 중요내용 공시

㉢ 풍문, 보도 관련 거래량 급변 예상

㉣ 관리종목 지정, 상장폐지기준 해당

㉤ 시장관리상 필요시

8. 상장폐지

① 의의 : 기상장법인이 기업내용의 변화 등으로 적격성을 상실하는 경우 거래대상에서 제외하여 투자자 보호

※ 관리종목 지정 : 상장폐지 우려가 있는 경우 사전예고단계로 투자자 주의 환기

② 유가증권시장 주요 퇴출요건

㉠ 매출액 : 최근년 매출액 50억원 미만(관리종목), 2년 연속 상장폐지

㉡ 자기자본 : 최근년 자본잠식률 50% 이상(관리종목), 2년 연속 상장폐지

㉢ 감사의견

- 반기보고서 부적정 · 의견거절(관리종목), 감사보고서 부적정 · 의견거절 상장폐지
- 감사보고서 범위제한으로 한정(관리종목), 2년 연속 상장폐지

㉣ 즉시퇴출 : 최종부도, 해산사유 발생 등

③ 코스닥시장 주요 퇴출요건

㉠ 매출액 : 최근년 매출액 30억원 미만(관리종목), 2년 연속 상장폐지

㉡ 장기간 영업손실 : 5년 연속 투자주의 환기종목 지정

㉢ 감사의견 : 반기보고서 부적정 · 의견거절 · 범위제한 한정(관리종목), 감사보고서 부적정 · 의견거절 · 범위제한 한정 상장폐지

㉣ 즉시퇴출 : 최종부도, 해산사유 발생 등

④ 상장적격성 실질심사

㉠ 의의 : 기업의 계속성 점검이 요구되는 기업을 대상으로 상장 유지가 적정한지 판단하는 제도

㉡ 주요 대상

- 불성실공시로 관리종목에 지정된 법인
- 회생절차개시 신청법인으로 관리종목에 지정된 법인
- 상장폐지가 필요하다고 인정되는 경우
- 자기자본의 5% 이상의 횡령, 배임 혐의 확인 등

㉢ 실질심사기준에 해당하면 매매거래를 정지하고 심의대상 여부 결정

⑤ 상장폐지절차

㉠ 상장폐지 서면 통보

㉡ 이의신청

㉢ 이의신청 불가한 경우

- 정기보고서 미제출
- 자본잠식
- 매출액 미달
- 해산
- 지주회사 편입 등

㉣ 상장폐지 유예

㉤ 정리매매기간 7일

▪▪▪ TOPIC 6 기업내용 공시제도

1. 공시제도

상장법인의 기업내용을 투자자 등 이해관계자에게 정기 혹은 수시로 공개하여 주가가 공정하게 형성되고 공정한 투자판단을 할 수 있도록 하는 정보제공수단

2. 기업공시제도 개요

① 발행시장 공시 : 증권신고서, 투자설명서, 발행실적보고서

② 유통시장 공시

㉠ 정기공시 : 사업보고서, 반기 및 분기보고서

㉡ 수시공시 : 주요사항 신고공시, 자율공시, 조회공시

㉢ 주요사항보고서

㉣ 자율공시 : 주권상장법인이 투자자에게 알릴 필요가 있다고 판단되는 경영사항에 대해 자율적으로 공시

㉤ 공정공시

㉥ 조회공시 : 풍문 등의 사실 여부에 대한 거래소의 공시 요구

㉦ 기타공시

③ 공시매체 : 전자공시시스템(dart), 증권정보단말기, 증권시장지

3. 주요경영사항 공시

① 의의

㉠ 수시로 발생하는 기업 경영정보 투자판단에 중요한 영향을 주는 사실 또는 결정 내용을 적시에 공시하게 하는 제도

㉡ 중요도에 따라 당일 공시사항(익일 07시 20분 이내)과 익일 공시사항으로 구분

② 주요경영사항 공시대상

㉠ 영업정지, 주요거래처 거래중단 등

㉡ 증자, 감자, 자기주식취득 및 처분 등

㉢ 신규시설투자, 채무인수 등 투자 및 채무사항

㉣ 합병, 부도, 소송 등

4. 공정공시

① 의의 : 공시되지 않고 있는 중요정보를 특정인에게 선별적으로 제공하고자 하는 경우 이를 시장참가자가 모두가 알 수 있도록 공시

② 공정공시대상 : 경영계획, 매출액 전망 등

③ 공정공시의무 적용 예외

㉠ 보도목적의 언론 취재에 응하여 언론사에 정보를 제공

㉡ 변호사, 회계사, 주관사 등 명시적인 비밀유지의무가 있는 자에게 정보를 제공

㉢ 금융위 허가를 받은 신용평가기관에 정보를 제공

5. 기타 공시관련 사항

① 기업설명회(Investor Relations ; IR) : 경영내용, 사업계획 및 전망에 대한 설명회로 공개적으로 실시

② 공시책임자 : 주권상장법인은 공시책임자 1인을 지정

③ 불성실공시

㉠ 거래소 공시규정에 의한 신고의무를 성실히 이행하지 않거나 신고한 내용을 변경 혹은 번복하여 공시불이행, 공시번복, 공시변경의 유형에 해당된 경우 불성실공시법인으로 지정

㉡ 제재 : 주권의 매매거래를 1일간 정지, 공시위반제재금 부과, 일정 벌점 이상인 경우 거래소는 개선계획서 제출 요구

TOPIC 7 매매거래제도

1. 매매거래의 수탁

① 의의 : 거래소시장에서 매매할 수 있는 자는 금융투자회사로서 거래소의 회원인 자로 한정되어 있어 일반투자자는 금융투자회사(투자매매 · 중개업자, 즉 증권회사)에 주문을 위탁

② 수탁의 방법 : 문서, 전화, 전자통신방법(HTS, MTS)

③ 위탁증거금의 징수

㉠ 의의 : 증권매매거래를 수탁하는 경우 결제이행을 담보하기 위해 징수하는 현금 또는 대용증권(징수율 등 징수기준은 회원사 자율)

㉡ 대용증권 : 현금에 갈음하여 위탁증거금으로 사용할 수 있는 증권

※ 사정비율 : 거래소 비율 이내에서 회원사 자율

㉢ 위탁증거금 100% 의무인 경우

- 상장주식수가 5만주 미만인 종목의 매도주문을 수탁한 경우
- 투자경고종목, 투자위험종목으로 지정한 종목의 매수주문
- 결제일에 매수대금을 납부하지 않은 주문(미수동결계좌)

2. 시장운영

(1) 매매거래일

① 매매거래일 : 월요일~금요일

② 휴장일 : 토요일, 공휴일, 근로자의 날, 12월 31일

(2) 매매거래시간

① 정규시장 : 09시~15시 30분

② 시간 외 시장

㉠ 장 개시 전 : 08시 00분~09시

㉡ 장 개시 후 : 15시 40분~18시

(3) 매매수량단위

① 1주 단위 매매

② ELW는 10주 단위 매매

(4) 호가가격단위 : 코스닥시장, 유가증권시장 동일

① 2,000원 미만 : 1원

② 5,000원 미만 : 5원

③ 20,000원 미만 : 10원

④ 50,000원 미만 : 50원

⑤ 200,000원 미만 : 100원

⑥ 500,000원 미만 : 500원

⑦ 500,000원 이상 : 1,000원

(5) 가격제한폭 및 기준가격

① 의의 : 가격 급등락을 완화하기 위한 제도로 기준가격 대비 ±30%

※ 변동가능범위 : 기준가격 대비 상하 30% 이내에서 가장 가까운 호가가격

② 적용대상 : 주식, DR, ETF, ETN, 수익증권

③ 가격제한폭 30% 예외

㉠ 정리매매종목, ELW, 신주인수권증서, 신주인수권증권(워런트)

㉡ 레버리지 ETF는 배율만큼 가격제한폭 확대

④ 기준가격

㉠ 전일종가

㉡ 증자, 주식배당, 주식분할 · 병합 : 적정 이론가격

㉢ 신규상장 : 시초가

㉣ ETF, ETN : 주당순자산가치

3. 호가

※ 호가 사례

매도	가격	매수
매도 10주	110원	
	100원	
	90원	매수 10주

- 최유리지정가주문 : 매수주문 110원
- 최우선지정가주문 : 매수주문 90원

지정가주문	• 가장 일반적인 주문으로 최소한의 가격수준을 지정한 주문 • 지정가주문에 부합하는 상대주문이 없는 경우 매매체결이 안 됨
시장가주문	• 종목, 수량을 지정하되 가격은 지정하지 않는 주문 • 체결가격과 무관하게 현재 시세로 즉시 매매거래
조건부 지정가주문	• 매매거래시간 중에는 지정가주문, 체결이 안 되면 장종료단일가매매에 시장가주문으로 전환 • 선물 · 옵션 최종거래일에는 프로그램매매를 위한 조건부지정가호가 금지
최유리 지정가주문	• 상대방 최우선호가의 가격으로 지정되는 주문 • 매도의 경우 가장 높은 매수주문가격으로 주문 • 매수의 경우 가장 낮은 매도주문가격으로 주문
최우선 지정가주문	• 자기 주문 방향의 최우선호가의 가격으로 주문 • 매도의 경우 가장 낮은 매도주문가격으로 주문 • 매수의 경우 가장 높은 매수주문가격으로 주문
목표가주문	• 목표로 하는 가격에 근접하여 체결되도록 하는 주문 형태 • 지정가, 시장가로 분할 매매
경쟁 대량매매주문	• 종목과 수량은 지정하되, 체결가격은 당일 거래량가중평균가격으로 매매 • 대량매매제도의 한 유형으로 별도의 시장에서 비공개 매매

4. 매매계약 체결방법

(1) 매매체결방법

① 경쟁매매 : 복수의 매도자와 매수자 간의 가격경쟁에 의한 매매

② 상대매매 : 매도자와 매수자 간의 가격협상에 의한 매매

③ 경매매 : 단일 매도자와 복수 매수자 혹은 그 반대의 경쟁입찰에 의한 매매(코넥스)

(2) 단일가매매 적용

① 장 개시 최초가격

② 임시정지, 매매거래중단(CB) 후 재개 시 최초가격 : 10분

③ 장 종료 시 : 10분

④ 시간 외 단일가매매 : 10분 단위

⑤ 정리매매종목, 단기과열종목 : 30분 단위

(3) 매매체결원칙

① 가격우선의 원칙

㉠ 매수는 높은 호가가 우선, 매도는 낮은 호가가 우선

㉡ 시장가호가가 지정가호가에 우선

② 시간우선의 원칙

㉠ 먼저 접수된 호가가 우선

㉡ 예외 : 동시호가(거래 중단 후 재개시 최초가격이 상 · 하한가로 결정되는 경우)

- 동시호가 적용 : 시가결정, CB, VI발동, 전산장애 등 거래중단 후 재개시 등
- 종가나 시간 외 단일가매매 시에는 동시호가 적용 안 함

③ 기타 체결원칙

㉠ 위탁자 우선

㉡ 수량우선

(4) 매매체결방법의 특례

① 신규상장 최초가격 : 공모가를 평가가격으로 신규상장 호가범위는 평가가격의 90~200% 범위

② 정리매매제도

㉠ 상장폐지 전 환금 기회(7일)

㉡ 30분 단위로 단일가매매하며 가격제한폭 적용 배제

(5) 특수한 형태의 매매체결방법

① 시간 외 매매

㉠ 시간 외 종가매매

- 정규매매시간 종료 후 및 장 개시 전 일정 시간 동안 종가로 거래
- 시간우선원칙만 적용
- 08시 30분~08시 40분, 15시 40분~16시

㉡ 시간 외 단일가매매

- 장 종료 후 10분 단위로 단일가매매
- 당일종가±10%(상하한가 이내)
- 16시~18시

② 정규시장 대량매매제도(장중대량 · 바스켓매매)

㉠ 대량매매의 시장영향을 줄이고 쌍방 당사자간 합의한 가격으로 처리

㉡ 가격범위 : 당일 형성된 최고가격~최저가격

■■■ TOPIC 8 시장관리제도

1. 매매거래의 중단

(1) 주식시장의 매매거래중단(Circuit Breakers)

① 발동요건

㉠ 주가지수가 전일종가 대비 각각 8%, 15%, 20% 이상 하락하여 1분간 지속

㉡ 1일 1회에 한하여 발동하며 장 종료 40분 전(14시 50분) 이후에는 발동 안 함

② 발동효과

㉠ 증권시장의 모든 종목 및 주식관련 선물 · 옵션거래 20분간 중단

㉡ 20% 이상 하락하여 중단되면 당일 장 종료

㉢ 거래 재개 시 10분간 호가 접수하여 단일가매매방법으로 시가 결정

(2) 종목별 매매거래정지제도

① 의의 : 풍문, 호가폭주 등으로 주권의 가격 또는 거래량이 급변하는 경우 일정시간 매매를 정지한 후 재개시키는 제도

② 단일가매매 임의연장(Random End) : 단일가 결정 직전 예상체결가격 등이 급변하는 종목의 단일가매매 참여 호가시간을 30초 안의 임의시간까지 연장

③ 변동성완화장치(Volatility Interuption ; VI)

㉠ 동적VI : 특정호가로 주가가 일정비율 이상 변동할 때 2분간 단일가 매매

㉡ 정적VI : 주가가 10% 이상 변동하는 경우 2분간 단일가 매매

2. 안정적 주가형성을 위한 시장관리제도

(1) 프로그램매매 관리제도

① 공시제도

㉠ 프로그램매매호가 : 차익거래, 비차익거래 구분

㉡ 사전신고제도 : 선물옵션 최종거래일 15시 15분까지 프로그램 호가를 거래소에 신고

㉢ 사후신고제도 : 만기일 종가 결정 시 사전신고한 프로그램호가의 수량이 적은 쪽 방향의 호가에 대하여는 사전신고 없이 프로그램매매의 주문이 가능하며 사후신고

② 프로그램매매호가 효력의 일시정지 제도(Sidecar)

㉠ 발동기준 : 코스피200지수 선물가격이 5% 이상 변동하여 1분간 지속(코스닥 6%)

㉡ 발동효력 : 프로그램매매호가 5분 정지

㉢ 1일 1회에 한하며 장 종료 40분 전 이후에는 발동하지 않음

(2) 단기과열종목 지정제도

① 단기과열지표에 해당하는 종목이 10매매거래일 이내 다시 단기과열지표에 해당하는 경우

② 3일간 30분 단위 단일가매매

(3) 시장경보제도

① 3단계 지정제도 : 투자주의종목 → 투자경고종목 → 투자위험종목

② 투자경고 · 위험종목 조치 : 신용거래 제한, 위탁증거금 100%, 대용증권 불가, 매매거래 정지도 가능

3. 공정한 주가형성을 위한 시장관리제도

(1) 공매도 제한

① 차입공매도만 허용(무차입공매도 불허)하며 시장불안의 경우 제한 가능

② 공매도호가 가격제한 : 원칙적으로 직전가격 이하로 호가불가(가격 상승 시 가능)

(2) 자기주식매매 제한

① 취득수량한도는 원칙적으로 제한 없으나 자기주식 매매에 대해 관리

② (일반적) 신탁계약을 통한 자기주식 매매 가능

(3) 호가정보 공개

① 접속매매 : 10단계 우선호가가격 및 수량

② 단일가매매 : 예상체결가격 및 수량, 3단계 우선호가가격 및 수량

4. 합리적인 매매거래 지원을 위한 시장관리제도

(1) 배당락

① 의의 : 이익배당을 받을 권리가 소멸하였음을 투자자에게 공시하는 것

② 배당락 조치시기 : 12월 결산법인의 경우 기준일(12월 30일) 2일 전 매수해야 배당을 받을 수 있고 12월 29일이 배당락조치일

③ 기준가격 조정 : 주식배당의 경우 적용하며, 현금배당의 경우 미적용

(2) 권리락

① 의의 : 증자에 따른 신주배정 권리가 소멸하였음을 투자자에게 공시하는 것

② 권리락 조치시기 : 신주배정 기준일 전일(신주를 배정받으려면 신주배정일 기준일 2일 전까지 매수해야 함)

(3) 착오매매 정정

① 의의 : 회원사가 위탁자의 주문을 잘못 처리한 경우 거래소가 체결내용을 정정하는 것

··· TOPIC 9 청산결제제도

1. 청산 및 결제

(1) 개요

① 청산 : 거래소가 채무인수방식으로 중앙청산소(CCP) 역할을 함

② 결제 : 실물결제방식, 차감결제방식, 집중결제방식을 채택

※ 주권은 T+2일, 국채는 T+1일 결제, 일반 채권은 당일결제

③ 결제지시 및 계좌대체 : 거래소는 예탁결제원에 대하여 증권대체 및 대금이체 지시

④ 결제불이행 시 납부할 결제증권 및 결제대금과 상계

(2) 증권시장의 거래증거금

① 파생상품시장외 증권시장에도 도입

② 거래증거금 부과 : 상장주식, 증권상품(ELW, ETN, ETF)

※ 제외 : 당일 결제 채권, REPO, 다음날 결제 국채

··· TOPIC 10 시장감시

1. 거래소의 이상거래심리 · 회원감리권

(1) 의의

① 불공정거래 예방 및 효율적인 규제를 위해 거래소 시장감시위원회에 부여된 권리

② 이상거래심리 : 미공개중요정보 이용행위 등 이상거래 혐의여부 판별을 위한 심리 업무

③ 회원감리 : 회원의 업무, 재산상황, 장부서류 등을 조사하는 것

(2) 거래소의 분쟁조정제도

① 거래소의 시장감시위원회에서 증권과 파생상품 관련 분쟁을 자율조정

② 법적절차를 거치지 않고 별도 비용 없이 전문성을 가지고 신속한 분쟁해결

③ 분쟁조정의 효력 : 민법상 화해

출 / 제 / 예 / 상 / 문 / 제

01 다음 중 증권시장에 대한 설명으로 틀린 것은?

① 자본시장은 자금조달방법에 따라 직접금융방식과 간접금융방식으로 나눌 수 있다.
② 증권시장은 증권을 매개로 하여 자금의 수요자와 공급자를 연결하는 간접금융방식이다.
③ 발행시장은 증권이 최초로 투자자에게 매각되는 시장으로 1차시장이라고도 한다.
④ 유통시장은 발행된 증권이 투자자들 사이에서 매매되는 시장으로 2차시장이라고도 한다.

해설 증권시장은 직접금융방식의 자본시장이다.

02 다음 중 발행시장의 기능에 대한 설명으로 틀린 것은?

① 자본의 집중
② 경제의 양적 및 질적 고도화
③ 투자수단의 제공
④ 자금조달의 원활화

해설 자본의 집중은 발행시장의 기능에 해당하지 않는다.

03 다음 〈보기〉 중 증권의 발행에 대한 설명으로 옳은 것을 모두 고르시오.

〈보기〉

가. 50인 이상의 투자자에게 새로 발행되는 증권 취득을 권유하는 것을 모집이라 한다.
나. 50인 이상의 투자자에게 이미 발행된 증권 매매를 권유하는 것을 매출이라 한다.
다. 증권의 발행주체가 50인 미만을 대상으로 발행하는 경우 사모발행이라고 한다.
라. 50인 산출 시 제외되는 연고자로 최대주주, 5% 이상 주주, 발행인의 임원, 우리사주조합원 등이 있다.

① 가, 나　　② 가, 나, 다
③ 가, 다, 라　　④ 가, 나, 다, 라

해설 모두 옳은 설명이다.

04 다음 발행시장의 조직에 대한 설명으로 틀린 것은?

① 발행시장의 조직은 발행주체, 발행기관, 투자자로 구성된다.
② 발행기관은 주관회사, 인수단, 청약기관으로 각각 역할이 다르다.
③ 인수는 자기책임과 계산으로 증권을 발행주체로부터 직접 매입한다.
④ 청약기관은 자기책임과 계산으로 투자자를 대신하여 인수단에 직접 청약을 한다.

해설 청약기관은 자기책임과 계산이 아닌 투자자를 대신하여 청약하는 역할을 수행한다.

05 다음 중 증권의 발행에 대한 설명으로 틀린 것은?

① 발행주체가 자기책임과 계산으로 발행을 하는 직접발행은 가장 널리 쓰이는 증권발행 방법이다.
② 모집주선(위탁모집)은 발행회사가 발행위험을 부담하고 발행사무는 위탁하는 형태로 수수료가 저렴하다.
③ 모집부족액이 발행하는 경우 그 잔량에 대해서 인수기관이 인수하는 방식을 잔액인수라고 한다.
④ 주관회사가 구성한 인수단이 발행위험과 모집사무 모두를 담당하는 것을 총액인수라고 하고 수수료도 가장 높다.

해설 간접발행 중 총액인수 방식을 가장 많이 사용한다.

06 다음 이익배당 및 잔여재산에 따른 주식의 종류에 대한 설명으로 틀린 것은?

① 보통주 : 우선과 열후의 기준이 되는 주식
② 우선주 : 이익의 배당이나 잔여재산 분배에 우선적 지위가 있는 주식
③ 후배주 : 이익의 배당이나 잔여재산 분배에 열후적 지위가 있는 주식
④ 혼합주 : 이익배당은 열등, 잔여재산 분배는 우선적 지위의 주식

해설 혼합주는 이익배당은 우선, 잔여재산 분배는 열등한 지위의 주식이다.

정답 01 ② 02 ① 03 ④ 04 ④ 05 ① 06 ④

07 다음 중 유상증자 방식에 대한 설명으로 틀린 것은?

① 주주배정방식 : 가장 일반적인 방법으로 신주의 인수권을 기존 주주에게 부여
② 주주우선공모방식 : 구주주에 우선 배정한 후 미달분은 제3자에게 부여
③ 일반공모방식 : 구주주의 신주인수권을 배제하고 일반인에게 공모
④ 제3자배정방식 : 주주총회의 특별결의로 특정 3자에게 신주인수권을 부여

해설 미달분은 일반투자자를 대상으로 공모한다.

08 다음 중 증권의 상장제도에 대한 설명으로 틀린 것은?

① 공모상장은 상장예비심사를 거친 후 공모절차를 거친다.
② 기상장된 법인이 유상 또는 무상증자 등으로 새로이 발행한 주권을 상장하는 것을 추가상장이라고 한다.
③ 상장폐지된 기업이 재상장하는 경우 상장예비심사를 생략할 수 있다.
④ 유가증권시장에서 상장폐지된 법인은 폐지일로부터 5년 이내에 재상장을 신청할 수 있다.

해설 재상장도 당연히 상장예비심사를 거쳐야 한다.

09 다음 중 상장법인의 혜택에 대한 설명으로 틀린 것은?

① 소액주주 보호를 위해 주식매수청구권이 더 다양한 경우로 행사 가능하다.
② 주식의 액면미달 발행 시 주주총회의 특별결의만으로 가능하다.
③ 유가증권시장의 경우 우리사주조합원에 대해 우선적으로 10% 내에서 배정할 수 있다.
④ 상장법인의 경우 시가가 액면가액 이상인 경우 이익배당총액에 상당하는 금액까지 주식배당을 할 수 있다.

해설 20% 범위 내에서 우선적으로 배정할 수 있다.

10 다음 중 상장의 원칙 및 종류에 대한 설명으로 틀린 것은?

① 주권을 상장하는 경우 이미 발행한 주권 중 그 일부만을 상장할 수 있다.
② 변경상장은 액면금액 변경과 같이 주권을 변경한 후 새로이 발행한 주권을 상장하는 것이다.
③ 일반 재상장은 상장폐지일부터 5년 이내에 다시 상장하는 것이다.
④ 우회상장은 상장법인이 비상장법인과의 합병 등으로 비상장법인의 지분증권이 상장되는 효과가 있는 경우이다.

해설 주권의 전부를 상장하여야 한다.

11 일반법인의 유가증권시장 신규상장 심사요건에 대한 설명으로 틀린 것은?

① 3년 이상 경과연수
② 자기자본 300억원 이상
③ 상장주식수 100만주 이상
④ 최근 3사업연도 감사의견 적정

해설 최근 사업연도 적정과 최근 사업연도 전 2개 연도 적정 혹은 한정이다.

12 다음 중 공모상장 절차의 순서를 바르게 나열한 것은?

가. 공모(증권신고서 제출)
나. 주권상장 예비심사신청서 제출
다. 상장예비심사결과 통지
라. 주권 신규상장 신청서 제출
마. 상장승인

① 나－다－가－라－마
② 가－나－다－라－마
③ 나－다－라－가－마
④ 가－나－라－다－마

해설 예비심사를 통과하고 증권신고서를 제출한다.

정답 07 ② 08 ③ 09 ③ 10 ① 11 ④ 12 ①

13 다음 〈보기〉에서 벤처기업 및 기술성장기업의 코스닥상장특례에 관한 설명으로 옳은 것을 모두 고르시오.

〈보기〉

가. 벤처기업은 자기자본 15억원 이상이어야 한다.
나. 기술성장기업은 자기자본 10억원 이상이어야 한다.
다. 벤처기업 및 기술성장기업의 경과연수는 1년 이상이다.
라. 기술성장기업은 경영성과 요건과 자기자본이익율 요건을 적용하지 않는다.

① 가, 나, 다, 라
② 가, 나, 다
③ 나, 다, 라
④ 가, 나, 라

해설 벤처기업 및 기술성장기업의 경과연수는 적용하지 않는다.

14 다음 〈보기〉에서 기타 신규상장심사요건에 대한 설명으로 옳은 것을 모두 고르시오.

〈보기〉

가. 최대 주주의 상장주권보호예수 기간은 6개월로 모두 동일하다.
나. 우회상장에 대해 신규상장에 준하는 형식적, 질적 요건을 심사한다.
다. 일반적인 우회상장 보다 SPAC은 공모자금을 보유하고 있어 시장건전성 저해 가능성이 낮다.

① 가, 나, 다
② 가, 나
③ 나, 다
④ 가, 다

해설 기술성장기업 최대 주주의 상장주권보호예수 기간은 1년이다.

15 다음 중 상장폐지에 대한 내용으로 틀린 것은?

① 유가증권시장에서 최근년 매출액 50억원 미만은 관리종목 지정사유에 해당한다.
② 유가증권시장에서 최근년 매출액 50억원 미만 2년 연속은 상장폐지 사유에 해당한다.
③ 반기보고서의 부적정, 의견거절은 상장폐지 사유에 해당한다.
④ 감사보고서의 부적정, 의견거절은 상장폐지 사유에 해당한다.

해설 반기보고서의 부적정, 의견거절은 관리종목 지정사유에 해당한다.

16 다음 중 발행시장 공시에 해당하는 것은?

① 정기공시
② 증권신고서
③ 수시공시
④ 공정공시

해설 발생시장 공시는 증권신고서, 투자설명서, 발행실적보고서 등이 해당한다.

17 다음 중 공시에 대한 설명으로 틀린 것은?

① 조회공시는 풍문 등의 사실 여부에 대한 거래소의 공시 요구를 말한다.
② 영업정지, 증자, 신규시설투자 등 투자판단에 중요한 영향을 주는 내용을 적시에 공시하게 하는 제도를 주요경영사항 공시라고 한다.
③ 공시되고 있지 않은 중요정보를 특정인에게 선별적으로 제공하는 경우 이를 시장참가자가 모두 알 수 있도록 공시하는 것을 공정공시라 한다.
④ 보도목적의 언론 취재에 응하여 언론사에 정보를 제공하는 경우에도 공정공시의무 적용대상이다.

해설 보도목적의 언론 취재에 응하여 언론사에 정보를 제공하는 경우는 예외사항에 해당한다.

18 다음 중 위탁증거금에 대한 설명으로 틀린 것은?

① 위탁증거금의 징수율은 거래소가 결정한다.
② 위탁증거금이 100%인 경우로 상장주식수가 5만주 미만인 종목의 매도주문을 수탁한 경우가 포함된다.
③ 현금에 갈음하여 위탁증거금으로 사용할 수 있는 증권을 대용증권이라 한다.
④ 대용증권의 사정비율은 거래소가 정한 비율 이내에서 회원사 자율로 결정한다.

해설 징수율의 징수기준은 금융투자회사의 결정사항이다.

정답 13 ④ 14 ③ 15 ③ 16 ② 17 ④ 18 ①

19 다음 중 거래소 증권시장의 매매거래시간에 대한 설명으로 틀린 것은?

① 매매거래일은 월요일에서 금요일까지이며 휴장일은 제외한다.
② 휴장일은 토요일, 공휴일, 근로자의 날, 12월 31일이다.
③ 정규시간은 9시부터 15시 30분이다.
④ 장 개시 전 시간 외 시장은 07시 30분부터 09시까지이다.

해설 장 개시 전 시간 외 시장은 08시부터 09시까지로 축소되었다.

20 다음 중 거래소의 시장 매매제도에 대한 설명으로 틀린 것은?

① 주권의 보통거래는 매매계약 체결일로부터 3일째 되는 날 결제된다.
② 매매수량 단위는 ELW를 포함하여 1주 단위로 매매한다.
③ 유가증권시장은 호가가격단위를 7단계로 운영하고 있다.
④ 투자경고 및 위험종목은 위탁증거금을 100% 징수한다.

해설 ELW는 10주 단위로 매매한다.

21 다음 중 가격제한폭에 대한 설명으로 틀린 것은?

① 가격 급등락을 완화하기 위한 제도로 기준가격 대비 상하 30%이다.
② 가격제한폭 적용대상은 주식이며 DR, ETF, ETN, 수익증권에는 적용하지 않는다.
③ 정리매매종목, ELW, 신주인수권증권 등에는 적용하지 않는다.
④ 레버리지ETF는 배율만큼 가격제한폭을 확대하여 적용한다.

해설 DR, ETF, ETN, 수익증권에도 적용된다.

22 다음 중 호가의 종류에 대한 설명으로 틀린 것은?

① 지정가주문은 가장 일반적인 주문으로 가격수준을 지정한 주문이다.
② 시장가주문은 종목과 수량을 지정하되 가격은 지정하지 않아 시세로 즉시 매매거래가 가능하다.
③ 최우선지정가주문은 상대방 주문 방향의 최우선호가의 가격으로 주문하는 것이다.
④ 조건부지정가주문은 매매거래시간 중에는 지정가로 주문하고, 체결이 안 되는 경우 장종료단일가매매에 시장가주문으로 전환한다.

해설 최유리지정가주문은 상대방 최우선호가의 가격으로 주문하는 것이며 최우선지정가주문은 자기 주문 방향의 최우선호가의 가격으로 주문한다.

23 다음 중 매매체결원칙과 특례에 관한 설명으로 틀린 것은?

① 거래 중단 후 재개시 최초가격이 상한가 혹은 하한가로 결정되는 경우 동시호가를 적용하며, 동시호가는 시가결정, 종가결정, VI발동 등에 적용한다.
② 매매체결원칙 중에서 가격우선의 원칙이 가장 먼저 적용된다.
③ 신규상장의 경우 공모가를 평가가격으로 신규상장 호가범위는 평가가격의 90~200% 범위로 한다.
④ 정리매매는 상장폐지 전 환금기회를 부여하기 위해 7일간 매매한다.

해설 동시호가는 종가결정에는 적용되지 않고 시가결정, CB, VI발동, 전산장애 등 거래 중단 후 재개시 등에 적용한다.

24 주식시장의 매매거래중단(CB)에 대한 설명으로 틀린 것은?

① 주가지수가 전일종가 대비 각각 8%, 15%, 20% 이상 하락하여 1분간 지속되면 발동하며 20% 이상 하락하여 중단되면 당일 장은 종료한다.
② 1일 1회에 한하여 발동하며 장종료 40분 전(14시 50분) 이후에는 발동하지 않는다.
③ 증권시장의 모든 종목 및 주식관련 선물 · 옵션거래를 10분간 중단한다.
④ 거래 재개시 10분간 호가 접수하여 단일가매매방법으로 시가를 결정한다.

해설 증권시장의 모든 종목 및 주식관련 선물 · 옵션거래를 20분간 중단한다.

정답 19 ④ 20 ② 21 ② 22 ③ 23 ① 24 ③

25 다음 중 프로그램매매호가 효력 일시정지제도(Sidecar)에 대한 설명으로 틀린 것은?

① 코스피200지수 선물가격이 5% 이상 변동하여 1분간 지속되는 경우 발동한다.
② 코스닥지수 선물가격이 6% 이상 변동하고 코스닥150지수가 3% 이상 변동하여 1분간 지속되는 경우 발동한다.
③ 상승의 경우에는 프로그램 매수호가, 하락의 경우에는 프로그램 매도호가의 효력을 10분 동안 정지한다.
④ 1일 1회로 장 종료 40분 전 이후에는 발동하지 않는다.

해설 프로그램 매매호가의 효력을 5분 동안 정지한다.

26 다음 중 합리적인 매매거래 지원을 위한 시장관리제도에 대한 설명으로 틀린 것은?

① 배당락이란 이익배당을 받을 권리가 소멸하였음을 투자자에게 공시하는 것이다.
② 12월 결산법인의 경우 기준일(12월 30일) 2일 전에 매수해야 배당받을 수 있고, 12월 29일이 배당락 조치일이 되며 현금배당에 적용한다.
③ 권리락은 증자에 따른 신주배정 권리가 소멸하였음을 투자자에게 공시하는 것이다.
④ 권리락 조치시기는 신주배당 기준일 전일이다.

해설 주식배당의 경우 적용하며 현금배당은 적용하지 않는다.

25 ③ 26 ② 정답

CHAPTER 03 채권시장

TOPIC 1 채권의 기초

1. 채권의 기초

(1) 채권의 기본적 특성

① 발행자격의 법적 제한 : 정부, 지방자치단체, 특별법에 의한 법인, 상법상 주식회사

② 이자지급 증권 : Fixed Income

③ 기한부 증권

④ 장기증권

(2) 채권 용어

① 액면금액 : 권면금액, 만기상환원금

② 표면이율 : 권면에 기재된 이율(연 단위 지급이자율)

③ 발행일, 매출일 : 기준일이 발행일이며 실제 신규 창출된 날짜가 매출일

④ 만기기간, 경과기간, 잔존기간

⑤ 단가 : 만기수익률에 의해 결정된 채권매매가격, 일반적으로 액면 10,000원을 기준

⑥ 만기수익률 : 시장수익률, 유통수익률

㉠ 채권의 만기까지 단위기간별로 발생하는 이자와 액면금액에 의해 이루어지는 현금흐름의 현재가치의 합을 채권의 가격과 일치시키는 할인율

㉡ 일반적인 채권금리를 지칭

2. 채권의 종류

① 발행주체 : 국채, 지방채, 특수채, 회사채

② 보증여부 : 보증사채, 무보증사채, 담보부 사채

※ 무보증사채 발행 시 둘 이상의 신용평가를 받음

③ 이자 및 원금지급방법

㉠ 이표채 : 이자를 정기적으로 지급

㉡ 할인채 : 통화안정증권, 대부분의 금융채

㉢ 복리채 : 국민주택채권 등(이자의 재투자)

㉣ 단리채 : 이자의 재투자 과정 없음

※ 할인채, 복리채, 단리채는 만기 전에는 현금지급이 없음

④ 자산유동화증권(Asset Backed Security ; ABS) : 유동화의 대상이 되는 각종 자산에서 발생하는 집합화된 현금흐름을 기초로 원리금을 상환하는 증서

⑤ 금리변동부채권(Floating Rate Note ; FRN)

㉠ 기준금리에 연동된 표면이율에 의한 이자 지급

㉡ 금리가 상승하면 투자자 유리

㉢ 수익률 변동 위험은 줄어드나 채권발행자의 신용위험은 존재

TOPIC 2 발행시장과 유통시장

1. 발행시장

(1) 채권의 발행기관

① 주관회사 : 채권발행에 대한 사무처리, 발행과 관련된 자문 등 채권발행업무를 총괄하며 인수단을 구성

② 인수기관 : 주관회사와 협의하여 발행채권을 인수하는 기관으로 인수채권을 투자자에게 매도

③ 청약기관 : 발행된 채권을 일반투자자에게 직접 매매하는 판매기관

(2) 채권의 발행방법

① 사모

㉠ 불특정 다수인을 대상으로 하지 않고, 소수(50인 미만)의 특정인에 채권을 매각

㉡ 유동성이 낮은 회사채의 발행에 활용

② 공모

㉠ 불특정 다수(50인 이상)에게 채권을 발행

㉡ 채권발행에 따른 위험을 누가 부담하느냐에 따라 직접모집과 간접모집으로 구분

③ 직접모집과 간접모집

㉠ 직접모집 : 발행자가 투자자에게 직접 채권을 매출

- 매출발행 : 발행조건은 사전에 지정하고 발행총액은 사후에 결정(산업금융채권 등)
- 공모입찰발행 : 발행조건을 사후에 경매방식으로 결정

구분	내용
복수가격 경매방식 (Conventional Auction)	• 응찰수익률이 낮은 수익률(높은 가격)부터 발행예정액에 달할 때까지 순차적으로 낙찰자를 결정 • 복수의 낙찰가격 발생
단일가격 경매방식 (Dutch Auction)	• 응찰수익률이 낮은 수익률부터 발행예정액에 달할 때까지 순차적으로 낙찰자를 결정하되 가장 높은 수익률(낮은 가격)로 통일 적용 • 단일의 낙찰가격 발생
차등가격 경매방식	• 최고 낙찰수익률 이하의 응찰수익률을 일정 간격으로 그룹화하여 각 그룹별로 최고 낙찰수익률을 적용 • 현재 국채발행 방식
비경쟁입찰	• 국채경쟁입찰에 참여할 수 없는 일반투자자를 위한 제도 • 국고채전문딜러 최고낙찰금리로 발행금리 결정

㉡ 간접모집 : 발행기관 개입

위탁모집	발행자가 위험부담
잔액인수방식	발행기관이 총액에 미달한 잔액만 인수
총액인수방식	발행기관이 발행채권을 모두 인수(대부분의 회사채 발행 방식)

2. 유통시장

(1) 장내거래

① 장내거래

㉠ 집단경쟁매매

㉡ 대상채권 : 상장채권

② 장내거래 구분

㉠ 국채전문유통시장 : 국채 자기매매업 허가받은 기관투자자 거래, 익일결제

㉡ 일반채권시장 : 거래소 상장된 채권 거래, 불특정 다수 참여, 가격폭 제한 없음

㉢ 소매채권매매시장 : 일반채권시장으로 통합

(2) 장외거래

① 장외거래

㉠ 한국거래소가 개설한 시장 이외에서 상대매매를 통한 거래

㉡ 증권회사를 통해 이루어지는 대고객 상대매매와 국채딜러 간 장외거래로 구분

② 장외거래 구분

㉠ 대고객 상대매매

- 상장 및 비상장채권 모두 가능하며 증권사 영업소 내에서 상대매매
- 일반적으로 당일 현물과 현금 수도
- 수수료는 없고 매수매도가격 차액을 스프레드로 수취

㉡ 채권딜러 간 장외거래 : Inter Dealer Broker는 기관투자가 간 채권전용 중개업자로 채권딜러들 간의 중개업무

㉢ 채권거래 전용시스템(K-Bond)

- 장외시장에서 시장 참여자들의 채권거래를 지원하기 위해 한국금융투자협회가 운영하는 전자시스템(기존 프리본드를 대체하는 거래시스템)
- 채권브로커, 딜러, 매니저, 트레이더 등 협회 승인을 받은 자만이 참여

TOPIC 3 채권시장의 분류와 특성

1. 한국 채권시장

(1) 한국채권시장의 특징

① 1998년 이후 연평균 10%의 꾸준한 성장

② 국채 발행이 증가

③ 보험사는 자산 부채 듀레이션 매칭과 고객자산의 안정성을 위해 우량 장기물 투자

④ 연기금도 유사

⑤ 은행은 상대적으로 단기

⑥ 자산운용사는 적극적 운용성향

⑦ 외국인은 국채 위주 투자로 비중 증가

2. 발행주체에 따른 채권 분류

구분	내용
국채	• 국고채권(최장 50년 만기), 재정증권, 외국환평형기금채권, 국민주택채권 등 • 국채전문딜러제도를 이용해 발행(증권사와 은행이 딜러) • 전문딜러는 국고채 인수 등에 우선적 권리가 있고 시장조성 의무도 부담
지방채	• 규모가 크지 않고 국채에 비해 상대적으로 거래가 활발치 않음 • 도시철도채권, 지역개발채권 등
특수채	• 특별한 법률에 의하여 설립된 법인이 발행 • 통화안정증권 : 한국은행 통화량 조절 • 금융특수채 : 산업은행, 수출입은행, 농협 등(실무적 은행채) • 비금융특수채 : 한국도로공사, 한국토지주택공사 • 지방공사채 : 지방공기업 • 안정성이 높고 장기물 발행이 가능 • 보험사와 연기금 투자 많음
회사채	• 민간기업 발행 • 일반회사채와 금융회사가 발행하는 금융기관채가 있음 • 실무적으로 금융기관채는 은행채, 카드채, 캐피탈채로 구분 • 투기등급의 회사채 발행 미미

※ 회사채 구분 : 일반회사채와 금융채로 구분

※ 실무적 구분 : 신용도에 따라 국채, 지방채, 통안채, 공사채, 회사채, 은행채, 여전채

▪▪▪ TOPIC 4 채권투자분석

1. 채권수익률과 채권가격

① 채권수익률 : 미래 정해진 현금흐름을 채권수익률로 할인한다는 할인율 개념

② 만기수익률

㉠ 채권수익률, 할인율, 채권금리를 지칭

㉡ 채권의 현재가격과 미래 현금흐름을 일치시키도록 할인하는 수익률(연수익률)

㉢ 현재가치와 미래 현금흐름을 일치시킬 때의 내부수익률

㉣ 채권가격은 만기수익률에 의해 결정

③ 채권가격 계산

㉠ 현금흐름할인법(DCF) 사용

㉡ 무이표채 계산 : $PV = FV / (1 + r)^n$

※ 채권가격계산 사례

> 만기 5년이 남은 국민주택채권 1종을 만기수익률 2.491%로 매입하는 경우 가격은?
> – 조건 : 표면이율 2%, 연단위 복리, 만기일시상환
> – 만기상환금액 : $10,000 \times (1 + 0.02)^5 = 11,040$원
> – 채권가격 $= 11,040 / (1 + 0.02491)^5 = 9,762$원

2. 채권가격과 수익률의 관계(말킬의 채권 가격 정리)

① 채권가격과 채권수익률은 역의 관계

② 장기채가 단기채보다 일정한 수익률 변동에 대한 가격변동폭이 큼

③ 이자율변동에 따른 채권가격 변동폭은 만기가 길수록 증가하나, 그 증가율은 체감

④ 만기가 일정할 때 수익률 하락으로 인한 가격상승폭이 같은 폭의 수익률 상승으로 인한 가격하락폭보다 큼

⑤ 표면이자율이 낮은 채권이 표면이자율이 높은 채권보다 일정한 수익률 변동에 따른 가격 변동률이 큼

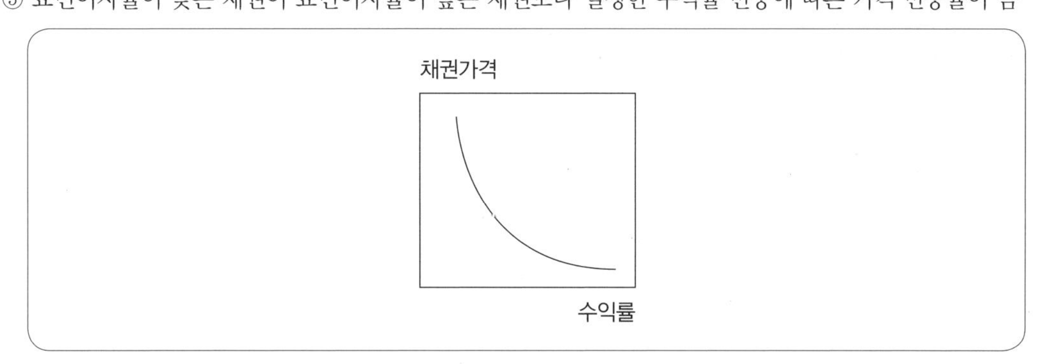

3. 채권투자 위험

① 채무불이행 위험 : 채무불이행 위험 혹은 신용위험이 클수록 위험프리미엄이 반영되어 수익률 상승

② 가격 변동 위험 : 채권투자 후 만기수익률이 상승하면 채권가격은 하락하고, 만기수익률이 하락하면 채권가격이 상승하는 채권가격의 변동위험

③ 재투자위험

㉠ 중도에 지급받는 이자의 재투자수익률 변동위험

㉡ 수익률 변동 위험 = 가격 변동 위험 + 재투자위험

④ 유동성위험 : 투자유가증권을 현금화하는 데 어려운 위험

⑤ 인플레이션 위험

㉠ 인플레이션은 이자수입의 실질가치를 감소

㉡ 인플레이션 상황에는 변동금리부채권, 물가연동국고채권 유리

⑥ 환율 변동 위험 : 외화표시 채권의 경우 발생

⑦ 수의상환 위험

㉠ 수의상환권이 부여된 경우

㉡ 원금이 만기 이전에 상환되는 데 따른 당초 기대수익률 변동에 대한 위험

㉢ 수의상환권이 있는 경우 일반채권보다 더 높은 표면이율 형성

㉣ 채권 발생 시 지급 이자율보다 시장금리가 낮아질 경우 행사

▪▪▪ TOPIC 5 채권투자전략

1. 채권투자전략 구분

적극적 투자전략	• 시장의 비효율성을 전제로 시장이자율을 예측하여 초과수익 추구 • 수익률예측전략, 채권교체전략, 수익률곡선타기전략, 나비형 투자전략, 역나비형 투자전략
소극적 투자전략	• 시장의 효율성을 전제로 수익률변동위험을 최소화시키고 투자 당초 목표이익을 보전하려는 방어적인 투자전략 • 만기보유전략, 인덱스전략, 현금흐름일치전략, 사다리형 만기운용전략, 바벨형 만기운용전략, 면역전략

2. 적극적 투자전략

(1) 수익률예측전략

① 수익률 하락 예상 시 : 장기채, 표면이자율이 낮은 채권 유리

② 수익률 상승 예상 시 : 단기채, 표면이자율이 높은 채권 유리

(2) 채권교체전략

① 시장불균형을 이용한 동종 채권 간 교체전략

② 스프레드를 이용한 이종 채권 간 교체전략

㉠ 스프레드 일시적 확대 예상 : 상대적으로 비싼 국채 매도, 저렴한 회사채 매입

㉡ 스프레드 일시적 축소 예상 : 상대적으로 저렴한 국채 매수, 비싼 회사채 매도

(3) 수익률곡선타기전략

① 수익률곡선이 우상향하고 투자기간 동안 변하지 않는 경우

② 롤링효과

㉠ 잔존만기가 단축됨에 따라 수익률이 하락(채권가격 상승)하는 효과 이용

㉡ 장기채권을 일정 기간 후에 매도한 후 다시 장기채를 재매입하는 투자를 반복

③ 숄더효과 : 만기가 짧아질수록 수익률 하락폭이 커지는 효과 이용

(4) 나비형 투자전략

① 수익률곡선이 중기물의 수익률 상승, 장 · 단기물의 수익률의 하락 예상 시 → 바벨형 포트폴리오(중기물 축소, 단기물과 장기물 증가)

② 장 · 단기채권 보유, 중기채권 매도

(5) 역나비형 투자전략

① 수익률곡선이 중기물의 수익률 하락, 장 · 단기물의 수익률 상승 예상 시 취하는 전략

② 장 · 단기채권 매도, 중기채권 보유

3. 소극적 투자전략

① 만기보유전략 : 채권을 매입하여 만기까지 보유하는 전략

② 인덱스전략 : 채권시장 전체흐름을 그대로 따르는 전략

③ 현금흐름일치전략 : 채권에서 발생하는 현금흐름수입을 지출시기와 맞추는 전략

④ 사다리형 만기운용전략 : 각 잔존기간별로 채권보유량을 동일하게 유지하여 이자율변동 시의 수익률과 위험을 평균화시키는 전략

⑤ 바벨(아령)형 만기운용전략 : 단기채+장기채로 만기를 구성하는 전략

⑥ 면역전략

㉠ 수익률변동위험을 제거하고 투자목표를 달성하기 위한 전략

㉡ 투자기간과 채권 포트폴리오의 듀레이션을 일치시켜 수익률 상승(하락) 시 채권가격 하락(상승)분과 표면이자율에 대한 재투자수익 증대 분을 상쇄시켜 채권투자 종료 시 실현수익률을 목표수익률과 일치시키려는 전략

TOPIC 6 새로운 형태의 증권

1. 자산유동화증권(ABS)

① 의의 : 기초자산에서 발생하는 현금흐름으로 원리금의 상환을 표시한 증권

② 장점 : 유동성 확보, 자금조달수단의 다변화, 비유동자산의 처분, 조달비용 감소, 규제차익(BIS 비율 개선)

③ 단점 : 부대비용이 크므로 대규모 발행만 가능, 구조에 따라 위험의 일부가 자산보유자에게 잔존, 자금조달 주체는 질 낮은 자산만 보유할 수 있음, 자금조달 시간 소요

④ 종류 : CBO(bond), CLO(npl), CDO, 합성CDO, ABCP, ABSTB, MBS 등

2. 신종자본증권

① 의의 : 일정수준 이상의 자본요건을 충족한 경우 자본으로 인정되는 채무증권

② 자본인정 조건 : 후순위성, 만기의 영구성(30년 이상), 이자지급의 임의성(이자 유예조건)

③ 하이브리드채권, 코코본드, 조건부자본증권과의 관계

㉠ 하이브리드채권 = 신종자본증권

㉡ 코코본드 : 유사시 자본으로 전환될 수 있는 채권으로 유사한 개념

㉢ 조건부자본증권

- 신종자본증권 가운데 은행 또는 금융지주회사가 발행하고 바젤Ⅲ 기준상 자본으로 전환되거나 상각되는 채권
- 실무적으로 코코본드와 동일한 의미

3. 조건부자본증권

① 의의 : 미리 정한 사유가 발생하는 경우 주식으로 전환되거나(전환형) 원금의 상환과 이자지급 의무가 감면되는(상각형) 조건이 붙은 회사채(은행 발행)

② 발행이유 : 바젤Ⅲ상 은행자본으로 인정, BIS비율 개선

③ 위험 : 후순위성이 강해 일반채권보다 높은 금리가 보장되나 은행의 BIS비율이 낮아질 경우 주식보다 먼저 상각(손해)될 수 있음

4. 이중상환청구권부채권(Covered Bond)

① 의의 : 발행기관에 대한 상환청구권과 함께 발행기관이 보유한 자산을 담보로 제공하는 채권

② 커버드본드는 담보가 제공되므로 조달금리가 낮음

5. 전환사채(CB)

① 의의 : 일정 기간 동안 일정한 가격으로 발행기업의 주식으로 전환될 수 있는 권리가 부여된 채권

② 전환사채 용어

㉠ 전환가격 : 채권을 주식 1주로 전환할 때의 가격

㉡ 전환청구기간

㉢ 패리티(Parity) : 전환대상주식의 시가대비 전환가격을 백분율로 나타낸 것

- 패리티 = 주식의 시장가격 / 전환가격 × 100
- 전환사채를 주식으로 전환할 경우 차익이 발생하는가를 판단하는 지표

6. 신주인수권부사채(BW)

① 의의 : 일정 기간 동안 일정한 가격으로 발행기업의 주식을 인수할 수 있는 권리가 부여된 채권

② 특징 : 전환사채와 유사하나 전환사채와는 달리 취득을 위한 신규자금 필요

7. 교환사채(EB)

① 의의 : 발행사가 보유한 주식으로 교환할 수 있는 권리가 부여된 채권

② 특징 : 발행사 주식이 아닌 발생사가 보유한 주식으로 교환되며 주식 취득 시 신규자금이 지출되지 않음

8. 기업어음(CP)과 전자단기사채(STB)

① 기업어음 : 기업이 단기자금 조달을 위해 발행하는 융통어음

② 전자단기사채 : 전자방식으로 발행되는 만기 1년 이하의 채무증권으로 증권신고서의 제출 의무가 없어 신속한 자금조달 가능

출/제/예/상/문/제

01 **다음 중 채권에 대한 설명으로 틀린 것은?**

① 발행자격이 법적으로 제한된 것은 아니다.
② 이자지급증권이다.
③ 기한부증권이다.
④ 일반적으로 장기증권에 해당한다.

해설 발행자격의 법적 제한이 있다. 정부, 지방자치단체, 특별법에 의한 법인, 상법상 주식회사 등이다.

02 **다음 중 채권 투자 시 사용되는 용어에 대한 설명으로 틀린 것은?**

① 잔존기간은 발행일에서 만기일까지를 의미한다.
② 표면이율은 채권 발행 시에 발행자가 지급하기로 한 이자율을 의미한다.
③ 단가란 액면 10,000원당 시장에서 거래되는 가격이다.
④ 선매출이란 발행일 이전에 일정 기간 동안 채권이 판매되는 것을 말한다.

해설 만기기간에 대한 설명이다.

03 **다음 중 채권에 대한 설명으로 틀린 것은?**

① 채권의 만기까지 단위기간별로 발생하는 이자와 액면금액에 의해 이루어지는 현금흐름의 현재가치 합을 채권의 가격과 일치시키는 할인율을 채권의 만기수익률이라고 한다.
② 채권의 발행주체에 따른 분류로 국채, 지방채, 특수채, 회사채가 있다.
③ 금리변동부채권은 시장금리 상승 시 투자자가 유리하다.
④ 할인채, 복리채, 이표채는 만기 전에 현금지급이 발생하지 않는다.

해설 이표채는 정해진 단위 기간에 이자가 지급된다.

04 다음 중 이표채권에 대한 설명으로 틀린 것은?

① 일정 기간마다 채권의 매도자가 표면이자를 지급한다.
② 회사채는 이표채 형태의 발행비중이 가장 크다.
③ 투자 시 가격변동위험과 재투자위험이 모두 존재한다.
④ 지급이자는 매입 시 만기수익률이 아닌 표면이자율로 지급한다.

해설 채권의 발행자가 표면이자를 지급한다.

05 다음 중 채권의 발행에 대한 설명으로 틀린 것은?

① 소수의 특정인에 대하여 개별적 접촉을 통해 채권을 발행하는 것을 사모라고 한다.
② 불특정 다수인에게 채권을 발행하는 것을 공모라고 한다.
③ 위탁모집의 경우 발행기관이 채권발행 위험을 부담한다.
④ 발행기관이 총액에 미달한 잔액만 인수기관이 책임지는 모집방법을 잔액인수라 하고 채권발생 시 가장 많이 사용하는 방식이다.

해설 일반적으로 가장 많이 사용하는 방식은 총액인수방식이다.

06 다음 중 채권의 직접모집 방법에 대한 설명으로 틀린 것은?

① 복수가격경매방식은 최저수익률부터 발행 예정액에 달할 때까지 순차적으로 낙찰자를 정하는 방식으로 Conventional 방식이라고 한다.
② 단일가격경매방식은 모든 낙찰자에게 낙찰된 수익률 중 가장 낮은 수익률을 같이 적용하는 방식으로 Dutch 방식이라고 한다.
③ 차등가격경매방식은 응찰수익률을 일정 간격으로 그룹화하여 각 그룹별로 최고낙찰수익률을 적용하는 방식이다.
④ 공모입찰 방법 중에서 현재 국고채 발행은 차등가격경매방식을 사용한다.

해설 단일가격경매방식은 모든 낙찰자에게 낙찰된 수익률 중 가장 높은 수익률을 같이 적용하는 방식이다.

정답 01 ① 02 ① 03 ④ 04 ① 05 ④ 06 ②

07 다음 중 우리나라 국채시장에 대한 설명으로 틀린 것은?

① 국고채권, 국민주택채권은 대표적인 국채이다.
② 국채통합발행제도가 도입되어 있다.
③ 국고채는 동일조건의 회사채보다 낮은 수익률로 거래된다.
④ 국고채는 발행기관들에 의한 총액인수방식으로 발행된다.

해설 국고채는 직접모집한다.

08 현재 한국의 채권시장에 대한 설명으로 틀린 것은?

① 채권거래는 장내거래의 비중이 높다.
② 발행만기는 장기화되는 추세이다.
③ 회사채의 발행 및 유통보다는 국공채 발행 및 유통 비중이 높다.
④ 일반채권시장은 가격제한폭이 없다.

해설 채권거래는 장외거래의 비중이 현저히 높다.

09 다음 중 채권투자의 위험에 대한 설명으로 틀린 것은?

① 신용위험이 클수록 발행수익률이 높아진다.
② 채권투자 후 만기수익률이 하락하면 채권가격이 상승한다.
③ 수의상환권이 있는 채권은 일반 채권에 비해 수익률이 낮다.
④ 인플레이션은 채권으로부터 얻어지는 이자수입의 실질가치를 감소시킨다.

해설 수의상환권이 있는 채권(콜옵션부채권)은 일반 채권에 비해 수익률이 높다.

10 다음 〈보기〉에서 채권수익률과 채권가격에 대한 설명으로 옳은 것을 모두 고르시오.

〈보기〉

가. 채권가격과 채권수익률은 역의 관계
나. 장기채가 단기채보다 일정한 수익률 변동에 대한 가격변동폭이 큼
다. 이자율변동에 따른 채권가격 변동폭은 만기가 길수록 증가하나, 그 증가율은 체감함
라. 만기가 일정할 때 수익률 하락으로 인한 가격상승폭이 같은 폭의 수익률 상승으로 인한 가격하락폭보다 큼
마. 표면이자율이 낮은 채권이 표면이자율이 높은 채권보다 일정한 수익률 변동에 따른 가격 변동률이 큼

① 가, 나, 다
② 나, 다, 라, 마
③ 가, 나, 다, 라
④ 가, 나, 다, 라, 마

해설 말킬의 채권가격 정리로 모두 옳게 설명하고 있다.

11 다음 중 연단위 후급이표채 중에서 듀레이션이 가장 큰 채권은 무엇인가?

① 표면이율 5%, 잔존기간 3년
② 표면이율 6%, 잔존기간 3년
③ 표면이율 5%, 잔존기간 4년
④ 표면이율 6%, 잔존기간 4년

해설 잔존기간이 클수록, 표면이율이 낮을수록 듀레이션이 커진다.

12 다음 중 만기수익률에 대한 설명으로 틀린 것은?

① 만기수익률이 높아진다는 의미는 채권 매수가격이 낮아진다는 의미이다.
② 모든 채권은 매입 후 만기까지 보유할 경우 매입 시의 만기수익률이 실현된다.
③ 채권에서 발생하는 현금흐름의 현재가치를 채권의 가격과 일치시키는 할인율이다.
④ 할인채는 만기수익률과 현물수익률이 같다.

해설 이표채의 경우 재투자수익률에 따라 실현되는 수익률이 달라진다.

정답 07 ④ 08 ① 09 ③ 10 ④ 11 ③ 12 ②

13 다음 중 소극적 채권투자전략에 대한 설명으로 맞는 것은?

① 채권시장의 비효율성을 전제로 한다.
② 우월한 예측능력으로 시장대비 초과수익을 거둘 수 있다.
③ 지속적인 시장대비 초과수익을 기록하는 것은 어렵다.
④ 위험을 감수하고 투자수익 극대화를 추구한다.

해설 ①, ②, ④는 적극적 채권투자전략에 대한 설명이다.

14 다음 중 금리가 하락할 것으로 예상되는 경우 투자전략으로 옳은 것은?

① 장기채에 투자한다.
② 표면이자율이 높은 채권에 투자한다.
③ 변동금리 채권에 투자한다.
④ 듀레이션이 낮은 채권에 투자한다.

해설 금리 하락에 따른 채권가격의 상승은 장기채일 때 더 크게 나타난다.

15 다음 중 수익률 곡선의 수평적 하락 이동을 확신하는 경우 옳은 투자방식은?

① 현금 보유 비중을 늘린다.
② 국채선물의 매도 포지션을 늘린다.
③ 채권 포트폴리오의 듀레이션을 줄인다.
④ 표면이율이 낮은 장기채 비중을 늘린다.

해설 장기채 비중을 늘려 듀레이션을 늘린다.

16 다음 채권투자 전략 중에서 성격이 다른 것은?

① 수익률곡선타기 전략
② 만기보유전략
③ 인덱스전략
④ 면역전략

해설 ②, ③, ④는 모두 소극적 투자전략에 해당한다.

17 다음 중 채권의 수익률곡선타기전략에 대한 설명으로 옳지 않은 것은?

① 수익률곡선이 우상향하고 투자기간 동안 변하지 않는다고 예상할 때 사용한다.
② 단기채권과 장기채권만을 보유하는 전략이다.
③ 장기채권을 일정 기간 후 매도한 후 다시 장기채를 매입하는 롤링효과를 추구한다.
④ 만기가 짧아질수록 수익률 하락폭이 커지는 숄더효과를 이용하기도 한다.

해설 단기채권과 장기채권만을 보유하고 중기채권을 매도하는 전략은 나비형투자전략이다.

18 다음 중 채권의 소극적투자전략에 대한 설명으로 틀린 것은?

① 인덱스전략 : 채권시장 전체의 흐름을 그대로 따르는 포트폴리오 구성
② 현금흐름일치전략 : 채권에서 발생하는 현금흐름수입을 지출시기와 맞게 구성
③ 바벨형(아령형) 만기운용전략 : 각 잔존기간별로 채권보유량을 동일하게 구성
④ 면역전략 : 투자기간과 채권 포트폴리오의 듀레이션이 일치하도록 구성

해설 사다리형 만기운용전략에 대한 설명으로, 바벨형 전략은 단기채와 장기채로 구성한다.

19 다음 중 자산유동화증권에 대한 설명으로 틀린 것은?

① 자산유동화증권이란 기초자산에서 발생하는 현금흐름으로 원리금의 상환을 표시한 증권을 말한다.
② 자산유동화증권을 통해 자금조달수단을 다변화할 수 있다.
③ 유동화 대상이 되는 자산이 우량하면 조달비용을 낮추는 장점이 있다.
④ 부대비용이 저렴하여 소규모 ABS발행이 일반적이다.

해설 부대비용이 높기 때문에 대규모 자금조달에 더 유리하다.

정답 13 ③ 14 ① 15 ④ 16 ① 17 ② 18 ③ 19 ④

20 **발행 당시 객관적인 기준에 따라 미리 정하는 사유가 발생하는 경우 주식으로 전환되거나 원금의 상황과 이자지급 의무가 감면되는 조건이 붙은 채권을 무엇이라 하는가?**

① 후순위채권
② 조건부자본증권
③ 자산유동화증권
④ 이중상환청구권부채권(Covered Bond)

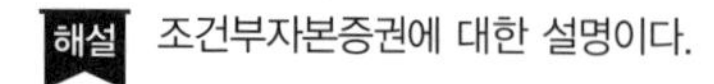
해설 조건부자본증권에 대한 설명이다.

21 **다음 중 전환사채에 대한 설명으로 틀린 것은?**

① 전환사채란 일정 기간 동안 일정한 가격으로 발행기업의 주식으로 바꿀 수 있는 권리가 부여된 채권이다.
② 전환가치는 전환된 주식들의 시장가치를 나타낸다.
③ 일반채권 보다 표면이자율이 높게 발행된다.
④ 전환 프리미엄은 전환사채의 시장 가격과 전환 가치와의 차이를 말한다.

해설 일반적으로 표면이자율이 낮게 발행된다.

20 ② 21 ③ 정답

CHAPTER 04

코넥스, K-OTC시장

International Trade Specialist 제 1 과 목

TOPIC 1 코넥스시장

1. 코넥스시장의 개요

(1) 의의

① 중소 · 벤처기업 성장지원 및 모험자본 선순환을 위한 중소기업 전용 시장

② 거래소가 개설하는 증권시장

③ 코스닥시장과 동일하게 주권상장법인의 지위

(2) 특징

① 코스닥시장에 비교하여 진입기준 등 상장회사 부담 완화

② 공모, 사모, 직상장 등 다양한 형태의 상장 가능

③ 중소기업만 상장 가능

(3) 지정자문인 제도

① 코넥스시장에 상장하려는 기업은 지정자문인이 있어야 함

② 역할 : 상장적격성 심사, 상장 후 자문 등 후견인 역할(증권사)

(4) 특례상장제도

① 요건을 갖춘 기술평가기업(스타트업기업부), 크라우드펀딩기업(크라우드펀딩기업부)이 지정자문인 없이 상장

② 투자유치 요건 : 지정기관투자자가 10% 이상 지분 보유 혹은 30억원 이상 투자

2. 코넥스시장 상장제도

(1) 개요

① 지정기관투자제도 도입(거래소가 지정하는 기관투자자)

② 지정자문인의 상장적격성 판단(특례상장은 제외)

③ 회계기준 및 지배구조 준수의무 완화

④ 보호예수 의무 완화

(2) 상장요건

① 중소기업이며 정관에 양도제한이 없을 것

② 최근사업연도 감사의견 적정

③ 지정자문인 1사와 선임계약을 체결할 것(특례상장은 제외)

(3) 즉시 상장폐지

① 재무상태 및 경영성과와 관련된 상장폐지요건을 적용하지 않음
② 특례상장 후 2개 사업연도 경과 후에도 지정자문인 선임계약 미체결
③ 감사의견 부적정, 의견거절, 감사범위제한으로 인한 한정
④ 공시서류 미제출, 재무제표 미승인
⑤ 2반기 연속(또는 3년 내 4회 이상) 기업설명회 미개최
⑥ 부도 등

(4) 심의 후 상장폐지사유

① 불성실공시
② 회생절차개시신청
③ 상장관련서류 허위기재, 누락
④ 횡령, 배임 등

3. 코넥스시장 공시제도

① 의무공시 : 투자자의 투자판단에 중요한 영향을 주는 경영정보가 발생할 경우 의무공시
② 조회공시 : 중요한 경영사항과 관련된 풍문 또는 보도(코스닥시장과는 달리 주가 및 거래량 급변에 따른 조회공시는 적용하지 않음)
③ 자율공시 : 코넥스시장은 코스닥시장에 비하여 의무공시 대상은 축소된 반면 자율공시 대상은 확대됨
④ 불성실공시의 제재
㉠ 공시불이행
㉡ 공시번복
㉢ 공시변경은 미적용

4. 코넥스시장 매매제도

(1) 개요

① 원칙은 유가증권 및 코스닥시장과 동일하나 코넥스시장의 특성을 반영
② 유동성공급자 지정 의무화
③ 프로그램매매 불가

(2) 주요 매매거래제도

① 매매수량단위 : 1주
② 호가종류 : 지정가호가, 시장가호가(2가지로 최소화)
③ 가격제한폭 : ±15%
④ 매매체결 : 유가증권시장과 동일한 연속경쟁매매방식(접속매매방식)

(3) 경매매제도

① 허용 : 매도측은 1인이고 매수측이 복수인 경우에 한하여 경매매 가능
② 경매매를 통해 대주주가 보유한 지분을 효과적으로 분산
③ 최저 매도희망수량 미만으로 매수주문 접수 시 전량 미체결

▪▪▪ TOPIC 2 K-OTC시장

1. K-OTC시장 개요

① 한국금융투자협회가 증권시장에 상장되지 아니한 주권의 장외매매거래를 위하여 운영하는 장외시장(조직화된 장외시장)

② 프리보드시장을 개편하여 개설

2. K-OTC시장 등록 · 지정제도

(1) 개요

① 등록 : 비상장기업의 신청에 의하여 K-OTC시장 거래자격 부여

② 지정 : 비상장기업의 신청 없이 협회가 K-OTC시장 거래자격 부여

(2) 혜택

① 기업 : 자금조달 원할, 기업 홍보효과, 코스닥상장 심사 우선심사권 등

② 투자자 : 투자자금 회수 기회, 벤처기업 소액주주 양도소득세 비과세

3. K-OTC시장 등록 · 지정요건

(1) 신규 등록요건

① 자본전액잠식상태가 아닐 것

② 매출액 5억원 이상일 것

③ 감사의견 적정

④ 통일규격증권, 명의개서대행계약 체결

(2) 신규 지정 시 추가요건

① 최근 사업연도의 사업보고서 금융위 제출 및 공시

② 해당 주권을 공모(모집, 매출)한 실적이 있거나 K-OTC시장에 지정동의서 제출

③ 해당 주권이 증권시장에 상장되어 있지 않을 것

4. K-OTC시장 매매거래제도

(1) 특징

① 매매방식 : 상대매매(호가수량 단위 1주, 경쟁매매 아님)

② 거래시간 : 정규시장만 있으며 시간외시장 없음

③ 위탁증거금 : 현금 또는 주식 100%(신용거래 없음)

④ 결제 전 매매 : 가능

(2) 매매제도 및 비용

① 불리한 호가접수 제한 : 5호가 가격단위를 초과하는 매매호가 거부

② 가격제한폭 : ±30%

③ 증권거래세 : 양도가액의 0.18%(2025년 0.15%)

④ 벤처기업 등 소액주주 : 양도소득세 비과세

5. K-OTC시장 공시제도

(1) 발행시장 공시

① 공모가액 10억원 이상 : 금융위에 증권신고서 제출

② 공모가액 10억원 미만 : 금융위에 소액공모공시서류 제출

③ 소액출자자의 소액매출 시 특례 : 소액매출공시서류 및 감사보고서를 매출 3일 전까지 금융위 및 협회에 제출하면 소액공모공시서류 제출의무를 이행한 것으로 봄

(2) 유통시장 공시(공정공시 없음)

① 협회가 등록법인에 부과하는 K-OTC시장에서의 유통공시

② 지정법인은 협회에 대한 정기공시, 수시공시, 조회공시 의무가 없음

③ K-OTC 등록법인은 연 2회 정기공시

④ 수시공시 공시사항 축소 운영

⑤ 주요사항보고 : 주요사항보고서 제도는 수시공시의무와는 다른 법정공시

6. K-OTC시장 시장관리제도

① 불성실공시법인 지정제도 : 지정법인은 공시의무가 없어 불성실공시법인 지정대상이 아님

② 매매거래정지제도

③ 안내사항 공시

④ 투자유의사항 공시(관리종목제도 없음)

⑤ 부정거래행위 예방활동

7. K-OTC시장 등록 · 지정해제

① 의의 : K-OTC시장에서의 퇴출(상장폐지 개념)

② 등록 · 지정해제 사유

㉠ 자본전액잠식, 매출액 5억원 미만

㉡ 정기공시서류 미제출

㉢ 소액주주 수 50인 미만 등

③ 등록 · 지정해제 절차

㉠ 협회에 의한 직권해제 : 등록 · 지정법인 모두 가능

㉡ 신청에 의한 등록해제 : 등록법인만 가능(지정법인은 신청에 의한 해제절차 없음)

출/제/예/상/문/제

01 다음 중 코넥스시장에 대한 설명으로 틀린 것은?

① 중소 및 벤처기업의 성장지원 및 모험자본 선순환 체계 구축을 위해 개설된 신시장이다.
② 코넥스시장은 거래소가 개설하나 유가증권시장 및 코스닥시장의 상장법인과 동일한 주권 상장법인의 지위를 갖는 것은 아니다.
③ 중소기업만 상장이 가능하다.
④ 공모, 사모, 직상장 등 다양한 형태의 상장이 가능하다.

해설 유가증권시장 및 코스닥시장의 상장법인과 동일한 주권상장법인의 지위를 갖는다.

02 다음 중 코넥스시장의 상장제도에 대한 설명으로 틀린 것은?

① 코넥스시장에 상장하고자 하는 기업은 증권사와 지정자문인 선임계약을 체결해야 한다.
② 지정자문인이 기업의 상장적격성을 판단하고 거래소에 의한 심사는 최소화하였다.
③ 사외이사 및 상근감사를 선임해야 한다.
④ 보호예수의무를 부과하지 않는 것이 원칙이다.

해설 사외이사 및 상근감사의 선임의무를 면제하여 상장유지 부담을 경감하였다.

03 다음 중 코넥스시장 상장요건에 대한 설명으로 틀린 것은?

① 중소기업기본법에 따른 중소기업에 해당할 것
② 주권의 양도제한이 없을 것
③ 특례상장을 제외하고 지정자문인 1사와 선임계약을 체결할 것
④ 최근 2기간 사업연도 감사의견이 적정일 것

해설 최근 사업연도 감사의견이 적정일 것을 요건으로 한다.

정답 01 ② 02 ③ 03 ④

04 다음 중 코넥스시장의 매매제도에 대한 설명으로 틀린 것은?

① 가격제한폭을 유가증권시장 및 코스닥시장과 같이 상하 30%로 제한하고 있다.
② 매매체결은 유가증권시장 및 코스닥시장과 같이 연속경쟁매매방식으로 운영한다.
③ 매매수량단위는 유가증권시장 및 코스닥시장과 같이 1주이다.
④ 코넥스시장의 호가종류는 지정가호가 및 시장가호가 2가지로 최소화하여 운영한다.

해설 가격제한폭을 유가증권시장과 달리 상하 15%로 제한하고 있다.

05 다음 중 코넥스시장의 불성실공시 지정사유로 틀린 것은?

① 주요 사항을 기재하지 않고 공시하는 경우
② 공시내용을 변경하여 공시하는 경우
③ 공시의무사항을 기한 내에 신고하지 않은 경우
④ 이미 공시한 내용을 전면 취소하는 경우

해설 코넥스시장의 불성실공시제도는 공시불이행 및 공시번복 등에 해당하며 공시변경은 미적용한다.

06 다음 중 K-OTC시장의 등록 및 지정제도에 대한 설명으로 틀린 것은?

① 비상장기업의 신청에 따라 K-OTC시장에 진입하는 것을 등록이라 한다.
② 기업의 신청 없이 협회가 직접 K-OTC시장의 거래종목으로 자격을 부여하는 것을 지정이라고 한다.
③ K-OTC시장에 등록 및 지정된 벤처기업과 중소기업, 중견기업 소액주주의 경우 양도소득세율을 낮춰 부과한다.
④ 최근 사업연도말 현재 자본전액잠식 상태가 아니며 최근 사업연도의 매출액이 5억원 이상이어야 한다.

해설 양도소득세를 비과세한다.

07 다음 중 K-OTC시장의 매매거래제도에 대한 설명으로 틀린 것은?

① 경쟁매매방식으로 거래된다.
② 위탁증거금율은 100%이다.
③ 가격제한폭은 상하30% 이다.
④ 시간 외 매매제도는 없다.

해설 상대매매방식으로 거래된다.

08 다음 중 K-OTC시장의 매매거래제도 및 비용에 대한 설명으로 틀린 것은?

① 호가가격단위는 코스닥시장과 마찬가지로 7단계이다.
② 위탁수수료율은 개별 금융투자회사가 자율로 정하고 있다.
③ 주식을 매도하는 경우 증권거래세 0.3%가 적용된다.
④ 매매거래시간은 09:00~15:30이다.

해설 증권거래세 0.18%(25년 0.15%)가 적용된다.

09 다음 중 K-OTC시장 공시제도에 대한 설명으로 틀린 것은?

① 등록법인은 연 2회 정기공시를 해야 한다.
② 지정법인은 협회에 대한 정기공시, 수시공시, 조회공시 의무가 있다.
③ 수시공시사항을 주권상장법인보다는 축소하여 운영한다.
④ 사업보고서 제출대상법인에 해당하는 경우 분기보고서는 제출하지 않아도 된다.

해설 등록법인에 대한 설명이며 지정법인은 해당사항이 없다.

10 코넥스시장과 코스닥시장의 매매거래제도 중 다른 것은 무엇인가?

① 가격제한폭
② 매매수량단위
③ 호가 가격 단위
④ 매매체결방식

해설 가격제한폭의 경우 코넥스시장은 상하 15%, 코스닥시장은 상하 30%로 차이가 있다.

정답 04 ① 05 ② 06 ③ 07 ① 08 ③ 09 ② 10 ①

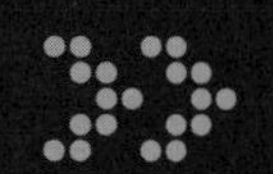

토마토패스
www.tomatopass.com

제2과목
증권투자

CONTENTS

CHAPTER 01 증권분석의 이해

International Trade Specialist 제 2 과 목

TOPIC 1 증권분석의 체계

1. 증권분석의 체계

① 주식의 가치 : 해당기업의 미래 기대이익과 투자위험을 반영하는 할인율에 의해서 결정
② 기업의 이익흐름에 영향을 주는 요인
　㉠ 거시경제적 요인 : 경기순환 국면, GDP, 원자재 가격, 환율, 이자율 등
　㉡ 산업적 요인 : 산업의 수요성장률, 시장규모, 경쟁구조, 제품수명사이클 단계, 정부지원 등
　㉢ 기업적 요인 : 기업의 경쟁력, 생산성 등
　㉣ 할인율 : 이자율 수준, 영업위험, 재무위험 등
③ 기본적 분석
　㉠ 내재가치(본질가치) 발견을 통한 좋은 종목 선정
　㉡ Bottom Up 방식 : 기업분석 → 산업분석 → 경제분석
　㉢ Top Down 방식 : 경제분석 → 산업분석 → 기업분석
　㉣ 시장변화의 원인 파악에 집중
　㉤ 재무제표 분석
④ 기술적 분석
　㉠ 매매시점 포착
　㉡ 차트분석
　㉢ 수요와 공급의 변화예측
　㉣ 시장변화 방향 파악에 집중

2. 경제분석

① 국내총생산(GDP)
　㉠ 국내총생산은 일국의 일정 기간 경제활동에 의해서 창출된 재화와 용역의 시장가치
　㉡ 주가상승률 = 명목GDP성장률 = 실질GDP성장률 + 물가상승률
② 이자율 : 이자율이 상승(하락)하면 요구수익률 즉 할인율이 상승(하락)하므로 주가 하락(상승) 효과
③ 인플레이션
　㉠ 인플레이션 : 물가가 지속적으로 상승하거나 화폐가치가 지속적으로 하락하는 현상
　㉡ 명목이자율 = 실질이자율 + 기대인플레이션
　㉢ 완만한 물가상승 : 기업매출 증가로 주가 상승
　㉣ 급격한 물가상승 : 제조비용 증가와 실질구매력 감소로 주가 하락

④ 환율

㉠ 환율은 외환시장의 수요 · 공급뿐만 아니라 국제수지, 물가, 금리 등 복합요인으로 결정

㉡ 환율상승(원화가치 절하)은 수출경쟁력 증대로 수출기업 주가 상승

㉢ 환율상승 시 외화부채가 큰 기업은 환차손 발생

⑤ 정부 경제정책

㉠ 재정정책

- 정부지출과 세제변화로 수요측면에 영향 : 적자예산, 세율인하로 수요 진작
- 반면 재정적자는 민간부분의 차입기회를 감소시켜 이자율 상승 부작용이 있음

㉡ 금융정책

- 한국은행의 기준금리 결정, 지급준비율 결정, 국채 발행량 조정을 통해 시중 통화량 조절
- 통화공급의 증가는 이자율을 하락시켜 투자와 소비를 증가시키는 측면이 있으나 물가상승을 유발하여 장기적으로 그 효과가 상쇄

⑥ 경기순환

㉠ 회복 – 활황 – 후퇴 – 침체의 4개 국면

㉡ 주가는 경기순환에 선행성

㉢ 경기예측

- 기업경기실사지수(BSI) : 100이 초과하면 경기상승국면
- 경기종합지수

선행지표	소비자기대지수, 코스피지수, 건설수주액, 장단기금리차 등
후행지표	상용근로자수, 회사채유통수익률 등

3. 산업분석

(1) 산업의 경쟁구조 분석(Porter)

① 진입장벽 : 진입장벽이 높으면 기진출한 기업의 수익성이 높음

② 산업 내 경쟁기업

③ 대체 가능성 : 대체 가능성이 낮을수록 경쟁강도가 낮음

④ 구매자의 교섭력

⑤ 공급자의 교섭력

※ 구매자 및 공급자 입장에서는 교섭력이 높을수록 유리

(2) 제품수명주기이론에 의한 산업분석

① 도입기

㉠ 신제품 출하, 매출은 저조하나 광고비용은 과다

㉡ 수익성은 낮고 사업위험성은 높음

② 성장기

㉠ 시장규모가 성장하고 매출이 증가, 신규업체 참여로 경쟁업체 증가

㉡ 수익성은 높고 사업위험성은 낮음

③ 성숙기

㉠ 시장수요가 포화되고 기업 간 경쟁 확대로 제품 다양화

㉡ 수익성은 감소되고 사업위험성 증가

④ 쇠퇴기

㉠ 수요가 줄고 대체품이 출현, 과잉설비로 경쟁기업 철수

㉡ 수익성은 낮고 사업위험성 높음

4. 기업분석

(1) 업계에서의 경쟁적 지위분석

① 시장점유율, 상대적 성장률과 성장가능성, 독점권(특허) 보유, 상표충성도

② 신제품 개발능력, 신시장개척 능력, 기술적 리더십, 안정적 성장 여부, 원가우위성

③ 경영진 경영능력

(2) 제품구성과 성장잠재력 분석

① 제품 라인별 매출구성, 시장점유율, 성장률, 마진

② 경기순환성, 시장의 안전성, 현금흐름의 효율적 배분

(3) 핵심역량평가

① 효과적인 의사소통과 통제, 권한과 책임의 분권, 환경변화에 대한 유연성

② 경영진 능력

(4) 재무적 건전도 평가

① 재무제표에 기초한 주요 재무비율 분석

② 주요 재무비율

수익성	• 자기자본이익률 : 주주 지분에 대한 자본사용의 효율성 • 총자본영업이익률 : 총 투하된 자본에 대한 이익창출능력 • 매출액영업이익률, 매출액순이익률 • 주당이익 : 1주당 순이익 크기
활동성	• 매출채권회전율 : 매출채권의 현금화 속도 • 매출채권평균회수기간 • 재고자산회전율, 총자산회전율
안전성	• 부채비율 • 이자보상비율 : 이자지급능력 • 현금흐름보상비율 • 고정비율 : 장기성 자산의 자본조달원의 안전성
성장성	• 매출액증가율 • 총자산증가율 • 순이익증가율

5. 미래이익예측

① 의의 : 미래이익은 증권의 내재가치에 가장 결정적 요소

② 이익예측 시의 고려사항

㉠ 기준 : 경제적 이익이 아닌 회계적 이익

㉡ 보수적인 회계처리 기준 적용

ⓒ 과거자료뿐만 아니라 여러 가지 질적인 요인 충분히 고려
ⓓ 일시적인 부분보다 정상적이고 장기적인 수익력 평가

③ 이익예측방법
ⓐ 추정손익계산서의 개별항목추정법 : 실무에서 널리 이용
ⓑ ROE구성요소의 추정을 통한 예측방법

▪▪▪ TOPIC 2 기업분석

1. 기업분석

(1) 개요

① 기업분석 : 재무제표 분석, 재무비율 분석
② 재무제표 : 재무상태표, 손익계산서, 이익잉여금처분계산서, 현금흐름표

(2) 양적분석(재무제표 분석) : 재무제표 작성원칙

① 역사적 원가주의 : 모든 자산과 부채는 거래가 발생된 시점의 현금으로 평가되는 것
② 수익인식의 원칙 : 수익획득과정이 실질적으로 완료되는 교환거래가 나타났을 경우에 인식
③ 대응의 원칙 : 일정 기간에 실현된 수익과 이 수익을 획득하기 위하여 발생한 비용을 결정하여 이를 서로 대응시켜 당기순이익을 산출

2. 재무제표의 종류

(1) 재무상태표

① 자산, 부채, 자본의 세 가지 항목
② 자산은 왼쪽(차변), 부채와 자본은 오른쪽(대변)
③ 자산은 부채와 자본의 합계와 그 크기가 일치
④ 총자본(총자산) = 부채(타인자본) + 자본(자기자본)

(2) 손익계산서

① 일정 기간 동안 기업이 경영활동을 얼마나 잘 했는지 파악
② 매출총이익 = 매출액 – 매출원가
③ 영업이익 = 매출총이익 – 판매비와 일반관리비
④ 경상이익 = 영업이익 + 영업외이익 – 영업외손실
⑤ 법인세비용차감전순손익 = 경상이익 + 특별이익 – 특별손실
⑥ 당기순손익 = 법인세비용차감전순손익 – 법인세

(3) 기타

① 이익잉여금(또는 결손금) 처분계산서 : 당기순이익(손실)의 사용 용도 → 유보 혹은 배당
② 현금흐름표 : 일정 기간 동안 기업이 영업활동에 필요한 자금을 어떻게 조달했으며, 조달한 자금을 어디에 사용하였는지를 보여주는 재무제표

3. 재무비율분석

(1) 재무비율분석

① 개요

㉠ 재무상태표나 손익계산서의 항목을 비교하여 산출한 재무비율을 분석하는 것

㉡ 과거나 현재의 비율과 산업평균치나 경쟁회사의 비율과 비교하여 재무상태를 평가하는 분석도구로 사용

② 재무분석의 한계

㉠ 비율분석은 과거의 회계정보에 의존

㉡ 손익계산서와 재무상태표의 시간적 차이

㉢ 상이한 회계처리기준

(2) 재무비율분석

① 수익성

㉠ 총자본이익률(ROI) = 당기순이익 / 총자본 × 100(%)

㉡ 자기자본이익률(ROE) = 당기순이익 / 자기자본 × 100(%)

㉢ 매출액순이익률 = 당기순이익 / 매출액 × 100(%)

② 안정성

㉠ 유동비율 = 유동자산 / 유동부채 × 100(%) : 단기 채무지급능력 측정

㉡ 부채비율 = 타인자본 / 자기자본 × 100(%)

㉢ 고정비율 = 비유동자산 / 자기자본 × 100(%)

㉣ 이자보상비율 = 영업이익 / 이자비용 × 100(%)

※ 영업이익으로 이자를 충분히 충당할 수 있는지 측정, 높을수록 좋음

③ 활동성

㉠ 총자산회전율(회) = 매출액 / 총자산

㉡ 고정자산회전율(회) = 매출액 / 고정자산

㉢ 재고자산회전율(회) = 매출액 / 재고자산

④ 성장성

㉠ 매출액증가율 = (당기 매출액 − 전기 매출액) / 전기 매출액 × 100(%)

㉡ 총자산증가율

㉢ 영업이익증가율

※ 총자산(총자본)수익률(ROA) $= \frac{\text{당기순이익}}{\text{총자산}} = \frac{\text{당기순이익}}{\text{매출액}} \times \frac{\text{매출액}}{\text{총자산}}$ = 순이익률 × 총자산회전율

(3) 시장가치비율분석

주당순이익(EPS)	• 당기순이익/발행주식수 • 클수록 주가가 높은 것이 일반적
주가수익비율(배)(PER)	• 주가/주당순이익 • 낮다면 저평가라고 판단하는 것이 일반적
주가순자산비율(배)(PBR)	• 주가/주당순자산 • 낮다면 저평가라고 판단하는 것이 일반적

주가현금흐름비율(배)(PCR)	주가/주당현금흐름
주가매출액비율(PSR)	주가/주당매출액
배당수익률	• 1주당 배당금/주가×100(%) • 배당수익률은 주가 대비이며 배당률은 액면가 대비

(4) 기본적 분석의 한계점

① 내재가치의 다양성 : 견해들이 다를 수 있음

② 내재가치의 적정성 : 재무제표의 오류, 회계기준 상이

③ 분석하는 데에 시간이 소요됨

··· TOPIC 3 주식가치평가

1. 상대가치평가모형(주가배수모형)

(1) PER(Price Earning Ratio, 주가이익비율)

① 기업의 미래이익 전망에 대한 투자자의 신뢰도

② 저성장 산업은 PER지수가 낮게 나오는 것이 일반적

③ 회계적 이익이 기준에 따라 다를 수 있어 PER 신뢰성 저하

(2) PEGR(주가수익성장비율)

① PEGR=PER/연평균 EPS성장률

② 성장성에 비해 주가가 높은지 낮은지 판단하기 위한 지표

③ PEGR이 낮은 경우 향후 성장성이 반영되면 주가상승 가능성이 높다고 판단

(3) PBR(Price Book value Ratio, 주가순자산비율)=PER×ROE

① 부(−)의 EPS 기업에도 적용이 가능

② 재무상태표에 누락된 자산은 주당순자산에 미반영

③ 회계처리방법에 따라 자산크기 영향을 받음

(4) PSR(Price Sales Ratio, 주가매출액비율)

① 회계처리 영향이 적고 왜곡 가능성이 상대적으로 낮음

② 성숙기업, 적자기업 평가가 가능

(5) EV/EBITDA 비율

① 기업전체가치(EV)를 Earning Before Interest, Tax, Depreciation, Amortization로 나눈 것

② 순수하게 영업으로 벌어들인 이익에 대한 기업가치의 비율

③ 당기순이익을 기준으로 하는 PER 한계점 보완

(6) PCR(Price Cashflow Ratio, 주가현금흐름비율)

① 순수하게 주당 영업활동으로 발생한 현금흐름에 비해 주가가 몇 배인지 보여주는 지표

② IMF외환위기 때처럼 극도의 경기침체기에 중요한 평가지표

2. 잉여현금흐름(FCF)모형

① 잉여현금흐름(Free Cash Flow)

㉠ 본업활동이 창출해 낸 현금유입액에서 당해 연도 중 새로운 사업에 투자하고 남은 것

㉡ 투하자본에 기여한 자금조달자들이 당해 연도 말에 자신의 몫으로 분배받을 수 있는 총자금

② 잔여가치 : 사업의 예측기간이 끝난 후 동 사업으로부터 지속해서 얻을 수 있는 경제적 부가가치액의 크기

③ 기업가치 = 일정 기간 유입되는 잉여현금흐름액의 현재가치 + 잔여가치

▪▪▪ TOPIC 4 기술적 분석

1. 기술적 분석

(1) 정의

① 주식의 내재가치와는 관계없이 주가흐름 또는 거래량을 도표화하여 분석

② 과거의 일정한 패턴이나 추세를 알아내고 이를 이용하여 주가변동을 예측

③ 주식의 선택 및 매매 타이밍을 찾는 데 주로 활용

(2) 장점

① 기술적 분석은 주가와 거래량에 모든 정보가 반영된다는 가정

② 주가변동의 패턴을 관찰하여 그 변동을 미리 예측

③ 차트를 통하여 쉽게 짧은 시간에 이해

④ 한꺼번에 여러 주식의 가격변동 상황을 분석, 예측

(3) 단점

① 과거 주가변동의 패턴이 미래에 그대로 반복되지는 않음

② 차트 해석이 분석자에 따라 다르며, 추세의 기간을 명확하게 구분하지 않음

③ 과거 주가의 동일한 양상을 놓고 해석이 각각 다를 수 있음

④ 주가변동이 주식의 수급이 아닌 다른 요인으로 발생된 경우 설명이 어려움

⑤ 시장의 변동에만 집착하며, 시장의 변화요인을 정확히 분석할 수 없음

⑥ 이론적인 검증이 어려움

2. 추세분석

① 개념 : 주가는 상당기간 동일한 방향성을 지속하려는 경향이 있다는 특성을 이용한 기법

② 추세순응전략 : 최근 형성된 추세를 바탕으로 상승추세이면 매수, 하락추세이면 매도

③ 역추세순응전략 : 추세 반전을 미리 예상하고 최고점에서 매도하고 최저점에서 매수 포인트를 잡아가는 전략이나 위험성이 높음

3. 패턴분석

① 개념 : 주가 추세선이 천정권이나 바닥권에서 나타나는 여러 가지 주가변동 패턴을 미리 정형화시킨 후 주가의 전환시점 및 움직임을 예측하려는 방법

② 패턴의 종류

㉠ 반전형 : 헤드앤숄더형, 이중삼중천정(바닥)형 등

㉡ 지속형 : 삼각형, 깃발형, 쐐기형, 직사각형 등

㉢ 기타 : 갭 등

4. 기타 기술적 분석

(1) 지표분석

① 과거의 추세성향이 앞으로도 반복할 가능성이 있음을 통계적으로 수치화하여 주가를 예측하는 기법

② 스토캐스틱(0~100% 사이 값을 가지는 보조지표) 등

(2) 심리분석

① 주식투자의 기본은 매매타이밍이고, 그 타이밍을 결정하는 것은 투자 심리

② 대중투자자보다 선견지명을 가지고 대중심리와는 거꾸로 행동하는 투자심리전법

(3) 목표치분석

① 과거 유형에 따라 장래 주가가 어느 수준까지 상승 또는 하락할 것인지 예측하는 방법

② 주가의 상승 및 하락폭을 예측함으로써 투자자가 허용할 수 있는 손실 범위와 기대수익을 설정

출/제/예/상/문/제

01 다음 중 증권의 기본적 분석에 대한 설명으로 틀린 것은?

① 과거 주가의 패턴을 찾아 초과이익을 얻고자 한다.
② 증권의 내재가치를 산정하여 현재의 시장가격과 비교한다.
③ 기업의 재무제표를 분석하여 기업의 본질가치를 산출한다.
④ 경제분석, 산업분석, 기업분석 순으로 분석하는 것을 top-down 방식이라 한다.

해설 기술적 분석에 대한 설명이다.

02 다음 중 가치평가에 대한 기본적 개념으로 옳지 않은 것은?

① 증권시장이 효율적이라면 유가증권의 가격은 가치를 제대로 반영하므로 가격과 가치는 동일하게 된다.
② 가치평가 시 가장 먼저 해야 할 것은 해당 자산에 대한 수요분석이다.
③ 자산의 가치는 해당 자산의 수명이 다할 때까지 발생시킬 것으로 예상되는 미래기대이익에 기초한다.
④ 자산의 가격은 그 자산이 가지고 있는 가치보다 높을수도 낮을수도 있다.

해설 가치평가 시 가장 먼저 할 것은 해당 투자자산의 특성을 파악하는 것이다.

03 다음 중 국내총생산(GDP)에 대한 설명으로 틀린 것은?

① 장기간에 걸친 연평균 주가상승률은 실질GDP 성장률에 근접할 것으로 기대할 수 있다.
② 국내총생산은 한 국가의 경제활동에 의해서 창출된 최종 재화와 용역의 시장가치이다.
③ 국내총생산은 그 나라의 경제력 평가의 기초가 된다.
④ 국내총생산이 하락하면 주가는 하락할 가능성이 높다.

해설 장기간에 걸친 연평균 주가상승률은 명목GDP 성장률에 근접하게 된다.

04 다음 중 이자율과 주가에 대한 설명으로 틀린 것은?

① 시중이자율이 높아지면 주식에 대한 대체투자수단의 수익률이 높아지는 것을 의미한다.
② 이자율이 높아지면 주식의 투자매력이 떨어진다.
③ 이자율이 상승하면 주식 가격이 상승하는 효과가 있다.
④ 투자결정 시 거시경제변수 중 이자율 수준을 고려해야 한다.

해설 이자율이 상승하면 할인율도 상승하며, 이는 주가 하락 요인으로 작용한다.

05 다음 중 인플레이션에 대한 설명으로 틀린 것은?

① 인플레이션은 이자율을 상승시키는 요인이다.
② 인플레이션이 높을수록 투자자의 납세 후 실질투자수익률을 감소시키는 경향이 있다.
③ 명목이자율은 실질이자율에 기대 인플레이션을 합한 값이다.
④ 인플레이션이 발생하면 화폐 구매력이 증가한다.

해설 인플레이션이 발생하면 화폐 구매력이 감소하게 된다.

06 명목수익률이 8%이고 실질수익률이 3%일 때 피셔효과 이론을 바탕으로 물가상승률을 가장 근사치로 찾으시오.

① 3% ② 4%
③ 5% ④ 6%

해설 '명목수익률 = 실질수익률 + 물가상승률'이므로 5%가 근삿값이다.

07 다음 중 환율에 대한 설명으로 틀린 것은?

① 환율이 상승하면 수출기업의 경쟁력이 강화된다.
② 환율이 상승하면 물가수준이 낮아지는 효과가 있다.
③ 지속적인 무역적자는 해당 국가의 통화가치를 하락시키게 된다.
④ 환율이 상승하면 외화부채가 큰 기업은 환차손이 발생한다.

해설 환율이 상승하면 물가가 높아지는 효과가 있다.

정답 01 ① 02 ② 03 ① 04 ③ 05 ④ 06 ③ 07 ②

08 정부의 경제정책과 주식투자에 대한 설명으로 틀린 것은?

① 재정적자는 민간부분의 차입기회를 증가시켜 이자율을 낮추는 작용을 한다.
② 확대통화정책은 이자율 하락요인이다.
③ 통화공급의 증가는 물가상승을 유발하게 되므로 장기적으로는 그 효과가 상쇄된다.
④ 국채의 매각과 매입, 지불준비금 변경 등은 금융정책에 속한다.

해설 재정적자는 민간부분의 차입기회를 감소시켜 이자율을 상승시키는 작용을 하는데 이를 구축효과라고 한다.

09 다음 중 경기순환에 대한 설명으로 틀린 것은?

① 기업의 재고증감이 단기순환의 주된 원인이다.
② 설비투자의 변동이 중기순환의 주된 원인이다.
③ 획기적인 기술혁신이 장기순환의 주된 원인이다.
④ 주가는 경기 후행성을 가진다.

해설 주가는 경기에 선행성을 가진다.

10 다음 중 기업실사지수(BSI)에 대한 설명으로 틀린 것은?

① 기준치 100을 경기전환점으로 본다.
② BSI지수가 100을 초과할 때 경기상승국면으로 100 미만일 때 경기하강국면으로 판단한다.
③ 경기변동의 방향을 파악할 수 있다.
④ 경기변동의 속도나 진폭을 판단할 수 있다.

해설 경기변동의 속도나 진폭은 판단하기 어렵다.

11 다음 중 경기종합지수에 대한 설명으로 틀린 것은?

① 소비자기대지수는 경기선행지표에 해당한다.
② 회사채유통수익률은 경기선행지표의 하나이다.
③ 경기변동의 방향, 국면 및 전환점을 분석할 수 있다.
④ 경기종합지수의 증감률의 크기에 따라 경기변동의 진폭도 예측할 수 있다.

해설 회사채유통수익률은 후행지표의 대표적 지표이다.

12 다음 중 마이클 포터의 산업 경쟁강도를 좌우하는 5가지 구조적 경쟁요인에 해당하지 않는 것은?

① 진입장벽
② 대체 가능성
③ 정부지원 정도
④ 구매자 및 공급자의 교섭력

해설 정부지원이 아니라 현존 경쟁업체 간의 경쟁강도가 해당한다.

13 다음 중 제품수명주기 이론에 대한 설명으로 틀린 것은?

① 도입기, 성장기, 성숙기, 쇠퇴기로 구분할 수 있다.
② 규모의 경제에 따라 비용이 낮아져 이윤이 최고조에 달하다가 서서히 감소하는 시기는 성숙기이다.
③ 가격경쟁이 심화되고 제품의 단위당 이익이 감소되면서 경쟁력이 약한 기업이 탈락하여 업계 재편성이 이루어지는 시기는 쇠퇴기이다.
④ 수요도 적고 매출 증가율도 낮으나 마케팅 비용이 많은 시기는 도입기이다.

해설 쇠퇴기가 아닌 성숙기에 대한 설명이다.

14 기업의 미래이익을 예측할 때 고려사항으로 틀린 것은?

① 미래이익 예측의 대상은 회계적 이익이 아니라 경제적 이익이다.
② 질적요인을 충분히 감안하여야 한다.
③ 정상적인 상황에서 영업활동으로 기대할 수 있는 주당 이익에 근거하여 예측한다.
④ 회계처리의 다양성을 고려한다.

해설 경제적 이익은 측성상의 어려움이 있어 회계적 이익을 기준으로 예측한다.

정답 08 ① 09 ④ 10 ④ 11 ② 12 ③ 13 ③ 14 ①

15 다음 중 재무제표에 대한 설명으로 틀린 것은?

① 재무제표의 종류에는 재무상태표, 손익계산서, 이익잉여금처분계산서, 현금흐름표 등이 있다.
② 재무상태표의 차변(왼쪽)에는 부채와 자본이 대변(오른쪽)에는 자산을 기록한다.
③ 기업의 순자산은 전체 자산에서 총부채를 차감한 것이다.
④ 현금흐름표는 기업의 자금조달과 운용 상황을 파악하기 위해 작성한다.

해설 자산은 왼쪽(차변), 부채와 자본은 오른쪽(대변)에 기록한다.

16 다음 〈보기〉에서 재무제표 작성원칙에 대한 설명으로 옳은 것을 모두 고르시오.

〈보기〉

가. 원가주의 : 자산과 부채는 거래가 발생된 시점에서의 현금 또는 현금등가액으로 평가
나. 수익인식의 원칙 : 수익획득과정이 실질적으로 완료되는 교환거래가 나타날 때 인식
다. 대응의 원칙 : 일정 기간에 실현된 수익과 이 수익을 얻기 위하여 발생한 비용을 서로 대응시켜 당기순이익을 산출

① 가
② 가, 나
③ 나, 다
④ 가, 나, 다

해설 모두 재무제표 작성원칙에 대해 옳은 설명이다.

17 다음 중 부채상환 및 안전성을 알 수 있는 재무비율로 가장 적절한 것은?

① 매출액증가율
② 납입자본이익률
③ 총자산회전율
④ 이자보상비율

해설 안전성 지표로 유동비율, 부채비율, 비유동비율, 이자보상비율 등이 있다.

18 다음 재무비율 중 기업자산의 활용 정도를 알아보는 것으로 가정 적절한 것은?

① 총자산회전율
② 유동비율
③ 고정비율
④ 총자본이익률

해설 활동성지표로는 재고자산회전율, 총자산회전율, 비유동자산회전율 등이 있다.

19 총자산이익률(ROI)의 결정요인 중 ROI의 증가요인으로 가장 거리가 먼 것은?

① 당기순이익 증가
② 총자본 증가
③ 매출액순이익률 상승
④ 총자본회전율 증가

해설 총자본이 증가하는 경우 ROI는 감소한다.

20 기업의 총자산수익률(ROA) 및 자기자본이익률(ROE)에 대한 설명으로 틀린 것은?

① ROA가 일정한 상태에서 자기자본비율이 증가하면 ROE는 감소한다.
② 순이익이 일정한 상태에서 총자산이 증가하면 ROA는 감소한다.
③ 자기자본비율이 일정한 상태에서 ROA가 증가하면 ROE도 증가한다.
④ 매출액순이익률이 일정한 상태에서 총자산회전율이 증가하면 ROA는 감소한다.

해설 자산을 더욱 효율적으로 사용하는 것이므로 ROA가 증가한다.

21 다음 중 배당수익률에 대한 설명으로 틀린 것은?

① 배당수익률은 1주를 보유할 때 얼마의 현금배당을 받을 수 있는지 알아보는 것이다.
② 일반적으로 성장성이 좋은 기업은 배당을 적게 하고 회사 내 유보를 많이 한다.
③ 배당률이란 현행 상법에서 시가를 기준으로 계산하게 된다.
④ 배당성향은 순이익에서 현금배당금이 차지하는 비율을 나타낸다.

해설 배당률은 액면가를 기준으로 산정한다.

정답 15 ② 16 ④ 17 ④ 18 ① 19 ② 20 ④ 21 ③

22 다음 중 기본적 분석에 대한 한계점으로 틀린 것은?

① 내재가치는 기업의 진정한 가치로 투자자는 일반적으로 동일하게 인식한다.
② 회계처리기준이 다를 수 있다.
③ 기업외적인 요인 즉 경기변동, 거시경제 지표 등 주식가격을 형성하는 요인들을 다양하게 반영해야 하는 애로가 있다.
④ 분석시간이 오래 걸린다.

해설 투자자마다 내재가치를 다르게 인식하는 경우가 많다.

23 다음 중 상대가치평가모형과 가장 거리가 먼 것은?

① 주가이익비율(PER)
② EV/EBITA
③ 주가순자산비율(PBR)
④ 자기자본이익률(ROE)

해설 ROE는 수익성을 판별하는 재무비율에 해당한다.

24 다음 중 주가이익비율(PER)에 대한 설명으로 틀린 것은?

① PER이 높을수록 투자자산의 변동성은 커진다.
② PER가 높다는 것은 그 기업의 이익의 성장성이 낮다는 것을 의미한다.
③ 기대수익률은 PER의 역수로 계산된다.
④ PER은 주가를 1주당 순이익으로 나눈 비율이다.

해설 성장성이 높을수록 PER이 높게 나타난다.

25 주가수익비율(PER)과 자기자본이익률(ROE)를 곱하면 무엇과 같게 되는가?

① PSR
② PEGR
③ PBR
④ PCR

해설 PER과 ROE를 곱하면 PBR 즉, 주가순자산비율을 구할 수 있다.

26 다음 중 기술적 분석에 대한 설명으로 틀린 것은?

① 주가의 변동은 내재가치의 변화로 설명한다.
② 과거 주가변동의 패턴이 미래에도 반복된다고 본다.
③ 차트를 통하여 쉽고 짧은 시간에 이해할 수 있다.
④ 한꺼번에 여러 주식의 가격 변동 상황을 분석할 수 있다.

해설 기본적 분석에 대한 설명이다.

27 추세 반전을 미리 예상하고 최고점에서 매도하고 최저점에서 매수 포인트를 잡아가는 전략을 무엇이라 하는가?

① 추세순응전략
② 패턴분석전략
③ 역추세순응전략
④ 심리분석전략

해설 역추세순응전략에 대한 설명이다.

정답 22 ① 23 ④ 24 ② 25 ③ 26 ① 27 ③

CHAPTER 02 투자관리

International Trade Specialist 제 2 과목

TOPIC 1 자산배분과 투자전략

1. 자산배분의 의의

① Asset Allocation : 기대수익률과 위험수준이 다양한 여러 자산집단을 대상으로 투자자금을 배분하여 최적의 자산 포트폴리오를 구성하는 일련의 투자 과정

② 전략적 자산배분 : 장기적 관점에서 최소의 위험으로 중장기 투자자의 재무목표에 맞춰 포트폴리오 구성

③ 전술적 자산배분 : 단기적으로 수익률을 제고하기 위하여 자본시장 변동을 반영하여 자산집단의 구성비율을 적극적으로 변경

④ 단기적인 주가나 채권가격의 움직임을 정확하게 예측하는 것은 어려우므로 장기적인 자산구성 결정이 투자성과의 대부분을 결정

2. 자산배분의 중요성

① 투자대상자산군 증가

② 투자위험에 대한 관리 필요성 증대

③ 자산배분 효과에 대한 투자자 인식 증대

3. 자산배분은 투자관리의 핵심솔루션

① 자산배분(하향식, Top down) : 주식, 채권, 부동산 등의 자산에 배분 결정

② 종목선정(상향식, Bottom up) : 시장상황에 따라 구체적인 특정 종목 선정

※ 참고 : 일반적으로 자산배분 이후 종목 선정을 하는 것이 투자성과가 높음

③ 투자관리 단계

㉠ 투자목표 설정

㉡ 자산배분 실시

㉢ 개별종목 선택

㉣ 포트폴리오 수정 및 투자성과 사후통제

TOPIC 2 투자목표 설계와 실행

1. 투자목표 설정

① 재무목표 설정 : 투자목표를 설정하기 전에 투자자의 재무목표 설정(예 자녀 대학교육자금)

② 투자목표 설정

㉠ 재무목표에 부합하는 투자목표 설정

㉡ 고려사항 : 투자시계, 위험수용도, 세금관계, 법적규제, 투자자금 성격, 고객의 특별한 요구사항, 투자수익 목표

2. 자산집단의 선정

① Asset Class : 동일한 수익률 결정요인(위험요인)에 의해 움직이는 자산의 집합

② 자산군의 기본적인 성격 : 자산군 내 동질적, 자산군 간 상호배타적, 분산투자 효과, 시장규모 등

③ 기본적인 자산군

㉠ 이자지급형 자산

- 단기금융상품, 예금, 채권
- 낮은 변동성이 장점, 높은 인플레이션에 약점

㉡ 투자자산 : 주식이 대표적인 투자자산으로, 높은 위험, 높은 기대수익률

㉢ 부동산 : 인플레이션 헤지 강점

④ 벤치마크 : 운용성과와 위험을 측정할 때 기준이 되는 구체적 포트폴리오(운용 전 선정)

3. 기대수익률

(1) 기대수익률 정의

① 투자가치 = f(기대수익, 위험) : 투자가치는 그 투자로 인한 미래의 기대수익에 달려 있는데, 그 기대수익은 실현되지 않을 가능성(위험)이 있음

② 지배원리 : 같은 기대수익률에서는 위험이 작은 자산집단의 비중을 확대, 예상 위험이 같은 경우에는 기대수익이 큰 자산집단의 비중을 확대하여 최적의 자산배분을 실행하는 원리

③ 기대수익률 : 예상수익률의 기대치로 측정(미래 투자수익률의 확률분포를 예상)

④ 위험 : 미래 수익률의 분산 또는 표준편차로 측정

(2) 기대수익률의 측정

① 추세분석법 : 과거 장기간 수익률을 분석하여 미래의 수익률로 사용

② 시나리오 분석법 : 여러 가지 경제변수의 상관관계를 고려하여 시뮬레이션하여 추정

※ 기대수익률 : 경기별(호황, 정상, 불황)로 발생 가능한 수익률에 그 상황이 발생할 확률을 곱한 다음 합을 구하여 계산

③ 펀더멘털 분석법 : 과거의 시계열 자료를 토대로 각 자산별 리스크 프리미엄 구조를 반영, 기대수익률 예측(주식 기대수익률 = 무위험이자율 + 주식시장 위험프리미엄)

※ 참고 : 과거 27년간 주식시장 위험프리미엄은 7.7% 수준

④ 시장공동예측치 사용법

㉠ 시장 참여자들이 공통적으로 가지고 있는 미래 수익률에 대한 추청치를 사용

㉡ 채권의 기대수익률은 수익률곡선으로 추정

㉢ 주식의 기대수익률은 배당할인모형, 현금흐름방법 등 사용

4. 위험

① 정의

㉠ 미래의 불확실성 때문에 투자로부터 발생할 것으로 예상되는 기댓값과 다른 값이 나타날 가능성

㉡ 미래 기대수익률의 분산 또는 투자수익의 변동 가능성

㉢ 기대한 투자수익이 실현되지 않을 가능성

㉣ 실제 결과가 기대예상과 다를 가능성

② 위험의 측정 : 발생 가능한 수익률의 평균수익률로부터 편차의 제곱들을 평균한 값(분산)의 크기

③ 표준편차 = $\sqrt{\text{분산}}$

④ 분산(표준편차) 값이 크면 위험이 더 큰 투자대안

5. 자산배분실행

① 자산배분 FLOW

㉠ Plan(계획), Do(실행), See(평가)

㉡ 고객 성향 파악 + 자본시장 예측 → 최적 자산배분 → 성과 측정 및 평가

② 고객 성향 파악 : 고객 특성을 파악하여 투자정책을 수립하는 과정

③ 자본시장 예측 : 경제분석 – 산업분석 – 기업분석(투자대상 분석)

④ 최적 자산배분 및 수정

㉠ 투자전략 기준 선택

전술적 자산배분전략	• 적극적 투자관리 • 시장이 비효율적인 것을 전제, 초과수익 추구 • 시장 대비 초과수익을 추구하는 단기적 투자
전략적 자산배분전략	• 소극적 투자관리 • 시장이 효율적인 것을 전제, 투자위험 최소화 • 시장 평균수준의 투자수익을 추구하는 중장기 투자

㉡ 자산배분 모델 선정

• 마코위츠의 평균 – 분산 모델

• 블랙리터만의 자산배분 모델

㉢ 자산배분전략 수정

리밸런싱	자산집단의 상대가격의 변동에 따른 투자비율의 변화를 원래대로의 비율로 환원
업그레이딩	• 새로운 시장 상황에 맞게 포트폴리오 변경 • 위험 대비 높은 수익, 기대수익 대비 낮은 위험 선택 • 손실이 예상되는 자산을 포트폴리오에서 제거

⑤ 투자변수에 대한 모니터링

㉠ 단기 상황 변화에 대응한 잦은 전략 변경은 거래비용을 증가시키고 초과수익 기회를 놓칠 위험도 야기함

㉡ 전략적 자산배분은 3년을 보고 6개월 단위로 반영, 전술적 자산배분은 1개월 단위로 반영

⑥ 투자성과 측정 및 Feedback

㉠ 성과평가

- 투자성과가 위험을 감안할 때 평균 대비 어느 정도 수준인지 평가
- 성과 원인 분석 : 특정 자산 선정, 적절한 분산투자, 적절한 투자시점 포착

㉡ 다기간 투자수익률

내부수익률 (IRR)	• 서로 상이한 시점에서 발생하는 현금흐름의 크기와 화폐의 시간적 가치가 고려된 평균투자수익률 개념 • 현금유출액의 현재가치와 현금유입액의 현재가치를 일치시켜 주는 할인율을 계산하여 측정 • 금액가중평균수익률(=IRR) : 기간별 상이한 투자금액의 크기에 가중치가 주어져 수익률 계산
산술평균수익률	• 기간별 단일기간수익률을 합한 다음 기간 수로 나누어 측정 • 단순한 시간가중평균수익률 : 기간별 투자금액의 크기를 고려하지 않음 • 복리개념이 없음
기하평균수익률	• 중도현금흐름이 재투자되어 증식되는 것을 감안한 평균수익률을 계산하여 측정 • 중도재투자수익률이 변동하는 경우에도 적용 • 중도현금이 재투자되고 최종시점의 부의 크기가 감안된 계산방법으로 산술평균수익률보다 합리적

※ 계산사례

- 조건 : 투자원금 100원, 투자기간 2년
- 수익상황 : 1차년도 100%, 2차년도 −50%
  - 산술평균수익률 : $(-0.5)/2=0.25(25\%)$
  - 기하평균수익률 : $(1+x)^2=(1+1)(1-0.5)$; $x=0$

TOPIC 3 자산배분전략의 종류

1. 전략적 자산배분전략

(1) 이론적 배경

① 정의 : 장기적 자산구성비율과 중기적인 개별자산의 투자비율 한계를 결정

② 효율적 포트폴리오

㉠ 포트폴리오 이론 : 구성자산들의 평균 위험보다 포트폴리오 위험이 낮아짐

㉡ 정해진 위험수준하에서 가장 높은 수익률을 달성하는 포트폴리오

③ 효율적 투자기회선 : 효율적 포트폴리오를 수익률과 위험의 공간에서 연속선으로 연결한 것

④ 추정오차를 반영한 효율적 투자기회선 : 미래 기대수익률과 위험을 정확히 추정하는 것은 불가능하므로 효율적 투자기회선을 영역(밴드)대로 추정

(2) 실행방법

① 시장가치 접근 방법 : 시가총액의 비율과 동일하게 포트폴리오를 구성

② 위험-수익 최적화 방법 : 지배원리 적용

㉠ 효율적 투자선과 투자자 효용함수가 접하는 점을 최적포트폴리오라 하고 이를 전략적 자산배분으로 간주

㉡ 투자자 효용함수를 감안, 최적 포트폴리오 도출

③ 투자자별 특수상황을 고려하는 방법

④ 다른 유사한 기관투자가의 자산배분을 모방 : 연기금 등의 기관투자가 모방

(3) 실행 과정

① 전략적 자산배분에서는 단기적인 자본시장 조건이나 투자자 위험선호도 변화를 반영하지 않음

② 투자자산이 균형가격에서 벗어나 있다고 판단하면 전술적 자산배분 수행 가능

2. 전술적 자산배분전략

(1) 이론적 배경

① 정의 : 시장의 변화 방향을 예상, 사전적으로 자산구성을 변동시키는 전략

② 투자유망성을 판단하여 전략적 자산배분에 의해 결정된 포트폴리오의 자산구성비율을 중단기적으로 변경 : 균형가격(적정가격) 산출에서 시작하여 저평가 자산 매수, 고평가 자산 매도

③ 역투자전략 : 시장가격 움직임과 반대로 내재가치 대비 고평가는 매도, 저평가는 매수

④ 증권시장의 과잉반응 현상 : 일시적인 가격 착오현상인 과잉반응을 활용

(2) 실행 과정

① 가치평가 과정 : 내재가치 변화를 추정하는 가치평가기능 중요

② 투자위험 인내 과정 : 위험허용치는 중립이라 가정하고 시장가격 변동에 관계없이 저평가 매수, 고평가 매도를 지향

※ 참고 : 현실에서는 시장가격 상승은 위험허용도를 증가시켜 낙관적 투자자세를 가지게 되는 경우가 많음(하락 시는 반대)

(3) 실행도구

① 가치평가 모형 : 기본적 분석방법(현금흐름할인 모형), 요인모형방식(CAPM) 등

② 기술적 분석 : 차트를 이용한 추세분석, 이동평균으로 계산한 이격도 등

③ 포뮬러 플랜 : 주가가 하락하면 매수하고, 주가가 상승하면 매도하는 역투자전략의 한 종류로 정액법과 정률법이 있음

출/제/예/상/문/제

01 다음 〈보기〉의 통합적 투자관리과정의 단계를 순서대로 나열한 것은?

〈보기〉

가. 투자목표설정
나. 자산배분 실행
다. 개별종목 선택
라. 투자성과 사후 통제

① 가－나－다－라 ② 나－가－다－라
③ 가－다－나－라 ④ 다－나－가－라

해설 목표 설정 후 자산배분을 실행한다.

02 자산배분 전략을 도입하는 목적으로 적절하지 않은 것은?

① 투자목적에 부합하는 자산운용전략 수립
② 자산집단의 구성 비율을 결정
③ 투자성과의 체계적인 관리
④ 동일한 자산배분 유지

해설 투자자의 요구사항에 따라 자산배분이 달라진다.

03 자산배분의 필요성과 중요성에 대한 설명으로 틀린 것은?

① 투자대상 자산군의 증가
② 투자위험 관리 필요성 증대
③ 투자수익률 결정에 자산배분 효과의 영향이 큼
④ 시장예측과 증권선택이 수익률에 미치는 영향이 증가

해설 시장예측이나 증권선택보다는 자산배분이 절대적인 영향을 미친다.

정답 01 ① 02 ④ 03 ④

04 다음 중 통합적 투자관리에 대한 설명으로 틀린 것은?

① 투자목표 설정으로 시작한다.
② 통합적 투자관리는 상향식 방식을 사용한다.
③ 자산배분을 실행하고 개별종목을 선택한다.
④ 목표설정과 실행 그리고 사후 통제하는 과정을 일관적 · 조직적으로 관리한다.

해설 하향식(Top-down) 방식을 사용한다.

05 자산배분에서 자산집단의 정의 및 특성에 대한 설명으로 틀린 것은?

① 자산집단은 분산 가능성을 충족해야 한다.
② 자산집단은 독립성을 가져야 한다.
③ 다른 자산집단과 상관관계가 높아야 한다.
④ 자산집단 내 충분하게 많은 개별 증권이 존재해야 한다.

해설 상관관계가 낮아야 분산투자 시 위험이 감소한다.

06 다음 중 자산집단에 대한 설명으로 틀린 것은?

① 하나의 자산집단은 다른 자산집단과 상관관계가 높아서 분산투자 시 위험의 감소효과가 충분하게 발휘될 수 있는 속성을 가진다.
② 자산집단 내에 분산투자가 가능하도록 충분히 많은 개별 증권이 존재해야 한다.
③ 이자지급형 자산은 금융기관이나 채권 발행자에게 자금을 맡기거나 빌려주고 대가로 지급하는 이자수익을 주목적으로 하는 자산을 말한다.
④ 투자자산은 투자수익이 확정되어 있지 않고, 투자성과에 따라 투자수익이 달라지는 자산을 말한다.

해설 상관관계가 낮아야 위험의 감소효과가 발생한다.

07 다음 중 자산집단의 종류에 대한 설명으로 틀린 것은?

① 기본적인 자산집단으로서 이자지급형 자산, 투자자산, 부동산으로 나눌 수 있다.
② 이자지급형 자산에는 이자수익을 목적으로 하는 예금을 포함한다.
③ 투자자산은 투자수익이 확정되어 있지 않고 변동성이 큰 편이다.
④ 투자자산은 발행주체의 채무불이행위험을 내포한 채권을 포함한다.

해설 채권은 이자지급형 자산이며 주식이 투자자산의 대표적 투자안이다.

08 다음과 같은 예상 투자수익률이 추정된다면 아래 주식의 기대수익률을 계산하시오.

미래 투자수익률의 확률분포
- 호경기(확률 0.3) : 40%
- 보통 (확률 0.4) : 15%
- 불경기(확률 0.3) : −10%

① 12% ② 13%
③ 14% ④ 15%

해설 0.3×40%+0.4×15%+0.3×(−10%)=15%

09 주식 A의 기대수익률은 15%, 표준편차 19.4%인 정규분포를 따를 때 95.54%의 신뢰구간의 투자수익률은?

① −4.4~34.4 ② −23.8~53.8
③ −43.2~73.2 ④ 62.6~92.6

해설 신뢰구간 95.54%는 기대수익률에서 표준편차의 상하 2배의 구간으로 구할 수 있다.

정답 04 ② 05 ③ 06 ① 07 ④ 08 ④ 09 ②

10 다음 중 효율적 포트폴리오와 최적 포트폴리오에 대한 설명으로 틀린 것은?

① 위험이 동일한 투자대상 중에서 기대수익이 가장 높은 것을 선택하는 것은 지배원리를 충족한다.
② 지배원리가 충족된 포트폴리오를 효율적 포트폴리오라 한다.
③ 지배원리를 충족하는 효율적 증권 중에서 위험선호도까지 고려하여 선택되는 증권이 최적 포트폴리오이다.
④ 최적 포트폴리오는 효율적 투자선 위에 있다.

해설 최적 포트폴리오는 효율적 투자선상에서 위험선호도를 고려하여 선택하게 된다.

11 다음 중 벤치마크에 대한 설명으로 틀린 것은?

① 벤치마크는 운용 후 가장 합리적인 지표를 설정해야 한다.
② 벤치마크의 운용성과를 운용자가 추적하는 것이 가능해야 한다.
③ 적용되는 자산의 바람직한 운용상을 표현하고 있어야 한다.
④ 벤치마크는 자산운용자의 운용계획을 표현하는 수단이면서 투자자와의 커뮤니케이션 수단이 된다.

해설 사전에 선정되어야 한다.

12 단순하게 과거 수익률을 사용하지 않고 여러 가지 경제변수의 상관관계를 고려하여 시뮬레이션함으로써 수익률을 추정하는 방법을 무엇이라 하는가?

① 추세분석법
② 시나리오 분석법
③ 펀더멘털 분석법
④ 시장 공동 예측치 사용법

해설 시나리오 분석법에 대한 설명이다.

13 주식 기대수익률을 무위험이자율에 주식시장 위험 프리미엄을 더해 측정하는 분석법을 무엇이라 하는가?

① 추세분석법
② 시나리오 분석법
③ 펀더멘털 분석법
④ 시장 공동 예측치 사용법

해설 펀더멘털 분석법에 대한 설명이다.

14 다음 중 투자의 위험에 대한 설명으로 틀린 것은?

① 위험이란 미래의 불확실성 때문에 투자로부터 발생할 것으로 예상되는 손실의 가능성이다.
② 위험은 미래 기대수익률의 분산 또는 투자수익의 변동 가능성을 말한다.
③ 투자로 인한 손실의 가능성은 투자로부터 예상되는 미래 기대수익률의 분산 정도가 작을수록 커지게 된다.
④ 위험을 계량할 때는 분산, 표준편차 등을 이용한다.

해설 분산 정도가 클수록 커지게 된다.

15 다음 중 위험의 측정에 대한 지표로 틀린 것은?

① 범위
② 분산
③ 표준편차
④ 상관계수

해설 상관계수는 상관 정도를 측정할 때 사용하며, 변동계수를 위험 측정에 사용한다.

16 1천만원을 투자하고자 한다. 주식 A 기대수익률은 10%에 4백만원을 투자하고, 주식 B 기대수익률 6%에 6백만원을 투자한 경우 이 포트폴리오의 기대수익률을 구하시오.

① 7%
② 7.6%
③ 10%
④ 16%

해설 가중평균으로 구하게 된다. 따라서 (0.4 × 0.1) +(0.6 × 0.06) = 0.076(=7.6%)

17 새로운 상황 전개에 따라 기존 자산 포트폴리오의 기대수익과 위험이 영향을 받아 이에 맞춰 자산집단의 매매를 통해 대응하는 전략을 무엇이라 하는가?

① 업그레이딩
② 리밸런싱
③ 코스트 애버리징
④ 모니터링

해설 업그레이딩에 대한 설명이다.

정답 10 ④ 11 ① 12 ② 13 ③ 14 ③ 15 ④ 16 ② 17 ①

18 **100원을 투자하여 투자 첫 기간에 200원이 되었다가 투자 두 번째 기간에 다시 100원이 되었다면 전체 기간에 대한 기하수익률을 구하시오.**

① 100% ② 50%
③ 25% ④ 0%

해설 $(1+x)^2=(1+1)(1-0.5)$; $x=0$

19 **다음 중 수익률에 대한 설명으로 틀린 것은?**

① 금액가중수익률을 내부수익률이라고도 한다.
② 시간가중수익률은 유입된 현금흐름의 현재가치와 유출된 현금흐름을 일치시키는 할인율이다.
③ 산술평균수익률은 기간별 단일기간 수익률을 모두 합한 다음 이를 기간수로 나누어 측정한다.
④ 기하평균수익률은 펀드매니저 평가에, 내부수익률은 개인투자자의 직접투자 결과를 평가하는 데 적합하다.

해설 내부수익률에 대한 설명이다.

20 **전략적 자산배분에 대한 설명으로 틀린 것은?**

① 중기 혹은 장기적인 자산구성을 한다.
② 자본시장 상황의 변화에 따른 투자자의 위험 허용 정도의 변화가 없다고 가정한다.
③ 투자이익을 위해 자산구성을 적극적으로 변경한다.
④ 위험－수익 최적화 방법을 사용한다.

해설 전술적 자산배분에 대한 설명이다.

21 다음 중 전략적 자산배분 실행 방법에 해당하지 않는 것은?

① 역투자전략
② 위험-수익 최적화 방법
③ 시장가치 접근 방법
④ 다른 유사한 기관투자가의 자산배분을 모방

해설 역투자전략은 전술적 자산배분에 해당한다.

22 다음 중 전술적 자산배분 실행 방법에 해당하지 않는 것은?

① 포뮬러 플랜
② 투자자별 특수상황을 고려하는 방법
③ 기술적 분석
④ 가치평가 모형

해설 ②는 전략적 자산배분에 해당한다.

정답 18 ④ 19 ② 20 ③ 21 ① 22 ②

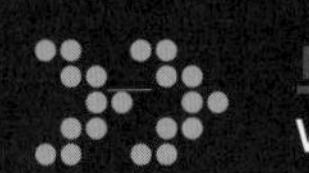

토마토패스
www.tomatopass.com

제3과목
투자권유

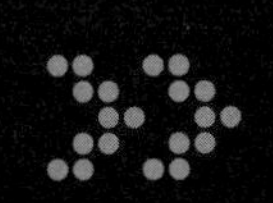

CONTENTS

CHAPTER 01

증권 관련 법규

International Trade Specialist 제 3 과 목

TOPIC 1 총설

1. 자본시장법 제정 기본방향

① 열거주의에서 포괄주의 전환 : 투자성이 있는 상품을 금융투자상품으로 정의하여 포괄적 규제(투자성이란 원본 손실 가능성을 의미)

② 기관별 규제에서 기능별 규제로 : 경제적 실질이 동일한 금융기능을 동일하게 규율하는 기능별 규율 체제로 전환

③ 업무 범위 확장 : 6개 금융투자업 상호 간 겸영을 허용하여 대형화 유도

④ 원칙 중심 투자자 보호 : 설명의무, 고객바로알기, 적합성 원칙, 적정성 원칙, 투자권유규제, 광고규제, 이해상충방지체제 도입

2. 감독기관 및 관계기관

(1) 감독기관

① 금융위원회 : 금융에 관한 정책 및 제도를 담당하는 9인의 위원으로 구성된 합의제 중앙행정기관

② 증권선물위원회 : 자본시장 및 기업회계와 관련한 주요 업무를 수행하기 위하여 금융위 내에 설치

③ 금융감독원 : 금융위와 증선위의 지도를 받아 금융기관에 대한 검사, 감독업무를 수행하는 무자본특수법인

(2) 금융투자업 관계기관

① 한국거래소 시장감시위원회 : 시세조종 등 불공정거래를 감시하기 위해 설립된 자율규제기관

② 한국금융투자협회 : 회원 상호 간의 업무질서 및 금융투자업의 발전을 목적으로 설립

③ 한국예탁결제원 : 증권의 집중예탁과 결제업무를 위하여 설립

④ 증권금융회사 : 금융위의 인가를 받아 설립하는 주식회사로 증권의 담보, 투자자 예탁금 운용 등 업무를 담당

⑤ 금융투자상품거래청산회사 : 장외파생상품 등의 거래를 청산해주는 회사

⑥ 신용평가회사 : 금융투자상품, 기업 등에 대한 신용상태를 평가하여 등급을 부여

3. 금융법규 체계의 이해

(1) 금융법규 체계

① 자본시장법(국회) – 시행령(대통령령) – 시행규칙(총리령)

② 금융감독규정(금융위) – 시행세칙(금감원)

(2) 법규유권해석과 비조치의견서

① 법규유권해석 : 법규 적용 여부 확인에 대한 해석

② 비조치의견서 : 명확한 법규가 없는 경우 금융감독원장이 향후 제재 여부에 대한 의견 표명(법령 등에 위반되지 않는다는 회신을 하는 경우 관련 법령이 변경되지 않는다면 향후 법적 조치를 받지 않음)

TOPIC 2 금융투자상품 및 금융투자업

1. 금융투자상품

(1) 금융투자상품

① 정의 : 원본 손실 가능성이 있는 투자성을 가지는 금융상품

② 금융투자상품 제외 대상 : 원화표시 CD, 관리형신탁의 수익권, 주식매수선택권(스톡옵션)

(2) 증권과 파생상품의 구분

① 증권 : 추가적인 지급의무를 부담하지 않는 금융투자상품

② 파생상품 : 추가적인 지급의무를 부담할 수 있는 금융투자상품

(3) 증권의 종류

① 채무증권 : 국채 및 지방채증권, 특수채증권, 사채권, 기업어음증권, 이자연계 파생결합채권

② 지분증권 : 주권, 신주인수권, 출자증권 및 출자지분(합명회사의 지분, 합자회사의 무한책임사원 지분은 지분증권에서 제외)

③ 수익증권 : 신탁계약에 의한 수익권이 표시된 것

④ 투자계약증권 : 투자자가 금전 등을 타인이 수행하는 공동사업에 투자하고 손익을 받는 권리가 표시된 것

⑤ 파생결합증권 : 기초가 되는 자산과 연계하여 미리 정한 방법에 따라 손익이 결정되는 권리가 표시된 것(ELS, ELW, DLS 등)

⑥ 증권예탁증권(DR) : 위 5가지 증권을 예탁받은 자가 그 증권이 발행된 국가 외의 국가에서 발행한 것으로 예탁받은 증권에 관련된 권리가 표시된 것

(4) 파생상품

① 정의 : 금전 등의 지급시기가 장래의 일정 시점이고, 투자원금 이상의 손실이 발생할 수 있는 계약상의 권리

② 거래구조에 따른 분류

선도	기초자산의 가격 등에 의해 산출된 금전 등을 장래의 특정 시점에 인도할 것을 약정하는 계약(장내거래인 경우 선물)
옵션	기초자산의 가격 등에 의해 산출된 금전 등을 장래의 특정 시점에 인도할 것을 성립시킬 수 있는 권리를 부여하는 계약
스왑	기초자산의 가격 등에 의해 산출된 금전 등을 장래의 특정 시점에 교환할 것을 약정하는 계약

2. 금융투자업

① 투자매매업 : 누구의 명의로 하든지 자기의 계산으로 금융투자상품의 매매, 증권의 발행 · 인수 또는 그 청약의 권유, 청약, 청약의 승낙을 영업으로 하는 것

② 투자중개업 : 누구의 명의로 하든지 타인의 계산으로 금융투자상품의 매매, 그 중개나 청약의 권유, 청약, 청약의 승낙 또는 증권의 발행 및 인수에 대한 청약의 권유, 청약, 청약의 승낙을 중개하는 것을 영업으로 하는 것

③ 집합투자업 : 집합투자를 영업으로 하는 것

④ 투자자문업 : 금융투자상품의 가치나 투자판단에 관하여 자문에 응하는 것을 영업으로 하는 것

⑤ 투자일임업 : 금융투자상품에 대한 투자판단의 전부 또는 일부를 일임받아 투자자별로 구분하여 운용하는 것을 영업으로 하는 것

⑥ 신탁업 : 신탁을 영업으로 하는 것

⑦ 전담중개업무(프라임 브로커) : 전문사모집합투자기구(헤지펀드) 등에 대하여 증권의 대여, 금전의 융자 등을 제공하는 업무를 주된 영업으로 하는 것

⑧ 온라인소액투자중개업 : 온라인상에서 타인의 계산으로 채무증권, 지분증권의 모집, 중개를 영업으로 하는 투자중개업(증권형 크라우드펀딩업)

㉠ 주식회사로 5억원 이상의 자기자본 요건

㉡ 온라인소액투자중개업자가 개설한 인터넷 홈페이지 이외의 수단을 통해서 투자광고를 하는 행위 금지

3. 투자자

(1) 전문투자자

① 절대적 전문투자자

㉠ 일반투자자 대우를 받을 수 없는 전문투자자

㉡ 국가, 금융기관, 자금운용 노하우가 있는 기관 등

② 상대적 전문투자자

㉠ 일반투자자 대우를 받을 수 있는 전문투자자, 자발적 전문투자자

㉡ 주권상장법인 등이 장외파생상품 거래 시 별도 의사를 표시하지 아니하면 일반투자자 대우

③ 자발적 전문투자자 : 자발적으로 전문투자자 대우를 받고자 하는 자

㉠ 법인 : 100억원 이상의 금융투자상품 잔고를 보유

㉡ 개인으로서 자발적 전문투자자 요건 : ⓐ+ⓑ/ⓐ+ⓒ/ⓐ+ⓓ

ⓐ 투자경험	금융투자상품 월말 평잔 5천만원 이상(5년 중 1년 이상의 기간)
ⓑ 소득기준	직전년도 소득액 1억원 이상(혹은 배우자 포함 1.5억원 이상)
ⓒ 자산기준	순자산가액이 5억원 이상(거주 부동산, 임차보증금, 부채 제외)
ⓓ 전문성	• 1년 이상 종사자 : 회계사, 감평사, 변호사, 변리사, 세무사 • 투자운용인력, 재무위험관리사 합격자 • 투자운용인력, 재무위험관리사 1년 이상 금융투자업등록

(2) 일반투자자

① 상품에 대한 전문성이나 위험감수 능력이 없는 투자자

② 절대적 일반투자자 : 전문투자자가 아닌 투자자

③ 상대적 일반투자자 : 일반투자자 대우를 받겠다는 상대적 전문투자자

▪▪▪ TOPIC 3 금융투자업자에 대한 규제 · 감독

1. 금융투자업 인가, 등록 개요

① 인가제 : 투자매매업, 투자중개업, 집합투자업, 신탁업

② 등록제 : 투자자문업, 투자일임업, 온라인소액투자중개업, 전문사모집합투자업

2. 금융투자업 인가 심사

① 금융위의 금융투자업 인가를 위한 심사기간 : 예비인가는 2개월 이내, 본인가는 3개월 이내이나 예비인가를 받은 경우 본인가는 1개월 이내

② 사업계획 : 사업계획이 건전하고 타당할 것

③ 인가요건의 유지 : 진입 시 자기자본 요건의 70% 이상 유지

3. 금융투자업 등록 심사

투자자문업, 투자일임업 : 사업계획 요건 없음

4. 건전성 규제

① 회계처리 : 금융감독원장이 정하는 계리기준으로 처리하며 신탁부분은 독립된 계정으로 회계처리

② 자산건전성의 분류

㉠ 자산 및 부채에 대한 건전성을 '정상', '요주의', '고정', '회수의문', '추정손실' 5단계로 분류

㉡ 대출채권 등에 대해 건전성 5단계에 따라 충당금을 적립(정상의 경우에도 0.5% 이상의 대손충당금을 적립)

㉢ 적용특례 : 채권중개전문회사 및 다자간매매체결회사는 자산건전성 분류 및 대손충당금 등의 적립기준에 관한 규정을 적용 안 함

③ 순자본비율 규제

㉠ 의의 및 중요성 : 금융투자업자의 재무건전성을 도모하여 투자자 보호

㉡ 순자본비율의 산정원칙

- 자산, 부채, 자본은 연결 재무제표에 계상된 장부가액을 기준
- 시장위험과 신용위험을 동시에 내포하는 자산은 시장위험액과 신용위험액 모두 산정
- 영업용순자본 산정 시 차감항목에 대하여는 원칙적으로 위험액을 산정하지 않음
- 위험회피효과가 있는 경우에는 위험액 산정대상 자산의 위험액을 감액할 수 있음
- 부외자산과 부외부채에 대해서도 위험액을 산정하는 것을 원칙

㉢ 세부 산정방식

• 영업용순자본 = 순재산액 – 차감항목 + 가산항목

가산항목	부채로 계상되었으나 실질적인 채무이행 의무가 없거나 보완적 자본 기능을 하는 항목
차감항목	즉시 현금화가 어려운 자산

• 총위험액 = 시장위험액 + 신용위험액 + 운영위험액

시장위험액	시장성 있는 증권 등에서 주가, 이자, 환율 등 시장가격의 변동으로 인하여 입을 수 있는 잠재적 손실액
신용위험액	거래상대방의 계약불이행 등으로 인하여 발생할 수 있는 잠재적인 손실액
운영위험액	부적절한 내부의 절차, 인력 및 시스템의 관리부실 또는 외부의 사건 등으로 인하여 발생할 수 있는 잠재적 손실액

• 순자본비율 = (영업용순자본 – 총위험액) / 필요유지자기자본

④ 적기시정조치

㉠ 경영개선권고

• 요건 : 순자본비율이 100% 미만인 경우 등

• 조치 : 인력 및 조직운용의 개선, 점포관리의 효율화 등

㉡ 경영개선요구

• 요건 : 순자본비율이 50% 미만인 경우, 경영실태평가 결과 종합평가등급 4등급 이하 등

• 조치 : 고위험자산보유제한 및 자산처분, 점포의 폐쇄, 통합 또는 신설 제한 등

㉢ 경영개선명령

• 요건 : 영업용순자본비율이 0% 미만인 경우, 부실금융기관 해당 등

• 조치 : 주식 일부 · 전부소각, 합병, 영업의 양도 등

⑤ 외환건전성(외국환종합포지션) : 각 외국통화별 종합매입초과포지션의 합계액과 종합매각초과포지션의 합계액 중 큰 것

⑥ 대주주와의 거래 제한

㉠ 대주주 및 특수관계인 발행 증권의 소유 제한

㉡ 대주주의 부당한 영향력 행사 금지

5. 영업행위 규칙

(1) 공통 영업행위 규칙

① 신의성실의무

② 상호규제

③ 명의대여 금지

④ 겸영제한 : 겸영하고자 하는 경우 7일 전 금융위에 신고(예 보험대리점)

⑤ 부수업무 : 7일 전 금융위에 신고

⑥ 업무위탁

㉠ 본질적 업무(필수업무)를 위탁하는 경우 위탁받는 자가 업무수행에 필요한 인가, 등록된 자이어야 함

㉡ 준법감시인 및 위험관리책임자의 업무 등 내부통제업무는 위탁이 금지됨

㉢ 재위탁의 제한 : 원칙적으로 재위탁은 금지되나, 단순업무 및 외화자산 운용 · 보관업무는 위탁자의 동의를 받아 재위탁 가능

⑦ 이해상충관리

㉠ 신의성실의무, 선관주의의무(자산관리업자에게 적용 : 투자매매, 중개업자는 비적용)

㉡ 선행매매 금지, 과당매매 금지

㉢ 정보교류차단장치(Chinese Wall)

㉣ 이해상충 발생 가능성이 인정되면 투자자에게 알리고, 문제가 없는 수준으로 낮추고 거래하나, 낮추는 것이 곤란하다면 거래 불가

⑧ 정보교류 차단장치

㉠ 고유재산 운용 VS 집합투자업, 신탁업

㉡ 고유재산 운용 VS 기업금융업무

㉢ 내부 정보교류 금지 예외 : 상당한 이유가 있는 경우 준법감시인의 사전승인을 받아 업무상 필요한 최소한(충분한이 아님에 유의)의 범위로 가능

(2) 투자권유 영업행위 규제

① 공통규제

㉠ 적합성 원칙

- 일반금융소비자(=일반투자자), 전문금융소비자(=전문투자자) 여부 확인
- 일반투자자 특성파악 : 투자목적, 재산상황, 투자경험 파악
- 파악한 투자자의 특성을 투자자에게 제공하고 서명 등으로 확인받으며 적합하지 않다면 투자권유를 하지 않음

㉡ 적정성의 원칙 : 일반금융소비자에게 투자권유를 하지 않고 파생상품 등을 판매하는 경우에는 투자자정보를 파악해야 하며, 투자자에게 적정하지 않은 경우 그 사실을 알리고 서명 등의 방법으로 확인(예 고난도금융투자상품)

㉢ 설명의무 : 투자자가 이해할 수 있도록 설명하고 확인받음

㉣ 부당권유 금지 : 투자권유의 요청을 받지 않고 방문, 전화로 장외파생상품 권유 금지

㉤ 투자권유준칙 : 협회는 표준투자권유준칙 제정

② 투자권유대행인 : 금융투자회사의 위탁을 받아 금융투자상품의 투자권유를 수행하는 자

㉠ 금융투자업자는 투자권유대행인 외의 자에게 투자권유 대행 불가

㉡ 파생상품 등에 대한 투자권유 제외

㉢ 금지행위 : 금융투자업자를 대리하여 계약 체결, 투자자로부터 금전 등을 수취, 제3자에게 재위탁, 둘 이상의 금융투자업자와 계약체결 등

㉣ 투자권유대행인은 투자권유대행인 표지를 게시하거나 내보여야 함

㉤ 투자권유대행인의 의무위반에 대해 금융투자업자도 사용자 배상책임을 짐

③ 약관

㉠ 약관의 제정, 변경 : 7일 이내 금융위 보고

㉡ 예외 : 고객의 권리의무 등 중요한 경우 금융위 사전 신고

④ 투자광고

㉠ 필수사항

• (간이)투자설명서를 읽어볼 것

• 과거 실적이 미래 수익률을 보장하는 것은 아님

• 집합투자기구의 명칭, 투자목적, 운용전략 등

㉡ 준법감시인의 사전 확인

㉢ 금융투자업자의 경영실태평가결과와 순자본비율 등을 다른 금융투자업자와 비교 금지

⑤ 수수료

㉠ 정당한 사유 없이 투자자 차별 금지

㉡ 협회는 금융투자업자별로 수수료 비교공시

⑥ 계약서류 교부 예외

㉠ 기본계약을 체결하고 반복적으로 거래

㉡ 투자자가 거부의사를 서면으로 표시

㉢ 투자자의 서면의사 표시에 따라 우편이나 전자우편으로 제공

⑦ 임직원의 금융투자상품 매매 : 자기의 명의는 하나의 투자중개업자를 통해 매매

▪▪▪ TOPIC 4 투자매매 및 투자중개업자에 대한 영업행위규제

1. 매매 또는 중개업무 관련 규제

① 매매형태의 명시 : 투자매매업자(매매손익)인지 투자중개업자(중개수수료)인지 밝힘

② 자기계약의 금지 : 거래 본인이 되면서 상대방의 투자중개업자가 될 수 없음

예외인 경우	증권시장에서 매매하는 경우
	투자자 보호에 문제가 없는 경우
	다자간매매체결회사를 통한 매매의 경우
	금융위원회가 정하여 고시하는 경우

③ 최선집행의무 : 투자자의 상장주권 주문을 최선의 거래조건으로 집행(채무증권, 수익증권 등은 제외)

④ 자기주식의 예외적 취득 : 증권시장 매매수량단위 미만의 주식에 대하여 증권시장 밖에서 취득 가능

⑤ 임의매매 금지

㉠ 매매의 청약 또는 주문을 받지 아니하고 매매할 수 없음

㉡ 매매에 대한 위탁 또는 위임이 있는 일임매매는 가능

2. 불건전 영업행위의 금지

① 선행매매의 금지

㉠ 고객의 주문을 체결하기 전에 자기의 계산으로 매매 금지

㉡ 증권시장과 파생상품시장 간의 차익거래 제외

② 조사분석자료 공표 후 매매금지 : 조사분석자료의 공표 후 24시간이 경과하기 전 자기의 계산으로 해당상품 매매 금지

③ 조사분석자료 작성자에 대한 성과보수 금지 : 조사분석 담당자는 기업금융업무와 연동된 성과보수 금지

④ 투자권유대행인 이외의 자의 투자권유 금지

⑤ 일임매매의 금지

㉠ 원칙은 금지이나 투자일임업의 형태로 하는 경우 가능

㉡ 예외적으로 일임을 받을 필요가 있는 경우 가능

⑥ 적합성 원칙에 어긋나거나 65세 이상인 고객 대상 파생상품 등 판매과정 녹취

㉠ 판매과정 녹취 및 투자자 요청 시 녹취파일 제공

㉡ 숙려기간(철회할 수 있는 2영업일 이상 기간) 부여 및 안내

㉢ 숙려기간 후 청약을 확인하고 청약을 집행

3. 신용공여에 관한 규제

① 신용공여 : 증권과 관련하여 금전의 융자 또는 증권 대여의 방법으로 투자자에게 신용을 공여하는 것(증권과 관련된 경우 허용)

② 신용공여의 기준과 방법

㉠ 신용거래계좌 개설 : 증권 매수대금 융자, 매도 증권 대여

㉡ 담보비율 : 신용공여금액의 140% 이상

4. 투자자 재산 보호를 위한 규제

① 투자자예탁금 별도 예치

㉠ 증권금융회사에 예치하거나 신탁업자에 신탁

㉡ 상계 또는 압류의 금지

② 투자자 예탁증권의 예탁 : 투자매매(중개)업자는 투자자의 증권을 예탁결제원에 예탁

▪▪▪ TOPIC 5 증권 발행시장 공시제도

1. 증권신고서제도

(1) 의의

① 불특정 다수인을 상대로 모집 · 매출되는 증권 및 발행인에 관한 사항을 투자자에게 알리는 제도

② 증권신고서의 효력발생은 금융위의 별도 조치가 없이 정해진 기간 후 효력이 발생하나 그렇다고 금융위가 증권의 가치를 보증하는 것은 아님

(2) 모집 또는 매출의 개념

① 모집 : 50인 이상의 투자자에게 새로 발행되는 증권 취득의 청약을 권유하는 것

② 매출 : 50인 이상의 투자자에게 이미 발행된 증권의 매수 · 매도 청약을 권유하는 것

③ 증권신고서 면제증권 : 국채, 지방채, 특수채, 3개월 이내 전자단기사채 등

④ 신고대상 모집 또는 매출 금액 : 1년간 모집 · 매출 합계액이 10억원 이상

⑤ 소액공모 공시제도 : 10억 미만인 경우

⑥ 특수한 신고서제도

㉠ 일괄신고서제도

- 같은 종류의 증권을 지속적으로 발행하는 경우(개방형집합투자기구)
- 고난도금융투자상품인 파생결합증권 불가(금융위가 정한 기준에 부합하면 일괄신고서 가능)

㉡ 정정신고서제도 : 이미 제출한 증권신고서를 정정하는 경우 그 정정신고서가 수리된 날 당초 제출한 증권신고서가 수리된 것으로 봄

2. 투자설명서제도

① 의의 : 법적 투자권유문서(증권신고서는 심사청구서류)

② 투자설명서의 작성 및 공시

㉠ 작성 : 증권신고서에 기재된 내용과 다른 내용을 표시하거나 누락할 수 없음

㉡ 공시 : 증권신고의 효력이 발생하는 날 금융위에 제출하고 비치 및 공시

③ 투자설명서 교부의무

㉠ 투자설명서 교부가 원칙(요건을 갖추면 전자문서 교부 가능)

㉡ 교부면제

- 전문투자자
- 거부의사를 서면 등으로 표시한 자
- 이미 취득한 것과 같은 집합투자증권을 추가로 취득하려는 자

㉢ 투자설명서 유형

- 투자설명서 : 증권신고 효력 발생 후 사용
- 예비투자설명서 : 증권신고 효력 발생 전 사용
- 간이투자설명서(집합투자증권) : 증권신고 효력 발생 전 · 후 사용

TOPIC 6 증권 유통시장 공시제도

1. 정기공시

① 의의 : 정기공시 제출 대상 법인은 사업보고서, 반기보고서, 분기보고서를 일정 기간 내에 금융위와 거래소에 제출

② 제출 대상 법인

㉠ 주권상장법인

㉡ 다음 증권을 증권시장에 상장한 법인

• 주권 외 지분증권, 신주인수권이 표시된 것, 증권예탁증권, 파생결합증권

• 주식관련 사채(CB, BW, EB), 무보증사채권

㉢ 증권을 모집 · 매출한 발행인

㉣ 증권소유자 수가 500인 이상인 외부감사 대상 법인

③ 제출기한

㉠ 사업보고서 : 사업연도 경과 후 90일 이내

㉡ 반기, 분기보고서 : 반기, 분기 종료일부터 45일 이내

㉢ 연결재무제표 특례 : 사업연도 종료 후 90일 + 30일 이내

2. 주요사항보고제도

① 주요사항보고제도 : 공적인 규제가 필요한 항목 중 회사 존립, 자본 증감 등 사항

② 자율공시제도 : 주요사항보고 외 거래소의 자율공시제도인 수시공시제도

3. 수시공시제도

① 의의 : 투자자의 정확한 투자판단을 위해 기업에 중요한 변화가 발생하는 경우 지체 없이 거래소에 신고하는 제도

② 주요경영사항 신고 · 공시 : 거래소가 정하는 주요경영사항

③ 자율공시 : 주요경영사항 외 투자자에게 알릴 필요가 있는 사항(자율공시)

④ 조회공시 : 풍문 또는 보도가 있는 경우, 주가에 현저한 변동이 있는 경우

㉠ 거래소 요구시점이 오전인 경우 : 당일 오후까지

㉡ 거래소 요구시점이 오후인 경우 : 다음 날 오전까지

⑤ 공정공시

㉠ 의의 : 중요정보를 애널리스트에게 제공하고자 하는 경우 모든 시장참가자가 알 수 있도록 공시

㉡ 공정공시를 이행하였다고 다른 수시공시의무가 무조건 면제되는 것은 아님

TOPIC 7 기업의 인수합병 관련 제도

1. 개관

① 자본시장법은 M&A 과정에서 투자자 보호, 공격과 방어에 있어서 공정한 경쟁을 보장하는 데 중점

② 경영권의 귀속보다는 공정하도록 공시제도 규정

③ 공개매수제도, 5% 보고제도, 의결권 대리행사 권유제도 등

2. 공개매수제도(Tender offer)

① 의의 : 불특정 다수인에 대하여 의결권이 있는 주식 등의 매수 · 매도를 권유하고 증권시장 밖에서 그 주식 등을 공개적으로 매수하는 것

② 공개매수 의무

㉠ 주식 등을 6개월 동안 증권시장 밖에서 10인 이상의 자로부터 매수

㉡ 본인과 특별관계자의 주식 등의 총수가 5% 이상

③ 적용대상 증권 : 주권상장법인이 발행한 증권으로 다음에 해당하는 증권

㉠ 주권, 신주인수권이 표시된 것

㉡ 주식 관련 사채(전환사채권, 신주인수권부사채권, 교환사채권)

㉢ 파생결합증권

3. 주식 등의 대량보유상황 보고제도

① 의의

㉠ 시장투명성을 제고하고 기업지배권의 공정경쟁을 유도하기 위한 것으로 일반적으로 5% Rule이라고 함

㉡ 본인과 특별관계자의 주식 합계가 전체 주식의 5% 이상인 자 혹은 그렇게 된 자가 보고의무자

② 보고사유

신규보고	5% 이상 보유하게 된 경우
변동보고	5% 이상 보유자의 비율이 1% 이상 변동되는 경우
변경보고	보유 목적(단순 투자 혹은 경영 참가)이나 보유 형태의 변경 등

③ 보고

㉠ 보고 사유 발생일로부터 5일 이내에 보고

㉡ 보유 주식의 수가 변경되지 않은 경우, 다른 주주와 동등하게 신주를 인수받는 경우 등은 보고의무 없음

㉢ 냉각기간 : 경영권 참여 목적으로 보고하는 경우 보고 후 5일까지 추가 취득이나 보유 주식에 대한 의결권 행사 불가

4. 의결권 대리행사 권유제도

① 의의

㉠ 회사 경영진 등이 주주총회에서 의결권 확보를 목적으로 주주에게 의결권 행사의 위임을 권유하는 경우 그 방법 등을 공시하도록 하는 제도

㉡ 본인과 특별관계자의 주식 합계가 전체 주식의 5% 이상인 자 혹은 그렇게 된 자가 보고의무자

② 의결권 보유자

㉠ 자기 또는 3자에게 의결권을 대리시키도록 권유하는 행위를 하고자 하는 자

㉡ 의결권 행사 또는 불행사를 요구하거나 의결권 위임의 철회를 요구하는 행위를 하고자 하는 자

㉢ 의결권 확보 또는 그 취소 등을 목적으로 주주에게 위임장 용지를 송부하는 자

③ 의결권 대리행사 권유로 보지 않는 경우
㉠ 10인 미만에게 의결권 대리행사의 권유를 하는 경우
㉡ 신탁에 의해 타인 명의로 주식을 소유하는 자가 그 타인에게 권유하는 경우
㉢ 신문, 방송 등 불특정 다수에 대한 광고로 입수한 단순 정보로 대리행사를 권유하는 경우

TOPIC 8 장외거래 및 주식 소유제한

1. 장외거래

① 개요
㉠ 증권시장 및 파생상품시장 외에서 금융투자상품을 거래하는 것
㉡ 단일 매수자와 단일 매수자 간 매매(원칙)
㉢ 금융위기 이후 장외파생상품 영업기준 강화
② 비상장주식의 장외거래 : 금융투자협회를 통해 거래
③ 채권장외거래 : 채권중개전문회사를 통해 거래
④ 환매조건부매매 : 금융위가 고시하는 기준에 따라 투자매매업자가 매매
⑤ 증권 대차거래 : 투자매매 · 중개업자는 금융위 기준에 따라 대차거래
⑥ 기업어음증권 장외거래 : 기업어음증권에 대해 둘 이상의 신용평가업자로부터 신용평가를 받아야 하며, 기업어음증권에 대한 지급보증을 하지 않음
⑦ 장외파생상품의 매매
㉠ 장외파생상품 거래 상대방이 일반투자자인 경우 위험회피목적의 거래에 한정함
㉡ 장외파생상품 매매에 따른 위험액이 금융위가 정하는 한도를 초과하지 않을 것
㉢ 월별 장외파생상품 매매, 중개 내역을 다음 달 10일까지 금융위에 보고
㉣ 개인 전문투자자 : 위험회피 목적이 아닌 경우 최근 5년 중 1년 이상의 주식, 파생상품, 고난도 파생결합증권의 월말 평균잔고 3억 이상의 경험이 있을 것

2. 공공적 법인의 주식 소유제한

① 공공적 법인 : 국가기간산업 등 국민경제상 중요한 산업을 영위하는 법인으로 금융위가 지정하는 상장법인
② 공공적 법인의 주식소유 제한
㉠ 상장된 당시에 발행주식 10% 이상을 소유한 주주는 그 소유비율
㉡ 위 내용에 따른 주주 외의 자는 3% 이내에서 정관이 정하는 비율
㉢ 상기 기준을 초과한 경우 초과분은 의결권을 행사할 수 없으며 금융위는 6개월 이내 매각을 명할 수 있음

3. 외국인의 증권 소유제한

① 외국인 : 국내에 6개월 이상 주소 또는 거소를 두지 않은 개인

② 공공적 법인의 취득한도 제한 : 종목별 외국인 전체 취득한도는 40%

③ 거래기준 : 상장증권을 매매하는 경우 증권시장을 통해 매매

▪▪▪ TOPIC 9 불공정거래행위에 대한 규제

1. 미공개정보 이용(내부자거래) 규제

(1) 개요

① 의의 및 적용대상

㉠ 협의 : 상장법인 내부자 등이 회사의 미공개 중요정보를 당해 회사의 증권거래에 이용하는 것

㉡ 광의 : 미공개 중요정보의 사적 이용행위를 예방할 수 있는 제반 공시제도

㉢ 적용 대상 법인 : 상장법인(6개월 내 상장 예정인 법인 포함)

㉣ 적용 대상 증권

- 상장법인 발행 증권(채무증권, 수익증권, 파생결합증권 제외)
- 주식과 관련된 CB, BW, EB, DR
- 위 증권만을 기초자산으로 하는 금융투자상품

② 자본시장법상 내부자거래 규제

㉠ 미공개 중요정보 이용행위 금지

㉡ 공개매수 관련 정보 이용행위 금지

㉢ 대량 취득 · 처분 관련 정보 이용행위 금지

㉣ 단기매매차익 반환제도

㉤ 임원 및 주요주주의 특정증권 등 상황보고제도

㉥ 장내파생상품 대량 보유 보고제도

(2) 규제 대상자

① 내부자

㉠ 해당 법인(계열사 포함), 그 법인의 임직원과 대리인

㉡ 해당 법인(계열사 포함)의 주요주주

② 준내부자

㉠ 해당 법인의 인허가권자

㉡ 해당 법인과 계약 체결을 하고 있거나 체결을 교섭하는 자

③ 정보수령자 : 내부자, 준내부자로부터 미공개 중요정보를 받은 자

④ 내부자 및 준내부자에 해당하지 아니하게 된 날부터 1년이 경과하지 아니한 자 포함

(3) 내부자의 단기매매차익 반환제도

① 의의 : 내부자에 대하여 미공개 중요정보 이용 여부와 관계없이 특정증권 등의 단기매매차익을 회사에 반환토록 하는 제도

② 반환 대상자

㉠ 주요 주주, 임원

㉡ 주요사항보고, 기획, 재무, 연구개발에 관련된 업무 담당자

③ 반환 대상

㉠ 특정증권 등을 매수 후 6개월 이내 매도하여 얻은 이익

㉡ 특정증권 등을 매도 후 6개월 이내 매수하여 얻은 이익

(4) 공개매수 관련 정보의 이용행위 금지

주식 등에 대한 공개매수 실시 또는 중지에 관한 미공개 정보를 특정증권 등의 매매, 그 밖의 거래에 이용하거나 타인에게 이용하게 하는 행위는 금지됨

(5) 대량 취득 및 처분 관련 정보 이용행위 금지

① 주식 등의 대량 취득 · 처분의 실시 · 중지에 관한 미공개 정보를 그 주식 등과 관련된 특정증권 등의 매매, 그 밖의 거래에 이용하거나 타인에게 이용하게 하는 행위 금지

② 대량 취득 및 처분의 요건

㉠ 회사나 그 임원에 대하여 사실상 영향력을 행사할 목적의 취득

㉡ 금융위가 정하는 고시비율 이상의 대량 취득 및 처분일 것

㉢ 그 취득 및 처분이 5% 보고 대상에 해당할 것

(6) 임원 및 주요 주주의 특정증권 등 소유상황 보고

① 의의 : 임원 또는 주요 주주는 임원 또는 주요 주주가 된 날부터 5일 이내에 누구의 명의로 하든지 자기의 계산으로 소유하고 있는 특정증권 등의 소유사항을 보고

② 특정증권 등의 소유에 변동이 있는 경우 5일까지 증권선물위원회와 거래소에 보고

(7) 장내파생상품 대량보유 보고

① 동일 품목의 장내파생상품을 금융위가 정하여 고시하는 수량 이상 보유하게 된 자는 그날부터 5일 이내에 그 보유상황 등을 금융위와 거래소에 보고

② 그 보유 수량이 금융위가 정한 수량 이상으로 변동되는 경우 그날부터 5일 이내에 그 변동 내용을 금융위와 거래소에 보고

③ 보고내용

㉠ 대량보유자 및 그 위탁을 받은 금융투자업자

㉡ 해당 장내파생상품의 종목, 보유시점, 수량

㉢ 금융위가 정하는 사항

2. 시세조종행위 규제

(1) 개요

증권시장(파생상품시장 포함)에서 가격이나 거래동향을 인위적으로 변동시켜 부당이득을 취하는 행위를 금지

(2) 규제대상 시세조종행위

① 위장거래 : 통정매매(서로 짜고 매매), 가장매매(권리 이전을 목적으로 하지 않고 거짓 매매)
② 현실거래 : 매매를 유인할 목적으로 매매가 성황을 이루고 있는 듯이 시세를 변동
③ 허위표시 : 거짓의 표시로 매매를 유인
④ 현 · 선연계 : 현물과 선물을 연계하여 부당이익 추구
⑤ 가격고정 또는 안정조작행위 : 당연히 불가하나 아래의 예외가 있음
　㉠ 청약기간 종료일까지 증권의 모집 또는 매출을 원활하도록 하기 위한 매매거래(안정조작)
　㉡ 상장된 날부터 일정 기간 이내에서 인수계약으로 정한 기간 동안 조성하는 매매거래(시장조성)

3. 부정거래행위 규제

① 의의 : 누구든지 금융투자상품의 매매 등과 관련, 부정한 방법을 사용할 수 없음
② 포괄적으로 부정거래행위를 금지

4. 시장질서 교란행위 규제

① 의의 : 시장질서 교란행위를 정보이용 교란행위와 시세관여 교란행위로 구분하여 위반 시 5억원 이하의 과징금을 부과할 수 있도록 함(형사처벌은 없음)
② 정보이용 교란행위(규제대상자 확대) : 2차 이상의 다차 정보수령자의 미공개 정보 이용, 외부 정보 이용 등 부정한 방법으로 취득한 정보이용 등을 규제
③ 시세관여 교란행위(규제범위 확대) : 매매유인이나 부당이득의 목적이 없다고 할지라도 시세에 부당한 영향을 줄 우려가 있다고 판단되면 과징금을 부과할 수 있음

TOPIC 10 금융기관 검사 및 제재에 관한 규정

1. 검사 실시

금감원장은 금융기관 업무 및 재산상황 또는 특정 부분에 대한 검사를 실시

2. 검사 방법

① 현장검사 : 대상 기관에 실제로 임하여 조사
② 서면검사 : 서류를 제출받아 조사
③ 종합검사 : 대부분 현장검사로 실시

3. 제재절차

제재심의위원회를 설치 · 운영하나 금감원장이 인정하는 때에는 생략 가능

4. 이의신청

금감원장에게 이의를 신청할 수 있으며 이의신청 처리 결과에 대하여 다시 이의신청은 불가

[참고] **금융소비자보호법**

통합된 금융소비자보호 체계 마련을 위해 2021년 시행(금융소비자보호를 위한 일반법)

① 금융상품 구분
- ㉠ 투자성 : 펀드, 신탁 등 금융투자상품
- ㉡ 예금성 : 예금, 적금 등
- ㉢ 보장성 : 보험상품 등
- ㉣ 대출성 : 대출상품, 신용카드 등(대부성 ×)

② 금융상품판매업자 등 구분
- ㉠ 직접판매업자 : 은행, 증권, 보험 등
- ㉡ 판매대리중개업자 : 투자권유대행인, 보험설계사, 대출모집인 등
- ㉢ 자문업자

③ 금융소비자 분류
- ㉠ 전문금융소비자 : 자본시장법상 전문투자자를 기본
- ㉡ 대부업자 : 예금성 상품을 제외하고 투자성, 보장성, 대출성 상품 모두 전문금융소비자
- ㉢ 5인 이상의 법인 : 대출성 상품의 전문금융소비자

④ 6대 판매원칙
- ㉠ 적합성 원칙 : 금융투자상품, 변액보험 → 대출성 상품으로 확대
- ㉡ 적정성 원칙 : 파생상품, 파생결합증권 → 고난도상품, 대출성(신용거래) 상품으로 확대
- ㉢ 설명의무
- ㉣ 불공정영업행위 금지
- ㉤ 부당권유행위 금지
- ㉥ 광고규제

⑤ 청약의 철회
- ㉠ 계약체결일(계약서류 제공일)로부터 7일 이내 청약 철회 가능
- ㉡ 청약철회 가능한 투자성 상품 : 고난도금융투자상품, 고난도투자일임계약, 고난도금전신탁계약, 비금전신탁/금전신탁 ×, 단순 파생결합증권 ×

⑥ 금융분쟁의 조정
- ㉠ 소송중지제도 : 분쟁조정 전후에 소가 제기되면 법원은 조정까지 소송절차 중지 가능
- ㉡ 소액사건 조정이탈금지제도 : 2천만원 이내 분쟁 사건에 대해 조정안 제시 전까지 소 제기 불가

⑦ 징벌적 과징금 : 주요 판매원칙을 위반할 경우 위반행위로 인한 수입 등의 50%까지 과징금 부과

⑧ 방문(전화권유)판매 규제
- ㉠ 방문, 전화권유 시 미리 금융소비자에게 안내하고 허락을 받는 경우 가능
- ㉡ 불초정 권유 금지 상품
  - 일반금융소비자 : 고난도금융투자상품(고난도 투자일임, 금전신탁 포함), 사모펀드, 장내 및 장외파생상품
  - 전문금융소비자 : 장외파생상품

출/제/예/상/문/제

01 다음 자본시장법 제정 기본방향에 대한 설명으로 틀린 것은?

① 열거주의에서 포괄주의로 전환
② 기능별 규제에서 기관별 규제로 전환
③ 업무범위 확장
④ 투자자 보호 강화

해설 '기관별 규제에서 기능별 규제로 전환'이 맞는 말이다.

02 자본시장법에서 금융투자상품에 대한 설명으로 틀린 것은?

① 금융투자상품이란 원본 손실 가능성이 있는 금융상품을 말한다.
② 판매수수료는 투자금액 산정 시 제외된다.
③ 해지수수료는 회수금액 산정 시 제외된다.
④ 원화 양도성예금증서, 관리형신탁의 수익권, 주식매수선택권은 금융투자상품에서 제외한다.

해설 해지수수료는 회수금액 산정 시 포함된다.

03 다음 중 증권 종류에 대한 설명으로 틀린 것은?

① 이자연계 파생결합채권은 파생결합증권에 해당한다.
② 신주인수권이 표시된 것은 지분증권에 해당한다.
③ 금전신탁계약에 의한 수익권이 표시된 것은 수익증권에 해당한다.
④ 투자자가 타인 간의 공동사업에 금전 등을 투자하고 타인이 수행한 공동사업의 결과에 따라 손익을 귀속받는 계약상의 권리가 표시된 것은 투자계약증권이다.

해설 이자연계 파생결합채권은 채무증권에 해당한다.

04 다음 중 자본시장법상 파생결합증권에 해당하지 않는 것은?

① ELS　　② DLS
③ ETF　　④ ELW

해설 ETF는 수익증권에 해당한다.

05 다음에서 설명하는 금융투자업은 무엇인가?

누구의 명의로 하든지 타인의 계산으로 금융투자상품의 매매, 그 청약의 권유 등을 영업으로 하는 것

① 투자매매업　　② 투자중개업
③ 집합투자업　　④ 투자자문업

해설 자기의 계산은 투자매매업, 타인의 계산은 투자중개업으로 구분된다.

06 다음 중 장외파생상품 거래를 하는 경우 별도 의사를 표시하지 아니하면 일반투자자로 대우를 받는 전문투자자는 누구인가?

① 은행　　② 보험회사
③ 집합투자기구　　④ 주권상장법인

해설 주권상장법인과 지방자치단체는 장외파생상품 거래 시 전문투자자 대우를 받기 위해서는 그 내용을 서면으로 금융투자업자에게 통지하여야 한다.

07 다음 중 금융투자업자의 인가 및 등록에 대한 설명으로 틀린 것은?

① 투자일임업은 인가제이다.
② 금융투자업자는 필요한 업무단위를 추가하여 업무영역을 확장할 수 있다.
③ 인가업무 단위별로 대통령령이 정하는 금액 이상의 자기자본을 보유하여야 한다.
④ 금융투자업자는 이해상충방지를 위한 장치를 구비할 것을 요건으로 한다.

해설 투자자문업과 투자일임업은 등록제이다.

정답 01 ② 02 ③ 03 ① 04 ③ 05 ② 06 ④ 07 ①

08 다음 중 금융투자업자의 인가에 대한 설명으로 틀린 것은?

① 누구든지 금융투자업 인가를 받지 않고는 금융투자업을 영위하여서는 아니 된다. 다만 등록 요건인 경우는 제외한다.
② 사업계획의 타당성 기준은 일종의 적합성 기준으로 인가를 하는 감독 당국자의 재량 여지를 허용하고 있다.
③ 대주주는 최근 5년간 5억원 이상의 벌금형을 받은 경우는 불가하다.
④ 매 회계연도 말 기준 자기자본이 인가업무 단위별 최저 자기자본의 100% 이상을 유지하여야 한다.

해설 자기자본 70% 이상을 유지하는 것이 유지 의무 요건이다.

09 다음 중 금융투자업자의 건정성 규제에 대한 설명으로 틀린 것은?

① 자산 및 부채에 대한 건정성을 정상, 요주의, 고정, 회수의문, 추정손실 5단계로 분류한다.
② 금융투자업자의 재무건전성을 도모하기 위해 순자본비율을 규제한다.
③ 순자본비율이 100% 미만에 들어가면 경영개선권고를 받게 된다.
④ 순자본비율이 0% 미만인 경우 경영개선요구를 받게 된다.

해설 순자본비율이 0% 미만인 경우 경영개선명령을 받게 된다.

10 투자매매업자 및 투자중개업자의 불건전영업행위 금지에 대한 설명으로 틀린 것은?

① 조사분석자료를 작성하는 자는 기업금융업무와 연동된 성과보수를 지급할 수 있다.
② 일반적으로 가격에 중대한 영향을 미칠 수 있는 고객의 주문을 체결하지 전에 자기의 계산으로 매매를 해서는 안 된다.
③ 조사분석자료가 이미 공표된 자료와 비교하여 새로운 내용이 없는 경우에는 내용이 사실상 확정된 때부터 24시간 이내라도 대상 금융투자상품을 자기의 계산으로 매매할 수 있다.
④ 일반적으로 투자매매업자 또는 투자중개업자는 일임매매를 할 수 없지만 예외적으로 투자일임업의 형태로 하는 것은 가능하다.

해설 조사분석자료는 독립성이 중요하므로 기업금융업무와 연동된 성과보수 지급이 불가하다.

11 자본시장법상 금융투자업에 관한 영업행위규칙에 대한 설명으로 틀린 것은?

① 금융투자업자는 자기의 명의를 대여하여 타인에게 금융투자업을 영위하게 하여서는 아니 된다.
② 투자매매업자 또는 투자중개업자는 임의매매를 해서는 아니 된다.
③ 금융투자업자는 금융투자업 부수업무를 영위하고자 하는 경우 14일 전까지 금융위원회의 승인을 받아야 한다.
④ 금융투자업자는 일반투자자에게 투자권유를 하는 경우에는 일반투자자의 투자목적, 투자경험 등에 비추어 적합하지 아니하다고 인정되는 투자권유를 해서는 아니 된다.

해설 부수업무는 영위하고자 하는 날의 7일 전까지 금융위원회에 신고하여야 한다.

12 다음 중 금융투자업자가 업무위탁을 할 수 있는 업무에 해당하는 것은?

① 투자매매업의 계약체결
② 투자중개업의 계약해지
③ 투자매매업의 매매호가 제시
④ 투자중개업의 준법교육

해설 단순한 법규 준수에 관한 교육은 위탁이 가능하다.

13 다음 중 투자매매업자 및 중개업자의 불건전 영업행위 금지에 대한 설명으로 적절하지 않은 것은?

① 투자매매업자 또는 투자중개업자는 투자자로부터 금융투자상품의 매매에 관한 주문을 받는 경우 사전에 투자매매업자인지 투자중개업자인지 밝힐 필요까지는 없다.
② 투자매매업자 또는 투자중개업자는 금융투자상품의 매매에 있어 자신이 본인이 됨과 동시에 상대방의 투자중개업자가 되어서는 아니 된다.
③ 투자중개업자는 투자자로부터 증권시장에서의 매매를 위탁받은 경우 증권시장을 통하여 매매가 이루어지도록 해야 한다.
④ 투자매매업자 또는 투자중개업자의 최선집행의무가 적용되는 금융투자상품은 상장주권이다.

해설 사전에 투자매매업자인지 투자중개업자인지 밝혀야 한다.

정답 08 ④ 09 ④ 10 ① 11 ③ 12 ④ 13 ①

14 다음 투자성 상품 중 청약철회권이 적용되지 않는 상품은 무엇인가?

① 파생결합증권
② 고난도투자일임계약
③ 비금전신탁계약
④ 고난도금전신탁계약

해설 고난도금융투자상품에 해당하는 파생결합증권이 해당한다.

15 다음 중 투자매매업자 또는 투자중개업자의 신용공여에 대한 설명으로 틀린 것은?

① 신용공여의 구체적인 기준과 담보비율 및 징수 방법은 금융위 규정으로 정한다.
② 신용공여의 회사별 한도는 자기자본의 범위 이내로 한다.
③ 증권의 인수일로부터 6개월 이내에 투자자에게 그 증권을 매수하게 하기 위하여 신용공여를 할 수 없다.
④ 담보비율은 신용공여금액의 100분의 140 이상에 상당하는 담보를 징구한다.

해설 증권의 인수일로부터 3개월 이내에 투자자에게 그 증권을 매수하게 하기 위하여 신용공여를 할 수 없다.

16 다음 중 투자자예탁금의 별도예치에 대한 설명으로 틀린 것은?

① 투자매매업자 또는 중개업자는 고유재산과 구분하여 증권금융회사에 예치하거나 신탁업자에게 신탁한다.
② 투자자예탁금의 상계 혹은 압류는 가능하다.
③ 금융투자업자가 인가취소가 되는 경우 투자자예탁금을 투자자에게 우선 지급한다.
④ 투자자예탁금은 국채, 지방채 혹은 시행령으로 정하는 금융기관이 보증한 채권으로 운용한다.

해설 누구든지 투자자예탁금을 상계 및 압류하지 못한다.

17 다음 중 증권신고서제도에 대한 설명으로 틀린 것은?

① 불특정 다수인을 상대로 증권시장 밖에서 증권을 새로이 발행하거나 이미 발행된 증권을 분매하는 경우에 해당한다.
② 모집이란 50인 이상의 투자자에게 새로 발행되는 증권 취득의 청약을 권유하는 것이다.
③ 매출이란 증권시장 밖에서 50인 이상의 투자자에게 이미 발행된 증권의 매매를 권유하는 것이다.
④ 발행일부터 1년 이내에 50인 이상의 자에게 양도될 수 있더라도 청약의 권유를 받는 자의 수가 50인 미만이면 모집에 해당하지 않는다.

해설 전매제한조치가 없다면 간주모집은 모집으로 간주된다.

18 다음 중 증권신고서 적용 면제증권에 해당하지 않는 증권은?

① 국채
② 지방채
③ 한국주택금융공사가 보증하는 주택저당증권
④ 은행이 보증하는 채권

해설 증권신고서 적용대상이다.

19 다음 중 투자설명서제도에 대한 설명으로 틀린 것은?

① 투자자에게 실제로 교부되는 것은 증권신고서가 아니라 투자설명서이다.
② 투자설명서에는 증권신고서에 기재된 내용과 다른 내용을 표시하거나 그 기재사항을 누락할 수 없다.
③ 투자설명서를 증권신고의 효력이 발생하는 날에 금융위에 제출하여야 한다.
④ 집합투자증권의 경우 간이투자설명서만으로는 증권의 모집 및 매출이 불가하다.

해설 집합투자증권의 경우 간이투자설명서만으로 모집 및 매출이 가능하다. 다만 투자자가 투자설명서의 사용을 요청하는 경우에는 그러하지 아니하다.

정답 14 ① 15 ③ 16 ② 17 ④ 18 ④ 19 ④

20 다음 중 공개매수에 대한 설명으로 틀린 것은?

① 적용대상 증권으로는 주권 및 채권이 해당한다.
② 공개매수기간 중 별도의 매수는 금지된다.
③ 공개매수자는 공개매수신고서에 기재한 매수조건과 방법에 따라 응모한 주식 전부를 공개매수기간이 종료하는 날의 다음 날 이후 지체 없이 매수하여야 한다.
④ 공개매수 응모주주는 공개매수기간 중에는 언제든지 응모를 취소할 수 있다.

해설 주권 및 그와 관계있는 증권으로, 채권은 해당하지 아니한다.

21 주식 등의 대량보유상황 보고제도에 대한 다음 설명 중 틀린 것은?

① 일반적으로 5% Rule이라고 하며 보고사유 발생일로부터 5일 이내에 보고해야 한다.
② 적대적인 M&A 시도를 공시하도록 하여 공정한 경쟁을 유도하는 데 그 목적이 있다.
③ 5% 이상을 보유하게 되는 경우 신규보고에 해당한다.
④ 5% 이상 보유자가 보유비율이 1% 이상 변동되는 경우 변경보고에 해당한다.

해설 변동보고에 해당한다. 변경보고는 보유 목적의 변경, 보유 형태의 변경인 경우가 해당된다.

22 다음 중 미공개 중요정보 이용행위의 금지 규제대상자(내부자거래 규제대상자)에 대한 설명으로 틀린 것은?

① 해당 법인 및 그 계열사는 내부자에 해당한다.
② 해당 법인의 인허가 권한을 가지는 자로 미공개 중요정보를 알게 된 자는 준내부자에 해당한다.
③ 해당 법인의 임직원이었다가 퇴직하게 되면 기간에 관계없이 내부자로 인정하지 아니한다.
④ 해당 법인의 주요 주주도 내부자에 해당한다.

해설 퇴사 후 1년이 경과하지 않은 경우 내부자에 해당한다.

23 다음 중 자본시장법상 미공개 중요정보 이용금지 규제대상에 해당하지 않는 경우는?

① 직무와 관련하여 미공개 중요정보를 알게 된 해당 법인 임직원
② 해당 법인과 계약 체결을 하고 있는 자로 계약 체결 과정에서 미공개 중요정보를 알게 된 자
③ 회사 내부자로부터 미공개 중요정보를 받은 자
④ 권리행사 과정에서 미공개 중요정보를 알게 된 해당 법인 주주

해설 미공개 중요정보 이용금지 규정은 주요 주주에 해당한다. 즉 10% 이상 보유 주주 및 법인의 주요 경영사항에 대하여 사실상 영향력을 행사하고 있는 주주를 대상으로 한다.

24 내부자의 단기매매차익 반환제도에 대한 설명으로 틀린 것은?

① 미공개 중요정보를 이용하는 경우 적용한다.
② 주권상장법인의 특정증권 등에 적용한다.
③ 6개월 이내에 매매차익에 적용한다.
④ 매매차익은 해당 법인에 반환한다.

해설 미공개 중요정보 이용 여부와 관계없이 적용한다.

25 자본시장법상 전문투자자에게 적용되는 투자권유원칙은 무엇인가?

① 고객 파악 의무　　② 설명의무
③ 부당권유 금지　　④ 적합성 원칙

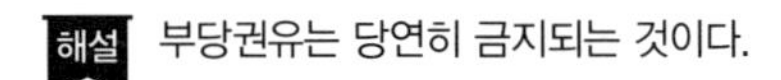
해설 부당권유는 당연히 금지되는 것이다.

26 다음 중 시세조종행위 규제 대상의 예외인 경우는 무엇인가?

① 통정매매
② 증권의 모집 및 매출의 청약기간의 종료일 전 20일부터 종료일까지 증권의 가격을 안정시키는 경우
③ 가장매매
④ 현물과 선물 연계 시세조종

해설 일정한 방법에 따라 매매되는 안정조작은 시행령에서 허가된다.

정답 20 ① 21 ④ 22 ③ 23 ④ 24 ① 25 ③ 26 ②

27 자본시장법에서 시장질서 교란행위 규제에 대한 설명으로 틀린 것은?

① 2차 이상의 다차 정보수령자의 미공개정보이용도 규제가 된다.
② 매매유인이나 부당이득을 얻을 목적이 있는 경우에만 처벌한다.
③ 해킹에 의한 정보로 타인에게 이용하게 하는 경우에도 처벌된다.
④ 시장질서 교란행위 규제는 과징금을 부과하며 형사처벌규정은 없다.

해설 매매유인이나 부당이득을 얻을 목적이 없더라도 허수성 주문 등으로 시세에 부당한 영향을 줄 우려가 있다면 과징금을 부과할 수 있다.

27 ② 정답

CHAPTER 02 금융소비자보호법

1. 금융소비자보호법

① 개요 : 통합된 금융소비자보호 체계 마련을 위해 2021년 시행(금융소비자보호를 위한 일반법)

② 금융상품 구분

㉠ 투자성 : 펀드, 신탁 등 금융투자상품

㉡ 예금성 : 예금, 적금 등

㉢ 보장성 : 보험상품 등

㉣ 대출성 : 대출상품, 신용카드 등(대부성 ×)

③ 금융상품판매업자 등 구분

㉠ 직접판매업자 : 은행, 증권(금융투자업자), 보험 등

㉡ 판매대리중개업자 : 투자권유대행인, 보험설계사, 대출모집인 등

㉢ 자문업자

④ 금융소비자 분류

㉠ 전문금융소비자 : 자본시장법상 전문투자자가 기본

㉡ 대부업자 : 예금성 상품을 제외하고 투자성, 보장성, 대출성 상품 모두 전문금융소비자

㉢ 5인 이상의 법인 : 대출성 상품의 전문금융소비자

⑤ 6대 판매원칙

㉠ 적합성 원칙 : 금융투자상품, 변액보험 → 대출성 상품으로 확대

㉡ 적정성 원칙 : 파생상품, 파생결합증권 → 고난도상품, 대출성(신용거래) 상품으로 확대

㉢ 설명의무

㉣ 불공정영업행위 금지

㉤ 부당권유행위 금지

㉥ 광고규제

⑥ 청약의 철회

㉠ 계약체결일(계약서류 제공일)로부터 7일 이내 청약철회 가능

㉡ 청약철회 가능한 투자성 상품 : 고난도금융투자상품, 고난도투자일임계약, 고난도금전신탁계약, 비금전신탁(금전신탁 ×, 단순 파생결합증권 ×)

⑦ 금융분쟁의 조정

㉠ 소송중지제도 : 분쟁조정 전후에 소가 제기되면 법원은 조정까지 소송절차 중지 가능

㉡ 소액사건 조정이탈금지제도 : 2천만원 이내 분쟁 사건에 대해 조정안 제시 전까지 소 제기 불가

⑧ 징벌적 과징금 : 주요 판매원칙을 위반할 경우 위반행위로 인한 수입 등의 50%까지 과징금 부과

출/제/예/상/문/제

01 금융소비자 보호에 관한 법률에서 금융상품판매업자등의 분류에 해당하지 않는 것은?

① 금융상품자문업자
② 금융상품판매대리 · 중개업자
③ 금융상품일임업자
④ 금융상품직접판매업자

해설 금융소비자보호법상 금융상품판매업자등에 금융상품일임업자는 해당되지 않는다.

02 금융소비자 보호에 관한 법률에서 금융상품 유형에 대한 분류에 해당하지 않는 것은?

① 예금성 상품
② 대부업 상품
③ 보장성 상품
④ 투자성 상품

해설 금융상품은 보장성 상품, 투자성 상품, 예금성 상품, 대출성 상품으로 구분된다.

03 다음 중 금융소비자보호법에 따라 청약철회권이 적용되지 않는 상품은 무엇인가?

① 고난도투자일임계약
② 부동산신탁계약
③ 고난도금전신탁계약
④ 파생결합증권

해설 고난도상품과 비금전신탁계약이 해당하며 파생결합증권은 해당하지 않는다.

04 금융소비자보호법에 따른 전문금융소비자에 대한 설명으로 가장 거리가 먼 것은?

① 대출성 상품의 경우 상시근로자 3인 이상의 법인은 전문금융소비자로 포함된다.
② 대부업자는 투자성 상품에서 전문금융소비자로 포함된다.
③ 투자권유대행인은 투자성 상품과 관련하여 전문금융소비자이다.
④ 주권상장법인은 장외파생상품 거래 시 전문금융소비자와 같은 대우를 받겠다는 의사를 금융회사에 서면통지한 경우에 전문금융소비자 대우를 받는다.

해설 상시근로자 5인 이상인 경우 전문금융소비자에 해당한다.

05 금융소비자보호법에 따른 방문판매에 대한 설명으로 잘못된 것은?

① 방문판매원 등이 금융소비자에게 사전 안내하고 금융소비자가 수락하면 방문판매 혹은 전화권유를 할 수 있다.
② 장외파생상품을 방문판매하기 위해 전문금융소비자에게 사전연락이 가능하다.
③ 고난도금융투자상품을 방문판매 목적으로 일반금융소비자에게 사전연락이 불가하다.
④ 전문금융소비자에게 장내파생상품을 방문판매 목적으로 사전연락이 가능하다.

해설 장외파생상품은 일반 및 전문금융소비자 구분 없이 방문판매원이 먼저 금융소비자에게 연락하여 방문판매하는 것이 금지되어 있다.

06 다음 중 적정성 원칙 대상 상품이 아닌 것은?

① 장내파생상품
② 금적립계좌
③ 고난도금융투자상품
④ 파생결합증권

해설 금적립계좌는 대상이 아니다.

정답 01 ③ 02 ② 03 ④ 04 ① 05 ② 06 ②

CHAPTER 03

영업실무

TOPIC 1 고객관리

1. 고객관리의 필요성

(1) 왜 고객관리를 해야 하나?

① 시장 성장 둔화 및 성숙단계 진입

② 고객의 욕구 개별화와 다양화

③ 경쟁의 가열 : 상품, 서비스 중심에서 고객관리 및 관계 중심으로

④ 수익성 위주의 금융기관 경영전략

㉠ 기존 고객 관리를 통한 안정적 이익창출이 유리

㉡ 신규 고객 확보 비용이 기존 고객 유지 비용의 6배

(2) 금융 · 투자관리(CRM)

① CRM(Customer Relationship Management)

㉠ 고객정보를 효과적으로 이용, 고객과의 관계를 유지 · 확대 · 개선함으로써 고객의 만족과 충성도를 제고하여 기업의 발전을 추구하는 고객 관련 제반 프로세스

㉡ CRM 영역 : 고객 유지, 고객 확보, 고객 개발(교체판매, 추가판매)

② 성공적인 CRM의 전략

㉠ 고객 획득 → 고객 유지

㉡ 단기적 고객 유인, 판매 중심 → 장기적 관계 형성

㉢ 판매촉진 중심 → 고객서비스 중심

㉣ 시장점유율 → 고객점유율

㉤ 제품차별화 → 고객차별화

㉥ 자동화 → 정보화

㉦ 규모의 경제 → 범위의 경제

㉧ 사후관리 지향 → 사전대비 지향

TOPIC 2 고객상담

1. 고객상담 활동의 목적

① 계약 성공률을 높이고 상담시간을 효율적으로 활용함
② 고객관리능력을 증대시키고 문제점을 도출하여 해결의 기초로 삼음
③ 상담표준화를 통해 판매력을 향상시키고 업무 효율성을 높임
④ 응용과 활용을 통하여 무관심과 반감을 자연스럽게 극복함

2. 고객과의 관계형성

(1) 상담요령

① 고객에게 편안한 분위기를 만들고 세일즈 목표를 정함
② Eye Contact는 자신감의 표현이며 고객 설득의 가장 강력한 무기(의사전달 효과 : Word 7%, Body Language 55%)
③ 고객으로부터 명함을 받은 후엔 명함에 적힌 직함으로 호칭
④ 첫인상이 중요하므로 매직워드를 사용하여 분위기를 부드럽게 함
⑤ 한번 만난 사람은 이름, 직업, 직책 등을 기억

(2) 고객의 Needs 파악을 위한 질문의 유형

① 니즈의 의의 : 고객이 처한 상태와 바라는 상태와의 Gap
㉠ 고객이 안고 있는 문제
㉡ 고객이 난처해하고 있는 일
㉢ 고객이 원하고 있는 것
㉣ 니즈 확인 : 문의－촉진－확인

② 질문의 유형

폐쇄형 질문	• 예, 아니오 등 간단한 대답을 유도하는 질문 • 타이밍 － 확대형, 개방형 질문을 해도 고객의 반응이 없을 때 － 대화의 흐름을 원하는 방향으로 리드하고 싶을 때 － 빠른 결정을 유도할 때 • 단점 : 고객의 동의를 얻기 힘들고 다음 단계 진전이 곤란
개방형 질문	• 화제나 관심사에 대해 고객이 이야기하도록 유도하는 질문 • 효과 : 무엇을, 어떻게, 왜 등의 질문으로 고객 상황을 털어놓게 하는 효과(폐쇄형 질문을 배합하여 니즈 파악 극대화 가능) • 단점 : 잘못하면 캐묻는 느낌을 수어 불쾌할 수 있음
확대형 질문	• 고객에게 질문을 통해 생각하게 함으로써 상호 니즈를 구체화하고 확신을 시켜주는 효과를 거둘 수 있는 질문 • 타이밍 : 고객이 자기의 니즈에 대하여 잘 이야기할 때 • 단점 : 확대형 질문에 익숙하지 않은 고객은 심문당하는 느낌이나 귀찮다는 느낌을 받을 수 있음

③ 질문 유의사항

㉠ 부드럽고 상황에 맞게

㉡ 고객이 원하는 것을 쉽게 거절하지 않고 대안으로 제시할 수 있는 상품, 서비스를 찾도록 노력

㉢ 중요한 사항은 메모

㉣ 고객 니즈를 파악하고 그 니즈를 해결할 수 있는 해결사라는 믿음을 줄 것

㉤ 고객이 70% 말하게 하고 세일즈맨은 30% 말할 것

㉥ No라고 대답할 수 있는 폐쇄형 질문은 피할 것

㉦ 대화 후 고객이 유쾌하고 흥미로웠다는 느낌을 갖게 할 것

3. 설득 및 해법 제시

(1) 설득 과정의 3가지 목표

① 고객의 관심을 끔

② 고객의 흥미를 북돋움

③ 프리젠테이션 속으로 고객을 끌어들임

(2) 고객의 니즈 충족

① 고객은 자신이 경험 또는 계획과 관련된 문제점을 니즈로 표출함

② 판매사원은 고객에게 적합한 상품의 특성을 이점화시켜 고객의 니즈를 충족시킴

③ 고객이 판매사원으로부터 제공된 상품의 장점을 수용함으로써 설득 과정이 완성됨

(3) 고객의 반감

① 반감 발생과 기회

㉠ 과거에 나쁜 경험을 한 경우

㉡ 현재 상황에 대한 불만족이 있는 경우

㉢ 판매사원의 설득에 동의할 준비가 안 된 경우

- 판매의 대부분은 고객의 반감을 해소한 후 성사
- 반감은 또 하나의 세일즈 찬스

② 반감 시 주의사항

㉠ 고객과 논쟁하지 말고 침착하게 응대

㉡ 고객을 공격하지 말고 고객이 틀렸다고 치부하지 말 것

㉢ 고객 반감을 일단 인정하고 니즈를 파악하도록 질문할 것

③ 반감 처리 방법

㉠ 고객의 말을 끊거나 정면으로 대응하기보다는 경청할 것

㉡ 고객의 우려가 타당하다고 표현하며, 고객의 반감을 인정할 것

㉢ 반감에 좌절하지 말고 자신의 상품이 반감을 보완할 수 있다는 자신감을 갖고 상품의 특장점을 강조할 것

㉣ 영업사원은 고객의 반감을 처리했다고 자만하지 말고 고객의 느낌을 확인할 것

(4) 고객의 반감 처리 화법

① Yes, But : 고객의 주장을 받아들여 고객의 마음을 부드럽게 한 다음에 대응

② 부메랑법 : 고객의 주장을 받아들이면서도 고객이 거절한 내용을 활용하여 반전을 노리는 화법

③ 보상법 : 사실을 사실대로 인정하면서 그 대신 다른 이점을 활용하여 보충

④ 질문법 : 고객의 거절을 질문으로 되돌려 보내는 방법

(5) 거절의 유형과 처리

권유상품에 관심 없다.	• 기간별 투자수익률 설명 • 고객 보유 금융투자상품과 유형을 세분화하여 설명 • 팸플릿과 기타 자료를 잘 준비하여 흥미를 유발
언젠가 가입하는데 지금은 아니다.	• 언제쯤 투자 가능한지 계획 질문 • 지금 가입할 수 없는 이유를 물어서 진심 확인 • 자금사정이라면 자금성향에 맞게 상담 진행
돈이 없다.	• 대부분 거짓일 수 있으므로 낙심하지 말 것 • 아주 없다는 것이 아니라 예산이 부족하다는 의미도 숨어 있음 • 예산이 있더라도 상품에 대한 확신이 없는 경우 거절의 구실이 될 수 있음
남편(배우자)과 상의해야 한다.	현재 상담자와 구매결정권자를 같이 만나서 설득

(6) 무반응 고객의 처리 방법

① 사전 다양한 연습으로 영업상담 기법을 숙달시킴

② 자료와 증거를 제시하여 알기 쉽게 설명

③ 고객을 진심으로 대하고 경청함

④ 중간 중간 고객의 반응을 점검하고 확인

4. 고객의 동의 확보 및 Closing

(1) 클로징

고객의 니즈 파악과 충분한 설득 여부를 분명히 확인하여 계약을 성립시킴

(2) 상담 종결의 화법

① 추정 승낙법 : 긍정적인 표현이 나올 때 서류를 준비

② 실행 촉진법 : 긍정적 답변은 없으나 부정적이지 않은 경우

③ 양자 택일법 : 가입의사는 있으나 고객이 결정을 늦추는 경우

④ '기회이익 상실은 손해' 화법 : 특판상품이거나 사은품 등의 혜택이 있는 경우

⑤ 가입조건 문의법 : 고객이 결정을 미룰 때 어떻게 하면 가입할지 요청하는 방법

(3) 효과적인 고객 동의 확보 기술

① 직설동의 요구법 : 단순한 판매이거나 시간이 없고 결정이 쉬운 고객에게 적합한 방법

② 이점 요약법 : 이점을 요약설명하여 고객이 확신을 갖게 하는 방법

③ T-방법 : 선택의 이점과 불선택의 손해를 T-막대 형태의 대차대조표로 비교 설명하는 방법

④ 결과 탐구법 : 머뭇거리거나 미심쩍어하는 경우 되물어서 동의하게 하는 방법

(4) 클로징의 필수요건

① 자신이 말한 것을 고객이 충분히 이해했는지 확인

② 고객성향에 따라 클로징을 달리할 것

③ 고객 입장에서 출발할 것

④ 바잉시그널을 감지하는 법을 터득할 것

⑤ 클로징 전에 시험클로징을 할 것

⑥ 고객의 최종 결정을 요청한 후 영업사원은 침묵을 통해 답을 기다리는 마음을 전달할 것

⑦ 긍정적이고 자신감 있으며 열정적인 태도로 클로징에 임할 것

5. 고객 응대와 기본 매너

① 인사법 : 간단한 인사 15도, 보통 인사 30도, 정중한 인사는 45도로 숙여서 인사

② 전화법(5단계) : 인사 – 자기소개 – 전화 목적 – 일정 약속 – 클로징 인사

③ 고객 또는 상사와 보행 시 : 좌측에서 동행

④ 가이드 역할 시 : 우측 1보, 앞으로 1보 위치에서 안내

⑤ 승용차 좌석 : 최상위자(우측 뒷자리), 차상위자(좌측 뒷자리), 안내(우측 앞자리)

⑥ 상대방의 직함을 호칭

⑦ 심한 사투리, 복잡한 전문용어, 과도한 외래어 지양

⑧ 전적으로 상대방 입장만 의존하는 자세는 탈피할 것

출/ 제/ 예/ 상/ 문/ 제

01 오늘날 고객관리의 필요성에 대한 설명으로 틀린 것은?

① 시장 성장 둔화 및 성숙단계로의 진입
② 고객의 욕구 개별화와 다양화
③ 경쟁의 가열
④ 계수 중심의 영업전략

해설 양적인 계수 중심에서 질적인 수익 중심의 영업전략으로 변화하였다.

02 고객과의 관계 형성 시 상담 요령으로 틀린 것은?

① 미소를 지으며 고객에게 최대한 관심을 표한다.
② 고객과의 편안한 분위기를 조성하기 위해 세일즈의 목표를 정하지 않는다.
③ 명함을 드리며 자기소개를 정확히 한다.
④ 분위기를 부드럽게 하기 위해 최선을 다한다.

해설 투자상담도 세일즈이기 때문에 목표를 정해야 한다.

03 기존 고객서비스 대비 핵심 금융서비스인 CRM의 특징에 대한 비교 설명으로 틀린 것은?

① 고객 획득에서 고객 유지
② 판매촉진 중심에서 고객서비스 중심
③ 고객 점유율에서 시장 점유율
④ 규모의 경제에서 범위의 경제

해설 ③은 반대로 설명하고 있다.

정답 01 ④ 02 ② 03 ③

04 고객상담 Process의 4단계 상담 판매 과정의 순서를 올바르게 제시한 것은?

가. 고객과의 관계형성
나. 니즈 탐구
다. 설득 및 해법 제시
라. 동의 확보 및 클로징

① 가－다－나－라
② 가－나－다－라
③ 나－가－다－라
④ 나－다－가－라

해설 상담 판매 과정은 '가 － 나 － 다 － 라'의 순서로 진행한다.

05 다음 중 설득 및 해법 제시 단계에서 유의할 사항으로 틀린 것은?

① 고객이 만족하지 않을 경우 다음 상담일자를 잡는다.
② 이 단계에서의 성공은 고객의 동의 확보 여부를 결정한다.
③ 고객이 필요로 하는 상품 및 서비스에 우선순위를 두고 설명한다.
④ 단계별로 고객이 이해하고 있는지를 점검하면서 설득해 나간다.

해설 고객이 만족하지 않을 경우 다른 상품이나 서비스를 상담하여 합의점을 찾는 노력이 먼저 선행되어야 한다.

06 다음 중 투자권유를 희망하지 않는 투자자에 대하여 고지하여야 할 유의사항이 아닌 것은?

① 투자의 손익은 모두 투자자에게 귀속된다는 사실
② 투자설명서 교부 불가
③ 원금손실 가능성
④ 투자권유가 불가하며 파생상품 등의 거래가 제한될 수 있음

해설 유의사항을 알리고 투자설명서를 교부하여야 한다.

07 다음 중 고객의 니즈 파악을 위한 질문에 관한 설명으로 틀린 것은?

① 폐쇄형 질문 : 신속하게 진행할 수 있다는 장점이 있고 대화를 심화 단계로 이어 가기에 유리하다.

② 개방형 질문 : 고객이 스스로의 상황에 대해 좀 더 광범위하게 이야기할 수 있는 효과가 있다.

③ 확대형 질문 : 니즈를 구체화하고 확신을 시켜주는 효과를 거둘 수 있다.

④ 개방형 질문 : 무엇을, 왜, 어떻게 등의 질문을 사용한다.

해설 예, 아니오와 같은 단답이 나올 경우 다음 단계로 대화를 이어 가기가 힘든 단점이 있다.

08 다음 중 투자자 정보 파악에 대한 설명으로 틀린 것은?

① 파생상품 등의 경우 적정성 원칙에 따라 투자자 정보를 파악하고 투자자가 적정하지 않은 상품 거래를 원할 경우 경고 등을 하여야 한다.

② 대리인을 통해 투자자 정보를 얻는 경우 위임장 등으로 정당한 대리인 여부를 확인하고 대리인으로부터 투자자 본인의 정보를 파악할 수 있다.

③ 온라인으로 펀드에 투자하는 경우 권유가 발생하지 않기 때문에 투자성향 파악 절차를 온라인에 구축하지 않아도 된다.

④ RP 등 위험이 높지 않은 금융투자상품만을 거래하는 투자자의 경우 간략한 투자자 정보 확인서를 사용할 수 있다.

해설 온라인의 경우에도 투자자 투자성향, 펀드의 위험도를 확인할 수 있는 시스템을 구축하여야 한다.

09 고객과 상담 중 니즈를 파악할 때의 체크포인트로 틀린 것은?

① 고객이 심문을 받는다는 인상을 갖지 않도록 상황에 맞게 질문한다.

② 세일즈맨이 고객의 니즈를 풀어 줄 수 있는 해결사라는 확신을 심어주어야 한다.

③ 고객이 대화의 30%를, 세일즈맨이 70%를 말하도록 하여 대화를 리드해야 한다.

④ No란 대답이 나올 수 있는 폐쇄형 질문은 피한다.

해설 반대로 고객이 스스로 말을 많이 하여 자신의 니즈를 자연스럽게 말하도록 유도해야 한다.

정답 04 ② 05 ① 06 ② 07 ① 08 ③ 09 ③

10 다음 중 폐쇄형 질문을 사용하기 좋은 타이밍으로 틀린 것은?

① 확대형, 개방형 질문에 고객의 반응이 없을 때
② 새로운 화제로 바꾸고 싶을 때
③ 고객의 시간적인 제약으로 빨리 결정을 유도해야 할 때
④ 고객이 자기의 니즈에 대해서 잘 이야기할 때

해설 고객이 자기의 니즈를 이야기할 때는 확대형 질문이 적절하다.

11 다음은 고객의 반감 처리 화법 중에서 어떤 화법에 해당하는가?

고객 : 지금 바쁘니 다음에 봅시다.
영업직원 : 바쁘실수록 재테크는 전문가에게 맡기시고 보다 여유로워지십시오.

① Yes, But 화법
② 부메랑법
③ 보상법
④ 질문법

해설 부메랑법에 대한 사례이다.

12 다음 중 고객의 반감 처리 화법에 해당하지 않는 것은?

① 양자택일법
② Yes, But 화법
③ 보상법
④ 질문법

해설 양자택일법은 상담 종결 화법에 해당한다.

13 다음 중 클로징의 필수 요건에 대한 설명으로 틀린 것은?

① 고객의 최종 결정을 요청한 후 영업직원은 침묵을 통해 답을 기다리는 마음을 전달한다.
② 상담 중에 고객이 나타내는 미세한 표정 등을 빠뜨리지 않아야 한다.
③ 클로징을 하기 전에 시험 클로징을 해서는 안 된다.
④ 각각의 고객 성향에 따라 클로징을 달리한다.

해설 클로징을 하기 전에 시험 클로징을 한다.

14 다음 중 상담 종결의 화법으로 적절하지 않은 것은?

① 추정승낙법
② 실행 촉진법
③ 양자 택일법
④ 보상법

해설 보상법은 고객 반감 처리 화법의 하나이다. 예를 들어 수익률에 대한 반감을 가진 고객에게 수익률은 별 차이가 없지만 서비스 이점을 비교할 것을 요청하는 화법이다.

15 다음은 어떤 고객 동의 확보 기술에 대한 설명인가?

> 고객이 이 상품을 선택했을 때의 이점과 선택을 하지 않았을 때의 손해를 대차대조표를 사용하여 비교 설명한다.

① 직설동의 요구법
② 이점 요약법
③ T–방법
④ 결과 탐구법

해설 T–방법(대차대조표 방법)에 대한 설명이다.

16 다음 중 고객응대 시 유의사항과 기본 매너에 대한 설명으로 틀린 것은?

① 매우 프로페셔널하게 느껴져야 한다.
② 간단한 인사는 15도, 보통 인사는 30도, 정중한 인사는 45도를 숙인다.
③ 자동차의 가장 상석은 우측 뒷자리이다.
④ 명함은 손윗사람이 손아랫사람에게 먼저 건넨다.

해설 ④는 반대로 설명하고 있다.

정답 10 ④ 11 ② 12 ① 13 ③ 14 ④ 15 ③ 16 ④

CHAPTER 04 직무윤리

TOPIC 1 직무윤리 일반

1. 직무윤리에 대한 이해

(1) 도덕적 딜레마와 윤리기준

① 도덕적 딜레마 : 옳고 그름을 판단하기가 어려운 상황

② 윤리기준 : 옳고 그름의 판단기준

(2) 법과 윤리

① 상호 불가분의 관계

② 법은 최소한의 윤리

③ 윤리 : '있어야 할 법', 자율성

④ 법 : '있는 그대로의 법', 강제성

(3) 기업윤리와 직무윤리

① 기업윤리 : 조직 구성원에 전체에 요구되는 거시적 개념 ; 윤리강령

② 직무윤리 : 조직 구성원 개개인에게 요구되는 미시적 개념 ; 임직원 행동강령

③ 윤리경영 : 직무윤리를 기업의 경영방식에 도입하는 것

④ 직무윤리를 금융투자회사의 자율적인 내부통제활동의 하나로 준수하도록 규정

(4) 윤리경영과 직무윤리가 강조되는 이유

① 환경의 변화 : 고도의 정보와 기술, 시스템으로 이루어진 사회이므로 윤리 위반 시 파국의 가능성이 있음

② 위험과 거래비용 : 직무윤리에 반하는 위험비용도 결국은 거래비용에 포함됨

③ 생산성 제고 : 생산성 제고를 통한 장기적 생존

④ 신종 자본 : 윤리를 공공재 및 무형의 자본으로 인식함

⑤ 인프라 구축 : 공정하고 자유로운 경쟁의 전제조건

⑥ 사회적 비용의 감소 : 비윤리적 행동은 더 큰 사회적 비용을 발생시킴

(5) 금융투자업에서의 직무윤리

① 산업의 속성 : 이해상충 가능성이 높음

② 상품의 특성 : 투자성(원본손실의 위험) 내포

③ 금융소비자의 질적 변화 : 정보 제공+금융소비자 보호 요구

④ 안전장치 : 금융투자업 종사자를 보호하는 안전장치 역할

2. 직무윤리의 기초 사상 및 국내외 동향

① 칼뱅 : 금욕적 생활윤리를 통한 부의 축적은 정당함

② 베버 : 프로테스탄티즘 강조, 자본주의는 탐욕의 산물이 아니라 합리적으로 자본을 축적하여 생긴 이윤 축적의 결과임

③ 윤리라운드 : 비윤리적 기업의 국제거래를 규제하는 다자간 협상

3. 본 교재에서의 직무윤리

(1) 금융투자업에서의 직무윤리의 적용대상

① 투자관련 직무에 종사하는 일체의 자에게 적용

② 회사와의 고용 여부 및 보수의 유무를 불문하고 적용

③ 고객과의 거래 혹은 계약 및 보수의 존부를 불문하고 적용

④ 잠재적 고객에 대해서도 적용

(2) 직무윤리의 성격

① 직무윤리 및 직무윤리기준은 자율규제의 성격을 가짐

② 자율규제이나 직무윤리 위반은 행정제재, 민사책임, 형사책임 등의 타율적 규제와 제재의 대상이 됨

(3) 직무윤리의 핵심

① 자신과 상대방의 이익충돌 시 상대방 이익의 입장에서 행동하라는 것

② 근본이 되는 2가지 원칙 : 고객우선의 원칙, 신의성실의 원칙

▪▪▪ TOPIC 2 금융투자업 직무윤리

1. 2대 기본원칙

① 고객우선의 원칙 : 금융투자상품은 위험성을 내포하므로 자본시장법은 투자자 보호를 명기함

② 신의성실의 원칙

㉠ 직무수행에 있어서 가장 중요한 원칙

㉡ 단순히 윤리적 의무에 그치지 않고 법적 의무로 승화

㉢ 금융소비자 보호 의무 : 상품 개발, 판매 및 판매 이후의 단계 모두에 적용

㉣ 직무윤리의 법제화 : 이해상충 방지의무, 금융소비자 보호의무

③ 신의성실원칙의 기능

㉠ 권리의 행사와 의무를 이행하는 데의 행위준칙

㉡ 법률관계를 해석하는 데 해석상의 지침

㉢ 법규의 형식적 적용에 의하여 야기되는 불합리와 오류를 시정하는 역할

㉣ 계약이나 법규에 불명확한 점이 있는 경우 이를 메워줌 예 투자위험이 있는 주식형 펀드를 판매하는 경우 법이나 계약과는 무관하게 고객에게 주식형 상품의 위험성을 설명해 주어야 함

ⓜ 권리의 행사가 신의칙에 반하는 경우 권리의 남용이 되어 권리행사로서의 법률효과가 인정되지 않음
ⓑ 의무의 이행이 신의칙에 반하는 경우 채무불이행이 되어 법적 책임을 짐
ⓢ 신의칙 위반이 법원에서 다투어지는 경우 이는 강행법규에 대한 위반이기 때문에 당사자가 주장하지 않더라도 법원은 직권으로 신의칙 위반 여부를 판단할 수 있음

2. 이해상충의 방지 의무

(1) 금융소비자 이익 최우선

① 신의성실의 의무, 이해상충 관리, 정보교류 차단 등으로 구체화
② 최선의 이익 : 적극적으로 고객의 이익을 위해 실현 가능한 최대한의 이익을 추구해야 함
③ 최선집행의무란 단순히 결과에 있어서 최대의 수익률을 의미하는 것은 아니며, 결과와 과정 모두 최선의 결과를 얻도록 노력한다는 뜻

(2) 이해상충 발생 원인

① 금융투자업자 내부 : 회사 공적 업무 VS 사적 업무
② 금융투자업자 VS 금융소비자
③ 금융투자업자 간 겸영 업무
④ 과당매매 : 대표적인 이해상충 사례
㉠ 영업실적을 올리기 위해 과도하고 빈번한 거래를 권유해서는 안 됨
㉡ 과도 거래 여부는 수수료의 총액, 투자자의 투자 목적, 투자자의 이해 여부, 권유 내용의 타당성을 종합적으로 고려
㉢ 단순히 수수료가 많이 발생한 것으로만 판단하지 않음

(3) 자본시장법상의 이해상충방지체계

① 의무적으로 갖춤(내부통제기준 마련)
② 이해상충 발생 가능성이 있는 경우 그 사실을 해당 투자자에게 알림
③ 투자자 보호에 문제가 없는 수준으로 낮춘 후 거래를 해야 함
④ 이해상충이 발생할 가능성을 낮추는 것이 곤란하다고 판단되는 경우에는 거래 금지

(4) 이익상충 시 원칙

고객이익 → 회사이익 → 임직원이익(고객 간에는 동등)

(5) 자본시장법상 정보교류 차단의무(Chinese Wall 구축)

① 금융투자업 간에 이해상충이 발생할 가능성이 큰 경우 금융상품 매매 정보제공 행위 금지
② 임직원의 겸직행위 금지
③ 공간 및 설비 공동이용행위를 금지
④ 예 금융투자업자의 고유재산의 운용정보와 고객의 자산인 신탁재산의 운용정보를 교류할 경우 이해상충이 발생할 가능성이 큼

(6) 조사분석자료의 작성 대상 및 제공의 제한

금융투자업자 자신이 발행하였거나 관련된 대상에 대한 조사분석자료 공표 및 제공 금지

(7) 자기거래의 금지

① 금융투자업종사자는 고객이 동의한 경우를 제외하고는 고객과의 거래당사자가 되거나 자기 이해관계인의 대리인이 되어서는 안 됨

② 고객의 이익에 부합하여 고객이 동의한 경우 제외

③ 다자가 거래하는 거래소를 통해 매매하는 경우, 자기가 판매하는 집합투자증권을 매수하는 경우는 자기계약금지규정이 적용되지 않음

3. 금융소비자 보호 의무

(1) 주의의무

① 고객의 업무를 수행할 때 그때마다의 구체적인 상황에서 전문가로서의 주의를 기울여야 하며, 업무가 행해진 시점의 상황을 전제로 판단하고 결과론적으로 판단하는 것은 아님

② 전문가는 일반인이나 평균인 이상의, 전문가집단에 평균적으로 요구되는 수준의 주의를 기울여야 함

③ 업무 수행에 주의를 기울이는 것은 사무 처리의 대가가 유상이건 무상이건 묻지 않고 요구됨

④ 신중한 투자자의 원칙 : 전문가로서의 주의를 기울여야 하는데, 예를 들어 포트폴리오 이론(분산투자)에 따라서 자산을 운용한다면 적법한 것으로 인정

⑤ 주의의무는 상품을 개발하는 단계부터 적용

(2) 금융소비자 보호 내부통제체계

① 금융소비자 보호 업무 : 내부통제제계구축 의무

㉠ 이사회 : 금융소비자보호에 관한 내부통제 기본방침

㉡ 대표이사 : 이사회가 정한 기본방침에 따라 내부통제체계 구축운용

㉢ 금융소비자보호 내부통제위원회 : 대표이사가 의장

㉣ 금융소비자보호 총괄기관 : 대표이사 직속 기관

② 금융소비자보호 총괄책임자(CCO)

㉠ 대표이사 직속의 독립적 지위

㉡ 금융소비자보호를 위한 절차 및 기준 수립

㉢ 민원접수 및 처리의 관리, 감독

(3) 상품개발 단계의 금융소비자 보호

① 사전협의절차 : 상품개발 부서, 상품마케팅 부서, 금융소비자 보호 업무 담당 부서

② 고객참여제도 채널 마련

(4) 상품판매 이전 단계의 금융소비자 보호

① 상품판매를 위한 교육훈련체계

② 상품 취급을 위한 자격 확인

(5) 상품판매 단계의 금융소비자 보호

① 신의성실의무 : 고객의 이익 우선

② 적합성의 원칙 : 금융투자업자는 일반투자자에게 투자권유를 하는 경우 일반투자자의 투자목적, 재산상황 및 투자경험 등에 비추어 적합한 투자대상을 선정하고 권유해야 함

투자권유 실행 순서(Know Your Customer Rule)
① 투자권유를 하기에 앞서 먼저 당해 고객이 투자권유를 원하는지 아니면 원하지 않는지를 확인하여야 함
② 일반투자자인지 전문투자자인지 확인
③ 투자를 권유하기 전에 고객의 재무상황, 투자경험, 투자목적 등을 파악
④ 정보를 파악하고 일반투자자로부터 서명 등의 방법으로 확인을 받아 관리
⑤ 확인받은 내용은 투자자에게 지체 없이 제공

③ 적정성의 원칙 : 투자성, 대출성, 보장성 상품을 판매하는 경우 적합성 원칙에 추가하여 적정성 원칙을 도입
㉠ 투자자에게 투자권유를 하지 아니하고 파생상품 등을 판매하려는 경우, 즉 고객이 스스로 가입을 요청하는 경우에 면담, 질문 등을 통하여 일반투자자의 투자목적, 재산상황 및 투자경험 등의 정보를 파악하고, 적정하지 아니하다고 판단되는 경우 그 사실을 알리고 서명 등의 방법으로 확인
㉡ 65세 이상의 고령이거나, 파생상품 이해도가 낮은 경우 숙려기간을 도입하고 별도의 확인절차를 진행하는 등 강화 추세

④ 설명의무 : 금융투자업종사자는 투자와 관련한 내용을 고지하고 중요사항(투자 여부의 결정에 영향을 미칠 수 있는 사항)에 대해서는 고객이 이해할 수 있도록 설명
㉠ 설명의무는 전문투자자에 대해서는 적용하지 않고 일반투자자에 대해서만 적용
㉡ 투자자로부터 설명 내용을 이해하였음을 서명, 기명날인, 녹취 등의 방법으로 확인받아야 함(투자설명서는 사전에 제공)
㉢ 설명의무 위반으로 인하여 발생한 손해는 배상할 책임 있음
㉣ 투자자의 투자경험과 지식수준 등 이해수준을 고려하여 정도를 달리하여 설명 가능함
㉤ 설명을 하였으나 주요 손익구조 및 손실위험을 이해하지 못할 경우 투자권유 중단
㉥ 설명서의 수령을 거부하는 경우 등을 제외하고 투자자에게 설명서를 반드시 교부
㉦ 해외자산에 투자하는 집합투자기구의 경우 일반적 위험 외에 투자 대상국 정보, 환율변동 위험, 환헤지 여부, 목표 환헤지 비율, 환헤지를 하더라도 시장상황에 따라 손실이 발생할 수 있다는 사실 등에 대한 설명을 포함
㉧ 고객이 약관에 대한 명시 및 설명이 없었다는 것을 주장하면 사업자 측에서 명시 및 설명하였음을 입증해야 함

⑤ 부당권유의 금지
㉠ 합리적 근거의 제공
- 금융투자업 종사자의 고객에 대한 투자정보 제공 및 투자권유는 그에 앞서 정밀한 조사, 분석에 의한 자료에 기하여 합리적이고 충분한 근거에 기초해야 함
- 불확실한 사항에 대하여 단정적 판단을 제공하거나 확실하다고 오인하게 할 소지가 있는 내용을 알리는 행위는 부당권유로 보고 금지함

㉡ 적정한 표시 의무
- 투자정보를 제시할 때에는 사실과 의견을 구별 : 공표된 기업실적은 사실, 장래의 수익예상은 의견
- 중요 사실에 대한 정확한 표시의 방법은 문서에 의하건 구두 또는 이메일 등에 의하건 방법을 불문

- 투자성과보장 등에 관한 표현의 금지
  - 투자성과를 보장하는 듯한 표현의 사용 금지
  - 강행규정으로 금지 : 손실을 사후에 보전, 이익을 사전에 약속, 일정한 이익을 사후에 제공
  - 손실부담을 약속하여 권유가 이루어진 경우 고객이 위탁하지 않더라도 규정 위반
- 허위, 과장, 부실표시의 금지
  - 운용실적을 제시한 기간을 조작하여 과장하는 행위 금지
  - 여러 기준 중에서 자의적으로 선택하여 고객을 오인하는 것도 허용되지 않음

㉢ 요청하지 않은 투자권유의 금지

- 금융투자업종사자는 고객으로부터의 요청이 없으면 방문, 전화 등의 방법에 의하여 투자권유 등을 하여서는 안 됨
- 고객 요청이 없는 경우에도 투자자 보호 및 건전한 질서를 해할 우려가 없는 행위로 증권과 장내파생상품의 경우에는 금지하지 않음(장외파생상품 금지)
- 투자권유를 거부하면 투자권유를 금지
- 투자권유 거부 후 권유 금지의 예외
  - 1개월이 지난 후에 다시 투자권유
  - 다른 종류의 금융투자상품 권유

㉣ 손실보전 등의 금지

- 사전에 준법감시인에게 보고 후 손실 보상 및 손해 배상할 수 있는 경우
  - 회사의 위법행위로 회사가 손해를 배상
  - 회사가 자신의 위법행위 여부가 불명확한 경우 사적 화해수단으로 손실을 보상
- 분쟁조정 및 재판상의 화해절차에 따라 손실 보상하거나 손해를 배상

㉤ 권한남용의 금지 : 금융투자회사의 우월적 지위 남용 금지

(6) 상품판매 이후 단계의 금융소비자 보호

① 보고 및 기록의무 : 고객으로부터 위임받은 업무에 대하여 그 결과를 고객에게 지체 없이 보고

㉠ 처리결과의 보고의무

- '지체 없이'란 개별 사안에 따라 필요한 최소한의 시간을 판단
- 보고의 방법은 제한이 없으나 객관적 증빙을 남겨야 함

㉡ 기록 및 증거유지 의무 : 필요한 기록 및 증거물을 절차에 따라 보관

② 정보의 누설 및 부당이용 금지

㉠ 고객의 정보를 다른 사람에게 누설하여서는 아니 되며 이는 그 이용의 부당성 여부를 불문하고 고객정보를 누설하는 행위 그 자체를 금지. 매매주문동향 등 직무와 관련하여 알게 된 고객정보를 자기 또는 제3자의 이익을 위하여 부당하게 이용 금지

㉡ 신용정보법 : 금융소비자의 신용정보 보호

㉢ 개인정보보호법 : 정보보호의 범위를 개인정보로 확대

③ 공정성 유지의무

㉠ 금융소비자를 공평하게 취급

㉡ 공평은 동일이란 의미가 아닌 공정의 의미

㉢ 금융소비자의 투자목적, 지식, 경험에 따라 정보를 적절히 차별 제공 가능

㉣ 동일한 성격을 가진 금융소비자군에 대하여 서비스 등이 동일하면 공정성 유지

④ 관련 제도

㉠ 판매 후 모니터링 제도(해피콜 서비스) : 판매 후 7영업일(7일 ×) 이내 제3자가 확인

㉡ 고객의 소리

㉢ 미스터리쇼핑 : 불완전판매행위 발생 확인

㉣ 위법계약해지권

- 청약철회권 : 금융회사에 귀책사유 없음 – 계약 체결 전
- 위법계약해지권 : 금융회사에 귀책사유 있음 – 계약 체결 후(위법사실을 안 날로부터 1년 이내로, 계약 후 5년 이내)

㉤ 법원의 소송 중지 : 분쟁 조정 중인 경우 소송절차를 중지(의무는 아님)

㉥ 소액분쟁사건 분쟁조정 이탈금지 : 2천만원 이내 소액분쟁 중인 경우 금융회사가 소송 제기 불가

4. 본인, 회사 및 사회에 대한 윤리

(1) 본인에 대한 윤리

① 법규 준수

㉠ 법에 대한 무지는 변명이 되지 않음

㉡ 법규는 한국금융투자협회와 같은 자율규제기관이 만든 규정과 회사의 사규도 포함

㉢ 법조문은 물론이며 법정신과 취지도 포함

② 자기혁신

③ 품위유지

④ 공정성 및 독립성 유지 : 조사분석업무는 독립적으로 수행할 수 있도록 내부통제기준 제정

⑤ 사적이익 추구금지

㉠ 적법한 보수나 수수료 이외에 투자자 또는 거래상대방에게 직간접으로 재산상의 이익을 제공하거나 제공받는 행위는 불건전한 영업행위로 금지됨(한도규제는 폐지)

㉡ 금융투자회사가 자율적으로 정한 일정 금액을 초과하여 재산상 이익을 제공하는 경우 적정성 평가

- 사회적으로 일반인이 통상적으로 이해되는 범위 내 가능
- 예 사용 범위가 공연, 운동경기 관람, 도서음반 구입 등 문화활동으로 한정된 상품권 가능

㉢ 수수료 및 성과보수의 제한

- 조사분석자료 작성 담당자에게 기업금융업무와 연동된 성과보수를 지급하는 것은 불건전 영업행위
- 성과보수를 받는 행위

※ 다만 투자자문(일임)업자는 투자자 보호에 문제가 없는 경우 계약서류에 성과보수 산정방식을 기재하여 받을 수 있음

㉣ 직무관련정보를 이용한 사적 거래 제한

㉤ 직위의 사적 이용 금지 : 일상적인 경우 가능(예 경조사 봉투에 회사명 및 직위 기재)

(2) 회사에 대한 윤리

① 상호존중

㉠ 임직원은 서로 존중하고 원활한 의사소통과 적극적 협조 자세 견지

㉡ 성희롱 방지 : 넓은 의미의 품위유지에도 해당하나 그 이상

② 공용재산의 사적 사용 및 수익금지 : 회사의 재산은 매우 넓은 개념으로 동산, 부동산, 무체재산권, 영업비밀과 정보, 고객관계, 영업기회와 같은 유무형이 모두 포함됨

③ 경영진의 책임
　㉠ 직무윤리 준수를 위한 지도와 지원의무
　㉡ 사용자책임 및 관리감독책임 : 사용자와 그 중간감독자가 감독에 상당한 주의를 하였음을 입증하지 못하면 피용자의 불법행위에 대해 피해자에게 손해배상책임을 짐
④ 정보보호
　㉠ 회사의 업무정보와 고객정보를 안전하게 보호, 관리
　㉡ 필요성에 의한 제공원칙 : 비밀정보를 제공하는 경우에는 필요성에 의한 제공원칙에 부합하는 경우에 한하여 준법감시인의 사전 승인을 받아 제공하며 필요한 최소한의 범위 내에서만 제공
　㉢ 불명확한 경우 일단 비밀정보로 분류
　㉣ 비밀정보는 정보교류차단의 원칙(Chinese Wall)에 의거 관리
⑤ 위반행위의 보고 : 내부제보
⑥ 대외활동
　㉠ 대외활동 시에는 회사, 주주, 고객과 이해상충이 발생하지 않도록 함
　㉡ 대외활동 성격에 따라 소속 부점장, 준법감시인, 대표이사의 사전승인 필요
　㉢ 이메일과 같은 전자통신수단을 고객과 이용하는 경우 사용 장소에 관계없이 표준내부통제기준 및 관계법령 등의 적용을 받음
　㉣ 회사의 공식의견이 아닌 경우 사견임을 표현할 것
⑦ 고용계약 종료 후의 의무 : 퇴직 이후에도 합리적인 기간 동안 회사의 이익을 해치는 행위 불가

(3) 사회 등에 대한 윤리

① 시장질서 존중
　㉠ 시장질서 교란행위 규제
　㉡ 대상자 : 과거 미공개 중요정보의 내부자, 준내부자, 1차 수령자+미공개 중요정보임을 알고 받거나 전달한 자로 확대
　㉢ 과거 '불공정거래행위'와는 달리 개정 자본시장법은 목적성이 없더라도 시세에 부당한 영향을 주는 행위로 포괄적으로 정의(예 프로그램 오류로 대량의 거래가 체결되어 시세를 급변시킨 경우도 제재 가능)
② 주주가치 극대화 : 주주의 이익보호를 위하여 회사의 가치를 높임
③ 사회적 책임

▪▪▪ TOPIC 3 직무윤리의 준수절차 및 위반 시의 제재

1. 내부통제

(1) 개요

① 관련 제도 : 직무윤리를 금융투자회사의 자율적인 내부통제활동의 하나로 인식
　㉠ 내부통제 : 회사의 임직원이 업무수행 시 법규를 준수하고 조직운영의 효율성 제고 및 재무보고의 신뢰성 확보를 위하여 회사 내부에서 수행하는 모든 절차와 과정

ⓒ 내부통제의 하나인 준법감시(compliance) 제도는 회사의 임직원이 고객 재산의 선량한 관리자로 최선을 다하는지, 제반 법규를 준수하고 있는지에 대하여 사전적 또는 상시적으로 통제, 감독하는 장치

ⓒ 사후적 감독제도인 감사와는 달리 내부통제는 사고 예방 등의 목적을 위해 도입

② 내부통제기준

㉠ 금융회사지배구조법은 금융투자업자에 대하여 내부통제기준을 설치하여 운영할 것을 법적 의무로 요구

㉡ 금융투자업자는 내부통제기준을 제정하거나 변경하려는 경우 이사회의 결의를 거침

㉢ 단순 자구수정 등 실질적인 내용의 변경이 없는 경우 이사회 보고로 갈음 가능

(2) 내부통제의 주체별 역할

① 이사회 : 내부통제체제 구축 및 운영 기준을 정함

② 대표이사 : 내부통제체제의 구축, 유지, 운영 및 감독

③ 준법감시인

㉠ 내부통제기준의 준수 여부를 점검하고 내부통제기준을 위반하는 경우 이를 조사하여 감사위원회 또는 감사에게 보고하는 자

㉡ 이사회 및 대표이사의 지휘를 받아 업무를 수행하며 대표이사(또는 감사위원회)에 제한 없이 보고

④ 지점장 : 내부통제업무의 적정성을 정기적으로 보고하며 대표이사는 보고받는 업무를 준법감시인에게 위임할 수 있음

⑤ 임직원 : 위반을 인지하는 경우 즉시 보고

⑥ 내부통제위원회

㉠ 대표이사를 위원장으로, 준법감시인 등을 위원으로 함

㉡ 내부통제 점검 결과의 공유 및 개선 방안 검토

㉢ 설치 예외 : 자산 5조원 미만인 금융투자업자, 보험회사, 여신전문금융회사

(3) 준법감시체제의 운영

① 효율적인 준법감시체제 구축

② 준법감시 프로그램의 운영

㉠ 법개정 등에 따른 적시적 보완

㉡ 내부통제보고서를 대표이사에게 정기적으로 보고

(4) 준수사항

① 준법서약 및 임직원 교육

② 윤리강령 제정 및 운영

③ 임직원 겸직에 대한 평가, 관리

④ 내부제보제도 운영 : 인사상 불이익 금지

⑤ 명령휴가제도 : 금융사고 발생 우려가 높은 업무를 수행하고 있는 임직원을 대상으로 일정 기간 휴가를 명령하고 업무수행 적정성을 점검하는 제도

⑥ 직무윤리기준 및 신상품 도입 관련 업무절차

⑦ 영업점에 대한 내부통제

㉠ 준법감시업무를 위하여 영업점별 영업관리자 지명

㉡ 영업관리자는 1년 이상 경력자로 지점장이 아닌 책임자일 것

(5) 내부통제기준 위반 시 회사의 조치 및 제재

① 개인 : 위반자뿐만 아니라 지시, 묵인, 은폐, 고의로 보고하지 않은 자 포함

② 내부통제기준 위반 시 회사에 대한 조치

㉠ 1억원 이하의 과태료

- 내부통제기준을 마련하지 않은 경우
- 준법감시인을 선임하지 않은 경우
- 이사회 결의 없이 준법감시인을 임면한 경우

㉡ 3천만원 이하 과태료

- 준법감시인 보수 및 평가기준이 없는 경우
- 준법감시인이 겸직이 불가한 업무를 겸직한 경우

㉢ 2천만원(1천만원 ×) 이하 과태료 : 준법감시인 임면 사실을 금융위에 보고하지 않은 경우

2. 직무윤리 위반행위에 대한 제재

① 자율규제

㉠ 금융투자협회는 회원 간의 건전한 영업질서 유지 및 투자자 보호를 위한 자율규제업무를 담당

㉡ 회원의 임직원에 대한 제재의 권고 포함

② 행정제재

㉠ 행정제재는 금융감독기구인 금융위원회, 증권선물위원회, 금융감독원 등에 의한 제재가 중심

㉡ 자본시장법상 금융위원회의 금융투자업자의 임직원에 대한 조치권 포함

③ 민사책임

㉠ 법률행위의 실효 : 중대한 하자가 있는 경우에는 무효, 가벼운 하자가 있는 경우에는 취소

해제	일시적 거래, 계약이 소급적으로 실효
해지	지속적 거래, 해지 시점부터 계약이 실효

㉡ 손해배상

- 계약책임은 계약관계 당사자 사이의 계약 위반을 이유로 함
- 불법행위책임은 계약관계의 존부를 불문하고 고의 또는 과실의 위법행위로 타인에게 손해를 가한 경우를 말하고, 가해자는 피해자에게 발생한 손해를 배상함

④ 형사책임

㉠ 형사처벌은 법에서 명시적으로 규정하고 있는 것에 한정(죄형법정주의)

㉡ 행위자와 법인 양자 모두를 처벌하는 양벌규정을 두는 경우가 많음

⑤ 시장의 통제 : 신뢰 상실, 명예 실추

출 / 제 / 예 / 상 / 문 / 제

01 직무윤리와 기업윤리에 대한 설명으로 틀린 것은?

① 기업윤리는 경영전반에 걸쳐 조직의 모든 구성원들에게 요구되는 윤리적 행동을 강조한다.
② 직무윤리는 조직 구성원 개개인들이 자신의 업무수행 과정에서 지켜야 되는 윤리를 의미한다.
③ 기업윤리는 미시적 개념으로 임직원 행동강령의 형태로 나타난다.
④ 직무윤리는 윤리의 개념을 업무와 직접적인 관련성을 높여 실질적인 의미를 갖도록 만든다.

해설 기업윤리는 거시적 개념으로 윤리강령의 형태로 나타난다.

02 다음 중 윤리경영과 직무윤리에 대한 설명으로 틀린 것은?

① 청탁금지법(김영란법)은 공직자 등이 금품 등을 수수하는 경우 직무관련성, 대가성이 없더라도 제재가 가능하다.
② 경제주체는 눈에 보이는 비용 외에 위험비용까지를 거래비용에 포함시켜 판단한다.
③ 직무윤리는 오늘날 새로운 무형의 자본이 되고 있다.
④ 윤리는 필요하나 윤리를 준수하기 위해 사회적 비용이 증가하게 된다.

해설 비윤리적 행동이 더 큰 사회적 비용을 가져온다.

03 금융투자업에서 특히 직무윤리가 강조되는 이유로 옳지 않은 것은?

① 이해상충의 발생 가능성이 높다.
② 금융투자상품은 투자성을 가지고 있다.
③ 금융투자상품이 전문화, 복잡화, 다양화되고 있다.
④ 금융투자업자를 보호하는 안전장치 역할을 한다.

해설 금융투자업 종사자를 보호하는 안전장치 역할을 한다.

04 다음 중 직무윤리의 핵심이 되는 2가지 원칙은 무엇인가?

① 신의성실의 원칙, 고객우선의 원칙
② 과당매매 금지의 원칙, 신의성실의 원칙
③ 이해충돌 방지의 원칙, 고객우선의 원칙
④ 고객이익 최우선 원칙, 금융소비자보호 원칙

해설 신의성실의 원칙과 고객우선의 원칙이 해당한다.

05 다음 중 신의성실의무에 대한 설명으로 틀린 것은?

① 신의성실은 권리 행사 및 의무 이행에 행위준칙이 된다.
② 신의성실의무는 윤리적 의무로 법적인 의무는 아니다.
③ 신의성실의 원칙은 금융상품의 개발단계부터 판매단계 및 판매 이후의 단계까지 모든 단계에 걸쳐 적용된다.
④ 신의칙과 관련하여 법원에서 다투어지면 당사자 주장이 없더라도 법원은 직권으로 신의칙 위반 여부를 판단할 수 있다.

해설 신의성실의무는 법적인 의무에도 해당한다.

06 금융투자업에서 이해상충방지의무에 대한 설명으로 틀린 것은?

① 금융투자업자는 이해상충방지체계를 갖출 것이 의무화되어 있다.
② 과당매매는 대표적인 이해상충 사례이다.
③ 고객의 동의가 있는 경우에는 자기거래가 가능하다.
④ 이해상충 발생 가능성이 있다면 고객에게 충분히 설명하고 거래한다.

해설 단순히 알리는 것뿐만 아니라 이해상충 문제가 없는 수준으로 낮춘 후 거래해야 한다.

07 다음 중 상품판매 이전 단계의 금융소비자 보호 내용에 해당하는 것은?

① 적합성 원칙　　② 보고 및 기록의무
③ 정보누설 및 부당이용금지　　④ 공정성 유지의무

해설 ②~④는 상품판매 이후의 금융소비자 보호 관련 내용이다.

정답 01 ③　02 ④　03 ④　04 ①　05 ②　06 ④　07 ①

08 다음 투자권유(KYC)의 실행 순서로 바른 것은?

가. 투자권유를 원하는지 확인
나. 일반투자자 여부 확인
다. 투자목적, 재산상황, 투자경험 확인
라. 파악된 정보를 서명 등 방법으로 확인
마. 확인받은 내용을 지체 없이 투자자에게 제공

① 나－가－다－라－마
② 가－나－다－라－마
③ 다－나－가－라－마
④ 가－다－나－라－마

해설 투자권유를 원하는지 확인부터 시행하게 된다.

09 상품판매 단계에서 적용되는 설명의무에 대한 설명으로 틀린 것은?

① 계약의 해제나 해지에 대한 사항은 설명의무 사항이 아니다.
② 금융투자상품의 내용, 투자위험 및 중요사항을 일반투자자가 이해할 수 있도록 설명한다.
③ 중요사항이란 투자 여부의 결정에 영향을 미칠 수 있는 사항을 말한다.
④ 설명을 한 후에는 금융소비자로부터 기명날인 등의 방법으로 확인을 받아야 한다.

해설 계약의 해제나 해지는 당연 설명의무 사항이다.

10 해피콜제도는 금융소비자가 상품 가입 후 며칠 이내에 판매직원이 아닌 제3자가 전화를 통해 불완전판매 여부를 확인하는 제도인가?

① 7일
② 7영업일
③ 15일
④ 15영업일

해설 7영업일 이내에 해피콜제도를 실시한다. 참고로 불완전판매보상제도는 금융소비자가 상품 가입 후 15일 이내에 불완전판매행위를 인지한 경우 금융투자회사에 배상을 신청할 수 있는 제도로, 두 제도의 기간을 구분하여 암기하여야 한다.

11 금융투자회사의 영업 및 업무에 관한 규정에서 정하고 있는 부당한 재산상 이익의 제공에 해당하지 않는 것은?

① 자산운용사 직원이 펀드판매사 직원에게 백화점상품권을 제공하는 경우
② 제조업체의 고유재산관리를 담당하는 직원에게 문화상품권을 제공하는 경우
③ 거래상대방만 참석한 여가 및 오락활동 등에 수반되는 비용을 제공하는 경우
④ 금융투자회사의 직원이 금융소비자에게 펀드 판매사 변경을 유도하고 현금을 제공하는 경우

해설 문화활동을 할 수 있는 용도로만 정해진 문화상품권의 제공은 부당한 재산상 이익의 제공에서 제외된다.

12 다음 금융투자회사의 표준윤리준칙에서 빈칸에 들어갈 말을 순서대로 바르게 나열한 것은?

> "회사와 임직원은 (   )와(과) (   )을(를) 가장 중요한 가치관으로 삼고, (   )에 입각하여 맡은 업무를 충실히 수행하여야 한다."

① 수익 – 비용 – 효율성의 원칙
② 공정 – 공평 – 기회균등의 원칙
③ 합리 – 이성 – 독립성의 원칙
④ 정직 – 신뢰 – 신의성실의 원칙

해설 정직, 신뢰, 신의성실의 원칙이 옳게 나열된 것이다.

13 다음 중 적정성 원칙이 적용되지 않는 금융상품은?

① 보장성 상품　　② 투자성 상품
③ 예금성 상품　　④ 대출성 상품

해설 예금성 상품은 적정성 원칙이 적용되지 않는다.

정답 08 ②　09 ①　10 ②　11 ②　12 ④　13 ③

14 다음 중 손실보전 관련 내용으로 금지되는 것을 모두 고르시오.

가. 손실의 전부 또는 일부를 사후에 보전하기로 약속
나. 손실의 전부 또는 일부를 사후에 보전
다. 이익을 사전에 보장
라. 이익을 사후에 제공

① 가, 나, 다, 라
② 다, 라
③ 나, 다, 라
④ 가, 나, 다

해설 이익, 손실, 사전, 사후 모두 금지된다.

15 다음 중 투자권유와 관련된 설명으로 틀린 것은?

① 실적을 좋게 보이기 위하여 부풀려진 실적을 제시하는 것은 금지된다.
② 투자권유를 거부하더라도 1개월이 지나면 재권유가 가능하다.
③ 투자권유 요청이 없더라도 방문하여 장외파생상품을 권유할 수 있다.
④ 투자권유를 거부하더라도 다른 종류의 금융투자상품은 권유가 가능하다.

해설 장외파생상품은 투자권유 요청이 있어야 한다.

16 다음 중 금융투자업 종사자가 고객에게 투자를 권유하는 경우 따라야 할 기준에 대한 설명으로 틀린 것은?

① 투자권유 시 환경 변화가 발생하더라도 일관성 있는 투자권유를 위해 당해 정보를 변경하여서는 안 된다.
② 투자권유 전 고객의 투자목적 등에 관하여 조사하여야 한다.
③ 고객을 위하여 각 포트폴리오 또는 각 고객별로 투자권유의 타당성과 적합성을 검토한다.
④ 파생상품 등과 같이 투자위험성이 큰 경우 일반 금융투자상품에 요구되는 수준 이상의 각별한 주의가 필요하다.

해설 투자권유가 환경 및 시장상황의 변화를 반영하도록 변경하여야 한다.

17 다음 중 본인, 회사 및 사회에 대한 윤리로서 그 종류가 다른 것은 무엇인가?

① 법규준수 ② 품위유지
③ 사적이익 추구금지 ④ 상호존중

해설 상호존중은 회사에 대한 윤리에 해당하며 나머지는 본인에 대한 윤리에 해당한다.

18 품위유지, 공정성 및 독립성 유지에 대한 설명으로 틀린 것은?

① 품위유지는 신의성실의 원칙과도 연결이 된다.
② 금융투자업 종사자는 독립성을 유지해야 한다. 다만 부당한 지시가 상급자인 경우에는 면책이 된다.
③ 독립성을 유지해야 하는 대표적인 업무 중 하나는 조사분석업무이다.
④ 온정주의나 타협주의가 공정성과 독립성을 해치는 가장 큰 걸림돌이다.

해설 부당한 명령이나 지시는 거절하여야 한다. 이는 독립성을 말하며, 객관성을 유지하기 위해 합리적 주의를 기울여야 한다는 것이다. 즉 상급자의 지시라고 면책이 될 수 있는 것은 아니다.

19 정보보호와 비밀정보의 관리에 관한 내용으로 틀린 것은?

① 회사의 경영에 중대한 영향을 미칠 수 있는 정보는 기록 유무에 관계없이 비밀정보에 해당한다.
② 비밀정보의 제공은 그 필요성이 인정되는 경우에 한하여 사전승인 절차에 따라 이뤄진다.
③ 비밀정보인지 불명확한 경우 일단 비밀정보로 관리되어야 한다.
④ 정보관리를 위한 정보교류 차단을 위해 모든 임원의 겸직을 금하고 있다.

해설 겸직 금지가 원칙이나 대표이사, 감사, 사외이사가 아닌 감사위원회의 위원은 제외가 된다.

정답 14 ① 15 ③ 16 ① 17 ④ 18 ② 19 ④

20 다음 중 금융투자업 종사자의 대외활동과 관련된 설명으로 틀린 것은?

① 회사의 공식의견이 아닌 경우 사견임을 명백히 표현하여야 한다.
② 대외활동은 외부강연, 기고, 언론매체 접촉활동을 포함한다.
③ 대외활동 시 부점장, 준법감시인 등의 사전승인을 받아야 한다.
④ 사외 대화방 참여는 개인 문제이므로 규제받지 않는다.

해설 사외 대화방 참여는 공중포럼으로 간주되어 언론기관과 접촉할 때와 동일한 윤리기준을 준수하여야 한다.

21 다음은 무엇에 대한 설명인가?

> 회사의 임직원이 업무수행 시 법규를 준수하고 조직운영의 효율성 제고 및 재무보고의 신뢰성 확보를 위하여 회사 내부에서 수행하는 모든 절차와 과정

① 내부통제
② 준법감시
③ 이해충돌방지제도
④ 금융소비자보호 제도

해설 내부통제에 대한 설명이다.

22 다음 중 내부통제제도에 대한 설명으로 틀린 것은?

① 준법감시제도는 내부통제의 하나이다.
② 준법감시제도는 사후적으로 통제 · 감독하는 제도이다.
③ 금융투자업자는 내부통제기준을 제정하거나 변경하는 경우 이사회 결의를 요한다.
④ 내부통제기준을 마련하고 운영하는 것은 지배구조법상 법적 의무이다.

해설 준법감시제도는 감사와는 다르게 사전적, 상시적으로 통제 및 감독하는 장치이다.

23 준법감시인에 대한 다음 설명 중 틀린 것은?

① 준법감시인은 이사회 및 대표이사의 지휘를 받아 내부통제업무를 수행한다.
② 준법감시인 임면 시 금융위원회에 보고한다.
③ 준법감시인은 준법감시업무의 일부를 임직원에게 위임하지 않고 독립적으로만 수행하여야 한다.
④ 임기는 2년 이상이다.

해설 부점별로 한계를 구분하여 위임할 수 있다.

24 내부통제기준 위반 시 회사의 조치 및 제재로서 2천만원 이하의 과태료 부과대상인 것은?

① 내부통제기준을 마련하지 아니한 경우
② 준법감시인을 두지 아니한 경우
③ 준법감시인을 선임하지 않은 경우
④ 준법감시인 임면 사실을 보고하지 않은 경우

해설 나머지는 1억원 이하의 과태료 부과 대상으로 좀 더 엄중한 위반에 해당한다.

25 직무윤리 위반행위에 대한 제재로 틀리게 설명한 것은?

① 금융투자협회는 회원인 금융투자업자의 임직원을 직접 제재할 수 있다.
② 행정제재는 금융위원회, 증권선물위원회 등의 제재가 중심이 된다.
③ 불법행위책임은 계약관계의 존부를 불문한다.
④ 형사처벌은 행위자 및 법인 모두를 처벌하는 양벌규정을 두는 경우가 많다.

해설 회원의 임직원에 대한 제재의 권고가 가능하다.

정답 20 ④ 21 ① 22 ② 23 ③ 24 ④ 25 ①

CHAPTER 05

투자자분쟁예방

International Trade Specialist PART 01

TOPIC 1 분쟁예방을 위한 시스템

1. 집합투자증권

(1) 선관의무 등－고객이익 최우선의 원칙

① 신의성실의 원칙에 따라 금융투자업을 영위, 정당한 사유 없이 고객의 이익을 해하면서 자신 또는 제3자가 이익을 얻도록 하지 않을 것

② 선관의무 : 투자자에 대하여 선량한 관리자의 주의로써 집합투자재산을 운용

③ 충실의무 : 투자자의 이익을 보호하기 위하여 해당 업무를 충실하게 수행

④ 이해충돌이 발생할 경우(예 수수료가 높은 상품 위주 판매)

㉠ 고객의 이익 최우선

㉡ 회사의 이익은 임직원의 이익에 우선

㉢ 고객의 이익은 상호 동등

⑤ 이해상충 발생 가능성이 있는 경우(예 D그룹 CP 판매)

㉠ 투자자에 알리고

㉡ 최대한 낮추고

㉢ 가능성을 낮추는 것이 곤란한 경우 거래하지 않음

(2) 소속회사에 대한 충실의무

① 회사의 승인 없이 회사와 이해상충 관계에 있는 지위를 맡거나 업무수행 금지

② 고용계약 기간이 종료된 경우 직무상 알게 된 비밀정보 등을 반납

(3) 정확한 정보 제공의무

① 고객에게 불리한 정보도 제공

② 고지 및 설명의무를 위반한 경우 회사 또는 직원이 손해배상책임을 질 수 있음

2. 금융투자상품 판매와 관련한 일반기준

(1) 고객에 관한 정보

① 고객에 관한 사항이 비밀정보인지 여부가 불명확할 경우 비밀정보인 것으로 취급

② 고객의 매매주문 동향과 같은 동적 정보도 자기 또는 제3자의 이익을 위하여 이용 금지

(2) 회사의 정보

① 회사 비밀정보를 관련 법령에 따라 제공하는 경우 준법감시인의 사전승인을 받아 직무수행에 필요한 최소한의 범위 내에서 제공

② 회사로부터 사전허락을 받아 강연, 방송 등에 참여하는 경우 의견개진 내용 및 원고 등을 준법감시인의 사전승인을 받은 후 사용

3. 개인정보보호법

① 신용정보법, 금융실명법 등의 특별법에 정함이 없으면 일반법으로 개인정보보호법을 적용

② 개인정보 : 성명, 주민등록번호 및 영상 등 개인을 알아볼 수 있는 정보

③ 민감정보 : 건강상태, 진료기록, 병력, 정당 가입 등

④ 개인정보처리자는 목적에 필요한 최소한의 개인정보를 수집

⑤ 개인정보의 익명처리가 가능한 경우 익명으로, 주민등록번호는 내외부망 구분 없이 암호화하여 안전하게 보관

⑥ 개인정보 유출에 대한 처벌 강화 : 징벌적 손해배상제도 도입으로 피해액의 3배까지 배상액 중과가 가능하며 개인정보 유출피해를 구체적으로 입증하지 못하더라도 300만원 이내를 보상(법정 손해배상제도 도입)

4. 금융소비자 보호

① 금융소비자 : 금융회사와 거래하고 있는 당사자뿐만 아니라 잠재적 고객도 포함

② 금융소비자 보호의 필요성

㉠ 금융소비자가 금융상품의 공급자에 비해 교섭력이 떨어지기 때문

㉡ 정보의 비대칭 : 금융회사와 소비자 간의 정보력 차이

TOPIC 2 준수절차 및 위반 시 제재

1. 내부통제기준 – 준법감시제도

① 내부적 통제로서의 준법감시제도 : 선관주의의무, 제반 법규 준수 여부에 대해 사전적 또는 사후적 통제, 감독

② 상시적인 내부통제시스템을 통한 사전적인 예방장치

③ 모든 금융투자업자는 적절한 내부통제기준을 정해야 함

2. 직무윤리 및 내부통제기준 위반에 대한 제재

① 벌칙

㉠ 벌금 : 형법상 제재(예 미등록 상품 판매)

㉡ 과징금 : 행정법상 제재(예 설명의무 위반, 부당권유, 광고 규정 위반 – 행위자의 소속 법인 및 개인에 양벌규정 적용 가능)

㉢ 과태료 : 행정법상 제재(금액 상한)

② 행정제재 : 금융위원회의 지점폐쇄, 기관경고, 고발 등

③ 자율규제기관에 의한 제재 : 금융투자협회의 임직원 인사조치 등 권고

④ 회사 자체의 제재조치

⑤ 민사책임 : 설명의무를 위반한 경우 이로 인하여 발생한 일반투자자의 손해를 배상

3. 분쟁조정제도

(1) 분쟁조정의 효력

① 당사자가 수락하는 경우 효력 발생

② 금융감독원 금융분쟁조정위원회 : 재판상 화해 효력

③ 한국거래소, 금융투자협회의 분쟁조정위원회 : 민법상 화해계약 효력

(2) 분쟁조정제도

① 금융감독원장은 분쟁조정의 신청을 받을 날부터 30일 내 합의가 이루어지지 아니하는 경우 지체 없이 조정위원회 회부(분쟁조정위원회에 분쟁의 양 당사자는 제외됨)

② 조정위원회 : 60일 이내 심의 조정안 작성

(3) 금융투자협회 분쟁조정제도 – 위원회 회부 전 종결처리 사유

① 수사기관 수사 중, 법원에 제소

② 다른 분쟁조정기관에 조정신청

③ 이해관계가 없는 자가 조정신청

④ 동일한 내용으로 재신청

⑤ 신청서 허위 등

▪▪▪ TOPIC 3 주요 분쟁사례 분석

1. 금융투자상품 관련 분쟁

(1) 분쟁 관련 금융투자상품의 내재적 특성

① 원금손실 가능성

② 투자결과에 대한 본인 책임

③ 투자상품에 대한 지속적인 관리 요구

(2) 금융투자상품 관련 분쟁의 유형

① 임의매매 : 고객의 매매주문 없이 금융회사 직원이 마음대로 매매

② 일임매매 : 일임계약 취지를 위반하여 수수료 수입 목적으로 과도한 매매

③ 부당권유 : 설명의무 이행하지 않고 부당한 권유

④ 집합투자증권 등 불완전판매 : 적합성 원칙, 적정성 원칙, 설명의무 등 미이행

출 / 제 / 예 / 상 / 문 / 제

01 다음 중 금융투자상품의 권유, 판매 관련 의무에 대한 설명으로 가장 거리가 먼 것은?

① 선관의무
② 고객이익 최우선의 원칙 준수
③ 이해충돌의 방지 의무
④ 소속회사에 대한 충실의무

해설 회사에 대한 의무는 금융투자상품 권유나 판매 관련 의무와는 별개의 의무이다.

02 자본시장법(제37조) 및 금융소비자보호법의 신의성실의무 등의 의무와 가장 관련이 적은 것은?

① 신의성실의 원칙
② 고객이익 우선의 원칙
③ 이해충돌방지 원칙
④ 효율성의 원칙

해설 효율성은 금융투자업자의 경영에 관한 문제로 신의성실과는 별도의 원칙이다.

03 고객과의 이해충돌에 대한 설명으로 틀린 것은?

① 어떠한 경우에도 고객의 이익은 회사와 회사의 주주 이익에 우선한다.
② 회사의 이익은 임직원의 이익에 우선한다.
③ 고객의 이익이 우선하나 고객의 희생으로 제3자가 이익을 취하는 것까지 금지하는 것은 아니다.
④ 모든 고객의 이익은 상호 동등하게 취급한다.

해설 고객의 이익을 희생하여 취하는 제3자의 이익 또한 당연히 금지된다. 적극적으로 고객이 최대한의 이익을 취득할 수 있도록 의무를 다해야 한다.

정답 01 ④ 02 ④ 03 ③

04 소속 회사에 대한 충실의무에 대한 설명으로 틀린 것은?

① 고용계약기간이 종료된 경우 회사에 대한 의무도 함께 종료된다.
② 맡은 업무를 수임자로서 성실하게 수행하여야 한다.
③ 이해상충 우려가 있는 거래는 반드시 준법감시인과 협의하여 합리적인 절차를 거쳐 행해야 한다.
④ 소속 회사의 승인을 받은 경우가 아니면 회사와의 이해상충 관계에 있는 지위를 맡거나 업무를 수행해서는 안 된다.

해설 계약기간이 종료된 경우에도 일정한 기간 동안 회사에 대한 의무가 일부 유지된다. 예를 들어 고용기간에 알게 된 비밀정보를 공개하거나 제3자로 하여금 이용하게 해서는 안 된다.

05 고객에 대한 정확한 정보 제공에 대한 설명으로 틀린 것은?

① 정확하고 충분한 정보 제공은 고객이 최적의 상품을 선정하게 한다.
② 고객에게 불리한 정보는 고객의 불안을 야기할 수 있으므로 최대한 자제한다.
③ 대부분의 분쟁 원인은 고객에게 정확한 정보를 제공하지 않은 것 때문에 발생한다.
④ 특별한 위험이 내재된 상품에 대한 설명의무 위반에는 회사 또는 직원이 손해배상책임을 질 수 있다.

해설 고객에게 불리한 정보도 반드시 제공하여 고객이 전반적인 상황을 이해할 수 있도록 하여야 한다.

06 다음 중 고객 및 회사의 정보와 관련하여 틀린 설명은?

① 고객에 관한 내용이 비밀정보인지 불명확할 경우 일단 비밀정보로 취급한다.
② 고객정보는 법에서 정하는 예외적인 경우를 제외하고는 타인에게 제공하거나 누설하는 것이 원천적으로 금지된다.
③ 임직원이 직무수행 중 알게 된 회사의 정보는 회사의 재산에 속하는 것이므로 오로지 회사의 이익을 위해서만 사용되어야 한다.
④ 임직원이 고객 또는 회사의 비밀정보를 법령에 따라 제공하는 경우 준법감시인의 사후승인을 받아야 한다.

해설 준법감시인의 사전승인을 받아야 한다.

07 다음의 서로 관련이 있는 법 중에서 일반법의 지위에 있는 법은 무엇인가?

① 금융실명거래 및 비밀보장에 관한 법률
② 개인정보보호법
③ 전자금융거래법
④ 신용정보의 이용 및 보호에 관한 법률

해설 개인정보보호법이 일반법의 지위에 해당한다.

08 다음 개인정보 중에서 민감정보에 해당하는 것은?

① 주민등록번호
② 병력
③ 여권번호
④ 통장계좌번호

해설 건강상태, 병력, 정당의 가입 여부 등은 민감정보에 해당한다.

09 다음 중 개인정보처리자의 개인정보 보호 원칙에 대한 설명으로 틀린 것은?

① 열람청구권 등 정보주체의 권리를 보장하여야 한다.
② 개인정보 처리 목적에 필요한 범위에서 최소한의 개인정보만을 적법하게 수집한다.
③ 정보처리의 명확성을 위해 익명처리를 줄여야 한다.
④ 처리 목적에 필요한 범위에서 개인정보의 정확성, 완전성, 최신성이 보장되도록 해야 한다.

해설 익명처리가 가능한 경우 익명으로 처리하여야 한다.

10 다음 중 개인정보의 처리 및 관리에 관한 설명으로 틀린 것은?

① 주민등록번호는 원칙적으로 정보주체의 동의가 있는 경우에 처리 및 관리할 수 있다.
② 개인정보처리자는 정보주체의 동의를 받거나 법률에 규정이 있는 경우에 정보주체의 개인정보를 제3자에게 제공할 수 있다.
③ 개인정보처리자는 보유기간이 경과하거나 처리목적이 달성되면 다른 법령에 보존의무가 있는 경우를 제외하고 개인정보를 지체 없이 파기한다.
④ 정보주체와의 계약의 체결 및 이행을 위하여 불가피한 경우 개인정보를 수집 · 이용할 수 있다.

해설 정보주체의 동의를 받았더라도 법령 근거가 없는 경우에는 원칙적으로 처리가 금지된다.

정답 04 ① 05 ② 06 ④ 07 ② 08 ② 09 ③ 10 ①

11 **정보주체의 개인정보를 제3자에게 제공할 경우 정보주체에게 알려야 할 사항으로 적절하지 않은 것은?**

① 개인정보를 제공받는 자
② 개인정보를 제공받는 자의 이용 목적
③ 제공하는 개인정보의 항목
④ 개인정보를 제공하는 자의 개인정보 보유기간

해설 개인정보를 제공받는 자의 개인정보 보유 및 이용기간을 알려야 한다.

12 **개인정보 유출에 대한 처벌에 관한 설명으로 틀린 것은?**

① 개인정보 유출에 대한 손해배상을 강화하여 징벌적 손해배상제도를 도입하였다.
② 고의, 중과실로 개인정보를 유출한 기관에 대해 피해액의 최대 3배까지 배상액을 중과할 수 있다.
③ 개인정보 유출로 피해를 입었을 경우 피해액을 입증하면 법원 판결을 통해 정해진 금액(300만원 이내)을 보상받는 법정 손해배상제도를 도입하였다.
④ 개인이 부정한 방법으로 개인정보를 취득하여 타인에게 제공하는 경우 징역 5년 이하 또는 벌금 5천만원 이하의 벌금에 처하도록 규정하고 있다.

해설 개인정보 유출로 피해를 입었을 경우 피해액을 입증하지 못하더라도 보상받을 수 있는 제도가 법정 손해배상제도이다.

13 **다음 금융소비자의 정의와 금융소비자 보호 필요성에 대한 설명으로 틀린 것은?**

① 금융소비자는 거래 중인 당사자를 말하며 아직 거래가 없는 잠재적 소비자를 포함하는 것은 아니다.
② 금융소비자의 교섭력은 금융회사에 비해 약하다.
③ 금융소비자의 정보력이 금융회사에 비해 적은 비대칭성이 있다.
④ 금융상품은 계약이 복잡하고 전문성을 요하고 있다.

해설 잠재적으로 금융회사의 상품이나 서비스를 이용하고자 하는 자를 포함한다.

14 다음 중 직무윤리 및 내부통제기준 위반에 대한 제재로 적절하지 않은 것은?

① 형사벌칙 ② 행정제재
③ 민사책임 ④ 분쟁조정

해설 분쟁조정은 금융기관과 금융소비자 간 분쟁조정을 위한 제도이다.

15 다음 분쟁조정의 효력에 대한 설명에서 빈칸에 들어갈 말을 순서대로 채우시오.

가. 금융감독원 금융분쟁조정위원회 : (   ) 효력
나. 한국거래소, 금융투자협회의 분쟁조정위원회 : (   )계약 효력

① 재판상 화해, 재판상 화해 ② 재판상 화해, 민법상 화해
③ 민법상 화해, 재판상 화해 ④ 민법상 화해, 민법상 화해

해설 공적 기구는 재판상 화해 효력을, 민간 기구는 민법상 화해계약 효력을 가진다.

16 다음 금융분쟁조정제도의 설명에서 빈칸에 들어갈 말을 순서대로 채우시오

가. 금융감독원장은 분쟁조정의 신청을 받은 날부터 (   )일 이내에 합의하도록 유도한다.
나. 합의가 이루어지지 아니한 때는 조정위원회에 회부하며 (   )일 이내에 조정안을 작성한다.

① 30, 30 ② 30, 60
③ 60, 30 ④ 60, 60

해설 30일 이내 합의가 되지 않으면 60일 이내 조정안을 도출한다.

정답 11 ④ 12 ③ 13 ① 14 ④ 15 ② 16 ②

17 분쟁 관련 금융투자상품의 내재적 특성에 해당하지 않는 것은?

① 원금손실 가능성
② 투자결과에 대한 본인 책임
③ 투자상품에 대한 지속적인 관리 요구
④ 투자상품의 수익성

해설 수익성 자체가 분쟁의 원인이 되는 특성은 아니다.

18 다음 중 금융분쟁에 대한 설명으로 틀린 것은?

① 금융기관이 금융 관련 기관을 상대로 제기하는 분쟁은 금융분쟁에 해당하지 않는다.
② 금융투자 관련 금융분쟁은 주로 자본시장법령 등에서 금융투자업자에게 부여하는 의무의 이행 여부가 쟁점이 된다.
③ 금융투자업 영위 과정에서 거래관계가 수반되는 권리의무에 대한 상반된 주장이 분쟁이라는 형태로 나타난다.
④ 금융수요자 등이 금융업무 등과 관련하여 이해관계 등이 발생함에 따라 금융 관련 기관을 상대로 제기하는 분쟁이 금융분쟁이다.

해설 금융기관이 금융업무와 관련하여 금융기관을 상대로 제기하는 분쟁도 금융분쟁에 해당한다.

19 금융분쟁조정절차에 대한 설명으로 틀린 것은?

① 분쟁조정이 신청된 사건에 대해 금융감독원장은 합의권고를 할 수 없다.
② 이미 법원에 제소된 경우에는 종결 처리한다.
③ 분쟁당사자가 조정안을 수락하여 조정이 성립된 경우에는 재판상 화해와 동일한 효력이 부여된다.
④ 분쟁조정위원회는 회부일로부터 60일 이내에 심의하여 조정안을 작성한다.

해설 합의권고를 할 수 있으며, 당사자가 수락한 경우에는 분쟁이 해결된 것으로 한다.

20 다음 중 분쟁조정제도에 대한 설명으로 틀린 것은?

① 조정은 법원의 판결과는 달리 그 자체로서는 구속력이 없고 당사자가 이를 수락하는 경우에 효력을 갖는다.
② 금융분쟁조정위원회의 조정안을 당사자가 수락하면 재판상 화해와 동일한 효력을 갖는다.
③ 분쟁조정기관은 중립적인 조정안을 제시하기 위해 통상적으로 분쟁의 양 당사자와 법조계, 학계, 소비자단체, 업계 전문가로 구성된 분쟁조정위원회를 구성하고 운영한다.
④ 금융감독원 이외의 기관인 한국거래소 분쟁조정심의위원회나 금융투자협회 분쟁조정위원회의 조정은 민법상 화해계약으로 효력을 갖는다.

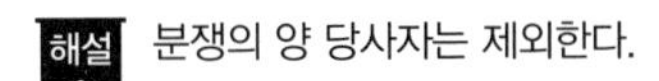
해설 분쟁의 양 당사자는 제외한다.

21 다음 중 일임매매와 임의매매에 대한 설명으로 틀린 것은?

① 자본시장법에서는 일임매매와 임의매매를 엄격히 금지한다.
② 임의매매는 금융소비자의 위임이 없었음에도 금융투자업 종사자가 자의적으로 매매한 경우이다.
③ 일임매매와 임의매매는 손해배상책임에 있어 차이가 있다.
④ 일임매매는 금융소비자가 매매거래와 관련한 전부 또는 일부의 권한을 금융투자업 종사자에게 위임한 상태에서 매매가 발생한 경우이다.

해설 일임매매는 조건을 충족하는 경우 예외적으로 허용된다.

정답 17 ④ 18 ① 19 ① 20 ③ 21 ①

투자권유와 투자권유 사례분석

TOPIC 1 투자권유

1. 투자권유

① 투자권유 : 특정 투자자를 상대로 금융투자상품의 매매 또는 투자자문계약 · 투자일임계약 · 신탁계약의 체결을 권유하는 것

※ 자본시장법상 투자란 원금손실 가능성을 말하는 것으로 관리형신탁과 같은 투자성이 없는 신탁계약은 제외

② 투자권유 희망자

㉠ 투자권유를 희망하지 않는 경우 투자권유를 할 수 없으며 투자자 정보를 제공하지 않는 경우 적정성 원칙 대상 상품(파생상품 등)은 거래 제한

㉡ 계약체결 권유 없이 고객의 요청에 따라 객관적인 정보만을 제공하는 경우는 투자권유 미해당

㉢ 투자권유 없이 청약을 하는 경우 확인서를 받고 진행은 가능

③ 투자자 구분(일반투자자=일반금융소비자 / 전문투자자=전문금융소비자)

㉠ 전문투자자 : 국가, 금융기관, 주권상장법인 등 위험감수능력이 있는 투자자

※ 주권상장법인이 장외파생상품을 거래하는 경우에는 일반투자자

㉡ 일반투자자 : 전문투자자가 아닌 투자자

㉢ 취약투자자 : 고령자, 은퇴자, 미성년자, 주부, 투자 경험이 없는 자로 고객이 취약투자자를 선택하면 별도의 확인서를 수령함

2. 투자자정보 파악 및 투자자 성향 분석

(1) 투자자정보 파악

① 투자권유 전 반드시 투자자 정보파악

② 투자자정보는 서명 등으로 확인 : 정보 파악을 투자자 자필 작성이 아닌 컴퓨터로 정보 내용을 출력한 후 확인 가능

③ 원칙적으로 투자자 본인에게 파악하나 예외 가능 : 대리인(위임의 범위에 투자자정보 작성 권한 포함 확인)

④ 온라인 펀드 투자의 경우 적합성원칙 등은 온라인상에서 처리

⑤ 정보 제공 거부 : 거부 의사를 서면으로 확인

⑥ 위험이 높지 않은 상품은 간단한 투자자정보 확인서 사용 : MMF, 국채, 지방채, 특수채 등

⑦ 투자자 정보의 유효기간 : 금융소비자가 동의하고 별도의 요청이 없으면 12~24개월 동안 변경되지 않는 것으로 간주

(2) 투자자성향 분석(회사 자율)

① 점수화 방식 : 객관화된 답변을 통해 투자자의 성향 파악이 용이하여 주로 사용됨

㉠ 각 설문항목에 대한 답변을 점수화하여 총점으로 등급을 결정

㉡ 단점 : 단순 합산으로 투자자의 특정 성향을 반영하지 못할 수 있음

② 추출방식 : 부적합상품을 추출함으로써 불완전판매 가능성 낮음

㉠ 설문에 대한 답변을 통해 부적합상품을 순차적으로 추출

㉡ 비교적 단순한 질문을 통하여 투자권유가 가능한 상품리스트를 볼 수 있음

㉢ 단점 : 정교한 설문과 프로세스를 갖춰야 적절히 작동

3. 투자권유

(1) 투자권유 일반원칙

① 투자자의 성향과 금융투자상품의 위험도를 참조하여 투자자에게 적합한 투자권유

② 위험을 낮추거나 회피할 수 있는 경우(위험회피 목적, 적립식 투자 등) 위험도를 완화한 기준 적용 가능

③ 투자자성향에 비해 위험한 상품을 투자자가 스스로 투자하고자 하는 경우

㉠ 부적합을 명확히 알리고 판매하거나

㉡ 회사가 정하는 기준에 따라 판매 중단

④ 적합성보고서

㉠ 신규투자자, 고령 및 초고령투자자에게 교부

㉡ 대상상품 : ELS, ELF, ELT, DLS, DLF, DLT

⑤ 고령자(65세 이상)는 강화된 고령투자자 보호기준 준수. 초고령자(80세 이상)는 보다 강화된 보호 노력
– 판매 과정 녹취, 2영업일 이상 숙려기간 부여

(2) 투자권유 시 유의사항

① 투자권유 요청을 받지 않은 경우에도 증권과 장내파생상품 투자권유는 가능

② 거부하는 경우에도 예외적으로 가능한 경우 : 1개월 후, 다른 종류의 금융상품

(3) 설명의무

① 투자자의 이해수준을 고려하여 설명의 정도를 달리할 수 있음

② 손익구조 및 손실위험을 이해하지 못하는 경우 권유를 계속하지 않음

③ 외화증권이나 해외자산에 투자하는 경우 투자대상국의 특징 및 환율위험과 환헤지 등을 추가 설명

④ 설명한 내용을 투자자가 이해하였음을 서명 등의 방법으로 확인

⑤ 투자설명서 교부

㉠ 펀드는 투자자가 투자설명서 교부를 별도로 요청하지 않는 경우 간이투자설명서 교부

㉡ 서명 등의 방법으로 설명서 수령 거부 가능

(4) 그 밖의 투자권유 유의사항

① 청약의 철회

㉠ 고난도금융투자상품, 고난도금전신탁, 비금전신탁은 계약 후 7일(영업일 ×) 내 가능

㉡ 대출성 상품(신용공여)은 계약 후 14일 이내 가능

② 위법계약의 해지

㉠ 위법계약임을 안 날로부터 1년 이내(계약일로부터 5년 이내 범위)

㉡ 계약의 효력은 해지 시점부터 무효화(소급 ×)

(5) 금융투자상품의 위험도 분류

① 금융투자상품 위험등급 분류(예)

㉠ 초고위험등급 : 해외투자펀드, 파생상품투자펀드, 부동산/특별자산/혼합자산펀드, BB+ 이하 채권, 선물옵션, 장외파생상품 등

㉡ 고위험등급 : 주식형펀드, 주식혼합형펀드

㉢ 중위험등급 : 채권혼합형펀드, 해외투자채권펀드, 원금부분보장형 ELS

㉣ 저위험등급 : 채권형펀드, 원금보장형 ELS

㉤ 초저위험등급 : MMF, 국공채

② 투자성향별 투자권유가능 금융투자상품(예)

㉠ 초고위험등급 : 공격투자형

㉡ 고위험등급 : 적극투자형

㉢ 중위험등급 : 위험중립형

㉣ 저위험등급 : 안정추구형

㉤ 초저위험등급 : 안전형

③ 포트폴리오투자의 경우

㉠ 개별 금융투자상품의 위험도를 투자금액 비중으로 가중 평균한 포트폴리오 위험도 사용 가능

㉡ 과도하게 위험도가 높은 금융투자상품을 포트폴리오에 편입하지 않도록 주의

위험도 분류	정량적 요소	가격 변동성, 원금손실 가능 범위, 신용등급, 만기 등
	정성적 요소	상품구조의 복잡성, 거래상대방 위험, 조기상환 가능성 등

(6) 투자권유대행인 금지행위

① 회사를 대리하여 계약을 체결

② 투자자로부터 금전 등을 수취

③ 투자권유대행인 업무를 제3자에게 재위탁

④ 투자자로부터 금융투자상품에 대한 매매권한을 위탁받음

⑤ 둘 이상의 회사와 투자권유 위탁계약 체결 등

TOPIC 2 투자권유 사례분석

1. 재무설계

(1) 의의

① 재정적인 자원의 적절한 관리를 통해 삶의 목표를 달성해 가는 과정

② 재무설계는 계획 : 인생 항로의 항해계획, 개인재무관리는 재무설계로부터 시작

③ 재무설계는 일생 동안의 과정 : 경제적으로 어려운 동안만 하는 것이 아님

④ 재무설계는 체계적인 접근과 전략을 필요로 함 : 소득이나 자산의 대소보다는 적절한 관리가 중요

2. 개인재무설계 및 재무설계전문가의 필요성

① 우리가 바라는 생활양식의 달성 : 가계의 재무상황을 통제하여 현재와 미래의 소득, 자산을 증대 및 보전

② 생애 소비만족의 극대화

㉠ 소득과 소비흐름의 불일치를 완화하여 한계효용 증가

㉡ 중년기 잉여소득을 융자, 소비자신용을 활용 신혼기로 이전

㉢ 중년기 잉여소득을 저축으로 노년기로 이전

③ 미래의 불확실성에 대한 대비

㉠ 실질구매력 하락 대비 : 물가 상승, 이자율 변동

㉡ 재무자원 손실 또는 필요 증대에 대한 대비 : 실업, 질병, 화재, 사고

④ 사회경제적 환경의 변화

㉠ 금융자산의 증대

㉡ 금융자유화에 따른 금융상품의 다양화

㉢ 평균수명의 연장과 고령사회로의 진입

3. 개인재무설계의 목표

① 소득과 부의 극대화

② 효율적 소비의 실천

③ 재무생활 만족의 발견

④ 재무 안전감의 달성

⑤ 노후대비를 위한 부의 축적

4. 개인재무설계의 목표를 달성하기 위한 주요 단계

① 전 생애에 걸친 완벽한 재무설계

② 효율적인 수입과 지출의 관리 – 개인신용관리

③ 소득과 자산의 보호 – 개인위험관리

④ 자산의 증대 – 개인투자관리

⑤ 노후설계와 상속 – 은퇴설계 및 세금관리

5. 개인재무설계 과정

(1) 1단계 : 고객 관련 자료수집 및 재정상태의 평가

① 자료수집

㉠ 양적 자료 : 소득, 대출, 부동산 및 자산 등

㉡ 질적 자료 : 목적의 우선순위, 투자에 대한 태도 등

② 재정상태의 평가

㉠ 자산상태표 : 개인의 재무상태를 나타내는 개인대차대조표

㉡ 개인현금수지상태표 : 현금 유입과 유출을 나타내는 표

안전성 지표	가계수지지표, 비상자금지표, 위험대비지표, 부채부담지표 등
성장성지표	가계자산 축적 가능성 ; 저축성향지표, 투자성향지표, 유동성지표

(2) 2단계 : 재무목표의 설정

① 현실적인 목표

② 구체적이고 측정 가능한 용어로 기술

③ 다양한 재무목표에 대한 우선순위 설정

④ 취할 행동의 종류 포함

(3) 3단계 : 재무목표 달성을 위한 대안모색 및 평가

(4) 4단계 : 재무행동계획의 실행, 자기통제, 융통성이 중요

(5) 5단계 : 재무행동계획의 재평가와 수정

6. 노인가계의 재무설계

① 재무목표의 필요금액 산정

㉠ 기본적인 생활자금 : 노부부 생활비+남편 사망 후 부인 생활비(약 5년)

㉡ 의료비 및 긴급예비자금 : 3~6개월분 생활비

㉢ 자녀교육 및 결혼자금

㉣ 특별활동 및 여가를 위한 자금

② 필요자금 조달 및 평가 : 퇴직금, 기존의 금융자산 등 명백하게 가용한 자산만 고려

③ 노인가계를 위한 포트폴리오 작성

㉠ 생활비가 빠듯한 경우에는 자산관리보다 지출관리가 더 중요

㉡ 상속계획은 생활비 외 충분한 여유자금이 있을 때

㉢ 안정적인 투자 : 주식보다는 펀드, 장기보다는 단기상품 위주

㉣ 물가 상승에 따른 인플레이션 헤지 고려

④ 퇴직 후 자산관리 운용지침

㉠ 명백한 목표의식을 가지고 자산배분

㉡ 안전성을 가장 먼저 고려

㉢ 유동성을 높임 : 부동산보다는 금융자산, 장기보다는 단기상품

㉣ 월이자지급식 상품 이용

㉤ 보험 활용

ⓑ 부채 최소화

ⓢ 절세상품 활용

ⓞ 상속계획 및 실행

7. 투자권유 사례분석

(1) 공격투자형(위험선호형)

① 초고위험등급 상품도 투자 가능

② 파생펀드, 부동산펀드, 투기등급 채권, 해외투자 등

(2) 적극투자형(적극형)

① 10% 이내의 손실을 감내하는 수준

② 고위험등급 이하 상품 권유 가능

③ 주식혼합형펀드, 원금비보장형 ELS 등

(3) 위험중립형(성장형)

① 위험 수익 중립형/중위험등급 상품

② 채권혼합형펀드, 원금부분보장형 ELS 등

(4) 안정추구형(안정성장형) : 원금보장형 ELS, 채권형펀드 등

(5) 안정형(위험회피형) : 국고채, 지방채, 특수채, MMF, RP 등

출/제/예/상/문/제

01 **다음 투자자 정보파악에 대한 설명으로 틀린 것은?**

① 대리인을 통한 투자자 정보파악은 불가하며 본인을 통해서 진행해야 한다.
② 직원이 면담과정에서 파악한 정보를 컴퓨터 단말기에 입력하고 이를 출력하여 투자자에게 확인받는 방법도 가능하다.
③ 투자권유를 희망하지 않는 단순거래는 투자권유 없이 투자한다는 사실을 인지하도록 해야 한다.
④ 온라인을 통해 투자자정보를 파악하는 경우 회사는 적합성, 적정성 원칙에 따라 투자권유를 구현할 수 있는 시스템을 온라인상에 구축하여야 한다.

해설 위임장 및 대리인의 실명확인증표 등 증빙서류를 갖추면 대리인을 통해서 가능하다.

02 **다음 투자자 성향 분류에 대한 설명으로 가장 틀린 것은?**

① 금융소비자의 성향에 맞지 않는 상품에 대한 권유는 하지 않는다.
② 금융소비자가 보유 자산에 대한 위험회피 목적의 투자를 하는 경우 상품의 위험도 분류기준보다 강화된 기준으로 권유한다.
③ 장기투자가 유리하다고 판단되면 장기투자를 권유할 수 있다.
④ 만 65세 이상의 고령투자자에게 ELS를 권유하는 경우 적합성 보고서를 제공한다.

해설 위험회피 목적의 상품가입은 완화된 위험도 기준 적용이 가능하다.

03 **다음 중 투자권유 관련 설명으로 가장 거리가 먼 것은?**

① 투자권유는 계약의 체결까지를 포함하는 개념은 아니다.
② 금융소비자가 투자권유 없이 스스로 특정 상품에 대한 투자를 하는 경우 투자권유대행인은 원금손실 가능성 등에 설명하여야 한다.
③ 투자권유대행인은 권유 전 상대방이 전문 혹은 일반 금융소비자인지 확인하여야 한다.
④ 금융소비자의 요청에 따라 객관적인 정보만을 제공하는 것도 투자권유로 보아야 한다.

해설 금융소비자의 요청에 따라 객관적인 정보만을 제공하는 것은 투자권유로 보지 않는다.

04 다음 중 투자자에게 올바른 투자판단을 유도하기 위한 추천사유 및 유의사항 등을 기재한 적합성보고서를 계약체결 이전에 교부하지 않아도 되는 상품은 무엇인가?

① ELS ② ELF
③ ELD ④ DLS

해설 ELD는 원금보장형이므로 해당사항이 없다.

05 다음 중 고령투자자 보호에 대한 설명으로 틀린 것은?

① 영업점포와 콜센터의 고령투자자 전담창구를 통해 진행할 수 있게 해야 한다.
② 고령투자자가 고령투자자 전담창구 이용을 거부하는 경우 다른 창구 이용이 가능하다.
③ 판매 과정을 녹취하고 판매 과정에서 7영업일 이상의 숙려기간을 부여한다.
④ 금융회사는 고령투자자 보호기준을 의무적으로 만들어야 한다.

해설 2영업일 이상의 숙려기간을 부여한다.

06 외화증권 투자를 권유하는 경우 추가적으로 설명하는 사항과 가장 관계가 먼 것은?

① 투자대상 국가 또는 지역경제 특징
② 환율 변동 위험
③ 환위험 헤지 비율에 따른 손실 가능성 여부
④ 수수료

해설 수수료는 당연히 고객에게 안내하는 일반적인 설명사항이다.

07 다음 중 투자권유대행인의 금지행위가 아닌 것은?

① 회사를 대리하여 계약을 체결
② 투자자로부터 금전을 수취
③ 하나의 회사와 투자권유 위탁계약을 체결
④ 금융투자상품에 대한 매매권한을 위탁받음

해설 둘 이상의 회사와 투자권유 위탁계약을 체결하는 것을 금지한다.

정답 01 ① 02 ② 03 ④ 04 ③ 05 ③ 06 ④ 07 ③

08 다음 중 재무설계의 필요성과 가장 거리가 먼 것은?

① 투자수익률 증대
② 우리가 바라는 생활양식의 달성
③ 생애 소비만족의 극대화
④ 미래의 불확실성에 대한 대비

해설 투자수익률 관리는 재무설계 목표를 달성하는 과정의 일부이다.

09 재무설계를 위한 고객의 정보수집 중 질적인 자료에 해당하는 것은?

① 소득 자료
② 위험인내수준
③ 세금 자료
④ 부동산 자료

해설 리스크에 대한 태도는 질적인 요소이다. 나머지는 양적인 자료에 해당한다.

10 다음 중 금융투자상품의 위험도를 분류할 때 정량적 요소가 아닌 것은?

① 원금손실 가능 범위
② 과거 가격 변동성
③ 신용등급
④ 거래상대방 위험

해설 거래상대방 위험은 정성적 요소이다.

11 다음 재무상태를 평가하는 지표로 성장성지표는 무엇인가?

① 유동성지표
② 가계수지지표
③ 부채부담지표
④ 위험대비지표

해설 유동성지표가 가계자산 축적 가능성을 보여주는 성장성지표에 해당한다. 나머지는 안전성지표이다.

12 가계의 재무상태를 분석하는 지표로 산식이 틀린 것은?

① 가계수지지표는 월평균 생활비를 월평균 가계소득으로 나누어 계산한 비율
② 위험 대비 지표는 월평균 가계소득을 월평균 보험료로 나누어 계산한 비율
③ 저축성향지표는 연간 총저축액을 연간 가처분소득으로 나누어 계산한 비율
④ 유동성지표는 금융자산을 총자산으로 나누어 계산한 비율

해설 위험 대비 지표는 월평균 보험료를 월평균 가계소득으로 나누어 계산한다.

13 고령화 사회로 재무설계 중요성이 커지고 있는데 노인 가계를 상담할 때 주의사항으로 가장 거리가 먼 것은?

① 고정적인 추가소득이 없고 저금리 상황에서 생활자금 마련을 위해서는 수익성을 먼저 고려한다.
② 명확한 목표의식을 가지고 자산을 배분한다.
③ 질병, 사고 등 예기치 않은 위험에 대비 유동성을 높인다.
④ 연금이 충분하지 않는 경우 월지급식 상품을 활용한다.

해설 안전성을 먼저 고려해야 한다.

14 다음 중 노인가계를 위한 재무설계 및 자산관리 내용으로 틀린 것은?

① 인플레를 대비하여 자산가치를 보호할 장치를 마련한다.
② 상속계획은 충분한 여유자금이 있을 때 한다.
③ 연금만으로 생활비가 부족한 경우 월이자지급식 상품은 수익률이 낮아질 수 있어 만기일시지급식 상품이 적정하다.
④ 노후자금을 마련하기 위해 투자수익률을 높이는 것을 우선하기 보다는 원금을 지키는 것을 원칙으로 삼아야 한다.

해설 연금만으로 생활비가 부족한 경우 월이자지급식 상품을 잘 활용해야 한다.

정답 08 ① 09 ② 10 ④ 11 ① 12 ② 13 ① 14 ③

15 손실을 원하지는 않으나 물가상승률보다는 높은 수익을 원하는 고객 유형은 무엇인가?

① 공격투자형(위험선호형)
② 적극투자형
③ 위험수익중립형(성장형)
④ 안정추구형

해설 위험수익중립형에 대한 설명이다.

16 다음 중 고령자에 대한 금융투자상품 판매 시 보호기준에 대한 설명으로 틀린 것은?

① 고령 투자자 보호를 위하여 투자권유 시 전담직원(전담창구)을 통하여 판매절차가 이루어져야 한다.
② 고령 투자자를 주요 대상으로 설명회 등 개최 시 허위 과장정보가 사용되지 않도록 세심한 주의를 기울인다.
③ 초고령자가 투자권유 유의상품에 해당하는 금융투자상품 가입을 희망하는 경우 가족 등의 조력을 받을 수 있도록 안내한다.
④ 투자권유 유의상품 투자권유 시 불완전판매 방지를 위하여 판매직원의 사전 확인 절차가 필요하다.

해설 판매직원이 아닌 지점장 등 관리직 직원의 투자권유 적정성 사전 확인 절차가 필요하다.

15 ③ 16 ④ 정답

토마토패스
www.tomatopass.com

부록
실전모의고사

CONTENTS

1회 실전모의고사

www.tomatopass.com

001 다음 중 예금보험 가입금융기관에 해당되지 않는 곳은?

① 보험회사
② 종합금융회사
③ 새마을금고
④ 상호저축은행

002 개인종합저축계좌(ISA)에 관한 다음 내용 중 맞는 것을 모두 고르시오.

㉠ 직전년도 소득이 없는 신입사원도 가입 가능하다.
㉡ 신탁형과 일임형으로 나누어 가입 가능하다.
㉢ 신탁형은 가입자가 상품을 직접 선택한다.
㉣ 펀드 내 국내상장주식 매매차익 등 비과세되는 부분은 손익통산의 범위에서 제외된다.

① ㉠, ㉡, ㉢, ㉣
② ㉡, ㉢, ㉣
③ ㉠, ㉢, ㉣
④ ㉠, ㉢

003 다음 중 ELD에 해당하는 내용을 모두 고르시오.

㉠ 정기예금이다.
㉡ 중도해지가 불가능하다.
㉢ 사전에 정해진 조건에 따라 만기수익이 결정된다.
㉣ 추가수익이 가능하다.

① ㉠, ㉡, ㉢
② ㉠, ㉡, ㉢, ㉣
③ ㉠, ㉢, ㉣
④ ㉠, ㉢

004 주가연계증권에서 만기시점의 주가수준에 비례하여 손익을 얻되 최대 수익 및 손실이 일정수준으로 제한되는 구조를 무엇이라고 하는가?

① Knock-out형
② Bull-Spread형
③ Reverse Convertible형
④ Digital형

005 다음 중 은행의 상품에 대한 설명으로 틀린 것은?

① 보통예금은 아무런 제한 없이 자유롭게 거래할 수 있다.
② 주택청약종합저축 가입은 주택소유와는 무관하나 미성년자는 가입이 불가하다.
③ 가계당좌예금은 복수계좌 개설이 불가능하다.
④ 당좌예금은 지급거래를 위한 결제예금의 성격을 지닌다.

006 집합투자기구에 대한 설명으로 거리가 먼 것은?

① 시장상황에 따라 다른 펀드로 이동할 수 있는 것은 엄브렐러펀드이다.
② 상장지수펀드는 거래소에서 상장되어 주식처럼 거래된다.
③ 상장지수펀드의 평균수수료는 인덱스펀드보다 높다.
④ 재간접펀드에 가입하면 다양한 펀드에 분산투자하는 효과가 있다.

007 다음 중 등록만으로 영위할 수 있는 금융투자업은 무엇인가?

① 투자중개업
② 집합투자업
③ 투자자문업
④ 신탁업

008 다음 중 예금자보호 대상 금융상품에 해당하는 것은?

① 수익증권
② 특정금전신탁
③ 증권사발행채권
④ 발행어음

009 **표지어음에 관한 다음 설명 중 맞는 것을 모두 고르시오.**

> ㉠ 금융기관이 기업으로부터 매입(할인)해 보유하고 있는 상업어음이나 외상매출채권을 다시 여러 장으로 쪼개거나 한데 묶어 액면금액과 이자율을 새로이 설정해 발행하는 어음이다.
> ㉡ 금융기관이 지급의무를 부담한다.
> ㉢ 중도해지가 가능하다.
> ㉣ 예금자보호 상품이 아니다.

① ㉠, ㉡, ㉢
② ㉠, ㉡
③ ㉠, ㉢, ㉣
④ ㉠, ㉢

010 **연금저축에 관한 다음 설명 중 맞는 것을 모두 고르시오.**

> ㉠ 연간 1,800만원 한도 내에서 자유롭게 적립이 가능하다.
> ㉡ 세액공제혜택이 있지만 연금수령 시 이자소득세가 과세된다.
> ㉢ 적립기간은 5년 이상 연단위이다.
> ㉣ 연금지급기간은 만 60세 이후 10년 이상 연단위이다.

① ㉠, ㉡, ㉢
② ㉠, ㉡, ㉢, ㉣
③ ㉠, ㉢, ㉣
④ ㉠, ㉢

011 **상장기업의 혜택에 관한 다음 내용 중 틀린 것은?**

① 코스닥시장에서의 증권거래세가 0.30%
② 의결권이 없거나 제한되는 주식의 발행한도 특례
③ 조건부자본증권 발행 가능
④ 액면미달발행에 대한 특례 : 법원의 인가 없이 주총특별결의로 가능

012 상장의 종류에 관한 내용 중 틀린 것은?

① 재상장은 신규상장요건보다는 완화된 요건을 적용한다.
② 재상장을 신청할 수 있는 시기는 상장폐지된 법인의 경우 폐지일로부터 3년 이내이다.
③ 변경상장은 당해 주권의 액면금액, 종목 등을 변경한 후 새로이 주권을 발행하여 상장하는 것이다.
④ 우회상장이란 주권상장법인이 비상장법인과 합병, 포괄적 주식교환 등으로 인하여 경영권이 변동되고 비상장회사의 실질적인 상장되는 효과가 있는 경우를 말한다.

013 기상장된 주권의 발행인이 새로이 주권을 발행하여 상장하는 제도는?

① 신규상장 ② 추가상장
③ 변경상장 ④ 재상장

014 유가증권시장 신규상장심사요건에 관한 설명 중 틀린 것은?

① 3년 이상의 경과연수
② 상장예정주식수 : 100만주 이상
③ 자기자본 : 100억원 이상
④ 주식양도를 제한하지 아니할 것

015 다음 중 한국거래소에 대한 설명으로 틀린 것은?

① 거래소는 회원제로 운영되며 회원이 아닌 자는 거래소시장에서의 매매거래를 할 수 없다.
② 거래소는 허가주의를 채택하고 있다.
③ 거래소는 민법상 비영리사단법인의 형태이다.
④ 거래소가 개설하는 시장은 유가증권시장, 코스닥시장, 코넥스시장, 파생상품시장이다.

016 유가증권시장 주권상장법인이 공시되지 않은 중요 정보를 특정인에게 선별적으로 제공하고자 하는 경우, 모든 시장참가자들이 이를 알 수 있도록 특정인에게 제공하기 전에 거래소에 신고하는 공시제도를 무엇이라 하는가?

① 수시공시　　② 조회공시
③ 공정공시　　④ 정기공시

017 코스닥시장에서 현재가가 100,000원인 주식의 호가가격 단위는?

① 50원　　② 100원
③ 500원　　④ 1,000원

018 호가(주문)의 종류에 관한 내용 중 맞는 것을 모두 고르시오.

> ㉠ 최유리지정가호가는 주문 시 가격을 지정하지 않고 시장에 도달 시, 매수(매도) 시 반대방향, 즉 매도호가(매수호가)에서 가장 낮은 가격(높은 가격)으로 지정되는 호가이다.
> ㉡ 조건부지정가호가는 주문을 할 때 가격을 지정하나 미 체결된 잔량에 대하여는 장 종료 단일가매매 시에는 시장가호가로 자동 전환되는 호가이다.
> ㉢ 최우선지정가호가는 주문 시 가격을 지정하지 않고 시장 도달 시, 매수(매도) 시 동일방향, 즉 매수호가(매도호가)에서 가장 높은 가격(낮은 가격)으로 지정되는 호가이다.
> ㉣ 시장가호가는 가장 유리한 가격조건 또는 시장에서 형성되는 가격으로 매매계약체결을 원하는 호가이다.

① ㉠, ㉡, ㉢　　② ㉠, ㉡, ㉢, ㉣
③ ㉠, ㉢, ㉣　　④ ㉠, ㉢

019 **매매거래 체결방법에 관한 설명 중 틀린 것은?**

① 단일가매매는 일정시간 동안 접수한 호가를 하나의 가격으로 집중 체결하는 방식이다.
② 단일가매매가 적용되지 아니하는 매매거래시간에는 모두 복수가격에 의한 개별경쟁매매(접속매매)방식으로 매매체결이 이루어진다.
③ 접속매매는 단일가매매에 의해 체결가능한, 모든 매수·매도호가간 거래가 이루어진 상황에서 시작한다.
④ 단일가매매는 가격조건이 일치하는 주문이 신규로 유입되면 가격우선과 시간우선의 원칙에 따라 매매거래를 즉시 체결시킨다.

020 **신주배정기준일이 4월 20일이다. 이 경우 언제까지 매입해야 신주배정을 받을 수 있는가? (모두 거래가능한 날 조건)**

① 4월 21일
② 4월 20일
③ 4월 19일
④ 4월 18일

021 **다음 중 채권의 만기수익률에 해당하는 내용은?**

① 채권권면에 기재된 이율이다.
② 발행시점에 결정된다.
③ 발행자가 액면금액에 대해 연단위로 지급하는 이자율이다.
④ 시장이자율에 따라 변하면서 채권가격을 변화시킨다.

022 **표면이자율 4%의 채권의 만기일 현금흐름이 가장 큰 것은? (단, 액면가 10,000원으로 간주)**

① 만기 1년의 할인채
② 만기 2년의 연단위 복리채
③ 만기 2년의 단리채
④ 만기 10년의 6개월 단위 이자후급 이표채

023 **최고 낙찰수익률 이하 응찰수익률을 일정간격으로 그룹화하여 각 그룹별로 최고낙찰수익률을 적용하는 방식은?**

① 단일가격 경매방식
② 차등가격 경매방식
③ 복수가격 경매방식
④ 총액인수방식

024 **채권가격 정리에 관한 설명 중 맞는 것을 모두 고르시오.**

> ㉠ 수익률상승에 따른 채권가격의 하락의 폭은 수익률하락에 따른 채권의 상승폭보다 크다.
> ㉡ 잔존기간이 길어짐으로써 발생하는 가격변동률은 체감한다.
> ㉢ 잔존기간이 길수록 가격변동률도 크다.
> ㉣ 표면이율이 낮을수록 가격 변동률은 증가한다.

① ㉠, ㉡, ㉢
② ㉡, ㉢, ㉣
③ ㉠, ㉢, ㉣
④ ㉠, ㉢

025 **다음 중 적극적 채권투자전략으로만 묶은 것은?**

> ㉠ 현금흐름 일치전략
> ㉡ 사다리형 만기운용전략
> ㉢ 수익률 곡선타기전략
> ㉣ 역나비형투자전략

① ㉠, ㉡
② ㉠, ㉢
③ ㉡, ㉣
④ ㉢, ㉣

026 **채권투자전략 중 소극적 투자전략인 것은?**

① 나비형 투자전략
② 역나비형 투자전략
③ 바벨형 만기운용전략
④ 이종 채권 간 교체전략

027 **코넥스시장 상장의 혜택에 관한 다음 내용 중 틀린 것은?**

① 한국채택 국제회계기준(K-IFRS) 의무 적용이 코넥스시장에서는 면제된다.
② 사외이사 및 준법감시인 선임의무가 면제된다.
③ 상장수수료 및 연부과금을 2년간 면제하고 있다.
④ 최대주주 및 그 특수관계인과 벤처캐피탈(VC)이 소유한 주식에 대해 보호예수의무를 부과하고 있지 않다.

028 **코넥스시장 매매제도 중 유가증권, 코스닥시장과 같은 제도는?**

① 프로그램매매
② 유동성공급자(LP) 의무화
③ 매매방식
④ 호가종류

029 **K-OTC시장의 신규지정요건에 대한 설명으로 맞는 것을 모두 고르시오.**

㉠ 금융감독원 전자공시시스템에 사업보고서, 반기보고서가 공시되어 있어야 한다.
㉡ 해당주식 공모실적이 있거나 지정 동의서를 제출하여야 한다.
㉢ 기업의 신청 없이 협회가 직접 매매거래대상주권을 지정한다.
㉣ 최근사업연도 기준 매출액이 5억원 이상이어야 한다.

① ㉠, ㉡, ㉢
② ㉠, ㉡, ㉢, ㉣
③ ㉠, ㉢, ㉣
④ ㉠, ㉢

030 **K-OTC시장의 매매거래제도에 관한 설명 중 틀린 것은?**

① 가격우선원칙에 따른다.
② K-OTC시장을 통한 매매거래 시 벤처기업 소액주주의 양도차익에 대하여 비과세한다.
② 위탁증거금율은 100%이다.
④ 매매거래 결제 시 한국예탁결제원이 매도가액(양도가액)의 0.20%를 증권거래세로 징수한다.

031 경기종합지수(CI)의 선행지수 구성지표가 아닌 것은?

① 기계수주액　　② 소비자기대지수
③ 광공업생산지수　　④ 코스피지수

032 마이클포터(M. E. Porter)의 산업구조분석에 대한 설명 중 거리가 먼 것은?

① 규모의 경제가 존재하면 상대적 진입장벽이 높다.
② 구매자 이윤폭이 적으면 구매자 교섭력이 증가한다.
③ 성장률이 증가하면 치열한 경쟁이 존재한다.
④ 공급자 제품이 차별화되면 공급자 교섭력이 증가한다.

033 제품수명주기이론에서 국면별 특징을 연결한 것이다. 다음 중 틀린 것은?

① 도입기 – 가동률이 낮고 생산원가가 높다.
② 성장기 – 시장이 세분화되고 제품라인이 상승한다.
③ 성숙기 – 제품차별화는 떨어지고 표준화된다.
④ 쇠퇴기 – 조업도가 낮아진다.

034 기업의 재무비율에 대한 설명으로 가장 올바른 것은?

① 유동비율은 장기 채무능력을 평가하기 위한 비율이다
② 총자본이익률은 안정성을 평가하기 위한 비율이다.
③ 이자보상비율은 영업이익을 이자비용으로 나눈 것이다.
④ 자기자본이익률은 재무상태표(대차대조표) 항목만으로 구성된 재무비율이다.

035 기업 재무비율 중에서 안정성비율로 가장 거리가 먼 것은?

① 재고자산회전율　　② 이자보상비율
③ 유동비율　　④ 부채비율

036 기업의 총자산수익률(ROA) 및 자기자본이익률(ROE)에 대한 설명으로 틀린 것은?

① 자기자본비율이 일정한 상태에서 ROA가 증가하면 ROE도 증가한다.
② ROA가 일정한 상태에서 자기자본비율이 증가하면 ROE는 감소한다.
③ 순이익이 일정한 상태에서 총자산이 증가하면 ROA는 감소한다.
④ 매출액순이익률이 일정한 상태에서 총자산회전율이 증가하면 ROA는 감소한다.

037 시장가치비율분석에 대한 설명으로 옳지 않은 것은?

① 주가수익비율(PER)은 시장에서 평가받고 있는 회사의 위치와 수익성 및 성장성을 나타낸다.
② 주가순자산비율(PBR)은 시장가치를 장부가치로 나눈다.
③ 주가매출액 비율(PSR)은 주가를 매출액으로 나눈 것이다.
④ 배당수익률은 1주당 배당금에 액면가를 나눈 것을 의미한다.

038 환율에 관한 내용 중 옳은 것을 모두 고르시오.

㉠ 환율이 하락하면 수출비중이 높은 기업은 경쟁력이 강화된다.
㉡ 환율이 상승하면 물가상승률을 높인다.
㉢ 지속적인 무역적자는 자국통화의 가치를 하락시킨다.
㉣ 환율과 주가와의 관계는 부(−)의 상관관계가 있는 것으로 나타나고 있다.

① ㉠, ㉡, ㉢
② ㉡, ㉢, ㉣
③ ㉠, ㉢, ㉣
④ ㉠, ㉢

039 재정정책에 관한 설명 중 틀린 것은?

① 경제의 수요측면에 영향을 준다.
② 재정적자는 민간의 차입 기회를 증가시킨다.
③ 세제변화도 재정정책에 해당한다.
④ 불경기에는 재정적자가 바람직하다.

040 **거시경제의 변화와 주가의 변동에 대한 일반론적 설명으로 가장 거리가 먼 것은?**

① 환율이 상승하면 수출기업의 주가가 상승한다.
② 이자율이 상승하면 기업수익성이 약화되고 주가는 하락한다.
③ 이자율이 하락하면 주식에 대한 요구수익률, 즉 할인율이 하락하고 주가가 상승한다.
④ 경기변동이 발생하면 이로 인해 기업수익성이 변화하고 이를 반영하여 주가변화가 차례로 나타난다.

041 **A기업의 현재 주가 2,000원, 기말 배당금 100원, 배당성장률 5%이다. Gordon의 항상성장모형에 따른 A기업 주주의 요구수익률은?**

① 10.0% ② 12.5%
③ 15.0% ④ 16.0%

042 **재무제표에 대한 설명으로 틀린 것은?**

① 일정시점에 기업이 보유한 자산내역은 재무상태표에 나타난다.
② 일정기간 동안 기업의 경영성과는 손익계산서를 통해 알 수 있다.
③ 기업이 지급한 배당금 규모는 손익계산서에 나타난다.
④ 현금흐름표는 기업이 영업활동에 필요한 자금을 어떻게 조달했고 어디에 사용했는지 보여주고자 작성한다.

043 **재무비율분석에 대한 설명으로 틀린 것은?**

① 이해하기 쉽고 간단히 구할 수 있다.
② 재무제표를 이용해 미래를 예측하면 정보의 질적인 면에서 타당하다.
③ stock개념과 flow개념의 재무제표를 동시에 사용하면 문제가 된다.
④ 기업마다 회계처리방식이 다르기 때문에 기업 간 비교는 어렵다.

044 기본적 분석이 갖는 한계점에 대한 일반적 설명으로 가장 거리가 먼 것은?

① 투자가치를 무시하고 시장가치에만 집착한다.
② 일반적으로 기업의 진정한 가치를 파악하는 데 소요되는 분석기간이 매우 길다.
③ 기업마다 회계처리기준을 다르게 설정할 수도 있어서 산업 내의 기업 간 비교가 어려울 수도 있다.
④ 내재가치에 대한 다양성 여부에 대한 문제가 발생한다.

045 기술적 분석 방법 중 시세의 천정권이나 바닥권에서 일어나는 전형적인 유형을 분석하여 주가흐름의 전환점을 찾는 방법은?

① 추세분석
② 패턴분석
③ 지표분석
④ 목표치분석

046 다음 중 투자목표 설정 시 고려해야 할 사항을 모두 고르시오.

㉠ 중도 유동성 요구액
㉡ 투자시계
㉢ 위험수용도
㉣ 고객의 특별한 요구사항

① ㉠, ㉡, ㉢, ㉣
② ㉡, ㉢, ㉣
③ ㉠, ㉢, ㉣
④ ㉠, ㉢

047 자산배분전략 수립 시 준비해야 할 사항에 대한 설명으로 적합하지 않은 것은?

① 주식이나 채권 같은 자산집단의 경우는 다시 세부적으로 자산을 나눌 수 있다.
② 자산집단은 수익률 변화에 따른 상관관계가 충분히 높아야 분산투자 시 위험감소 효과를 기대할 수 있다.
③ 주식의 기대수익률과 위험을 사전에 측정하여 자산배분에 적극 반영하여야 한다.
④ 기대수익률 추정방법으로 펀더멘탈분석방법에서는 회귀분석, CAPM, APT 등의 방법을 사용한다.

048 A주식의 기대수익률이 10%, 수익률의 표준편차가 8%일 때, 표준정규분포에 따른 수익률의 95% 신뢰구간은?

① 4~18%
② 8~18%
③ 0~20%
④ −6~26%

049 다음 중 최적포트폴리오에 대한 설명으로 적절한 것은?

① 효율적 투자기회선보다 위에 위치한 포트폴리오를 말한다.
② 추정오차를 반영한 효율적인 투자기회선을 의미한다.
③ 효율적 투자기회선과 투자자의 효용함수가 접하는 점을 말한다.
④ 효율적 포트폴리오를 말한다.

050 기대수익률의 측정방법 중 펀더멘탈분석법에 대한 설명으로 가장 올바른 것은?

① 자산집단의 과거 장기 수익률을 분석하여 미래수익률로 사용한다.
② 과거 시계열자료를 토대로 각 자산별 리스크 프리미엄도 반영한다.
③ 여러 경제변수의 상관관계를 고려하여 시뮬레이션을 구성한다.
④ 시장 참여자들 간에 공통적인 미래수익률에 대한 추정치를 사용한다.

051 전략적 자산배분에 관한 다음 설명 중 틀린 것은?

① 전략적 자산배분은 투자목적을 달성하기 위해 장기적인 기금의 자산구성을 정하는 의사결정이다.
② 투자기간 설정에 앞서 법적 규제 등의 제약조건을 충분히 고려한다.
③ 전략적 자산배분에서는 자본시장의 상황이 변동하면 투자자의 단기적인 위험선호도도 변화한다고 가정한다.
④ 전략적 자산배분에서는 중단기적으로는 자본시장 변수의 예측치가 일정하다고 가정한다.

052 **전술적 자산배분에 관한 설명으로 옳은 것은?**

① 자산배분의 장기적 의사결정을 하는 것이다.
② 역투자전략의 일종이다.
③ 주식 가격이 상승 시 주식비중은 증가한다.
④ 시장가치접근법, 동적자산배분이 해당한다.

053 **수익률에 대한 설명으로 가장 거리가 먼 것은?**

① 금액 가중평균수익률은 미래 현금흐름의 현재가치 합과 미래 현금유입의 현재 가치 합을 일치시키는 할인율이다.
② 금액가중평균수익률은 중도 투자금액이나 현금흐름에 대해 재량권이 없는 자금운용자의 평가에 적합하지 못하다.
③ 산술평균수익률은 시간가중평균수익률이라고도 한다.
④ 산술평균수익률은 과거 일정기간의 투자수익률 계산에는 적절하고, 미래수익률 계산에는 기하평균수익률이 적절하다.

054 **동일한 위험에서 높은 수익률을 얻는 것 또는 동일 수익률에서 낮은 위험을 추구하는 포트폴리오 수정 방법은 무엇인가?**

① 리밸런싱(rebalancing)
② 업그레이딩(upgrading)
③ 역투자전략
④ 포뮬러플랜

055 **전략적 자산배분의 실행방법 중 운용기관의 위험, 최소요구수익률, 다른 자산들과의 잠재적인 결합 등을 고려하여 수립하는 투자전략은?**

① 위험-수익 최적화 방법
② 투자자별 특수상황을 고려하는 방법
③ 시장가치 접근방법
④ 다른 유사한 기관투자자의 자산배분을 모방하는 방법

056 “누구의 명의로 하든지 자기의 계산으로 금융투자상품을 매매하는 것”을 영업으로 하는 금융투자업은?

① 투자매매업
② 투자중개업
③ 투자자문업
④ 투자일임업

057 「자본시장법」상 금융투자상품의 개념 및 분류기준에 대한 서술 중 가장 바르지 못한 것은?

① 투자자가 기초자산에 대한 매매를 성립시킬 수 있는 권리를 행사함으로써 부담하게 되는 지급의무는 추가지급의무에 해당하지 않는다.
② 「자본시장법」은 주식매수선택권을 명시적으로 금융투자상품에서 제외하고 있다.
③ 판매 수수료 등 용역의 대가로서 투자자가 지급하는 수수료는 투자원본에 포함된다.
④ 보험계약에 따른 사업비와 위험보험료는 투자원본에서 제외된다.

058 「자본시장법」에 대한 서술 중 가장 옳지 못한 것은?

① 투자매매업자는 증권의 인수일로부터 6개월 이내에 투자자에게 그 증권을 매수하게 하기 위하여 그 투자자에게 금전의 융자, 그 밖에 신용공여를 하여서는 아니 된다.
② 금융투자자는 일반투자자와 같은 대우를 받겠다는 전문투자자의 요구에 정당한 사유 없이 거절할 수 없다.
③ 투자매매업자 또는 투자중개업자는 금융투자상품의 매매, 그 밖의 거래에 따라 보관하게 되는 투자자 소유의 증권을 예탁결제원에 지체 없이 예탁하여야 한다.
④ 금융투자업자는 집합투자재산, 투자일임재산, 신탁재산 등 투자자재산의 운용 관련 자료를 10년 이상 기록 유지하여야 한다.

059 「자본시장법」상 투자 예탁금의 별도예치제도에 대한 설명으로 가장 거리가 먼 것은?

① 겸영금융투자업자를 제외한 투자매매업자 또는 투자중개업자는 투자자예탁금을 고유재산과 구분하여 증권금융회사에 예치 또는 신탁하여야 한다.
② 예치 또는 신탁한 투자자예탁금을 양도하지 못한다.
③ 누구든지 예치기관에 예치 또는 신탁한 투자자예탁금을 상계/압류하지 못한다.
④ 투자자예탁금의 예치기관은 그 예탁금을 운용함에 있어서 회사채에 투자할 수 있다.

060 「자본시장법」상 미공개 중요정보 이용금지에 규제대상 대한 서술 중 가장 바르지 않은 것은?

① 직무 관련하여 알게 된 임직원
② 법인과 계약 체결 과정에서 알게 된 자
③ 회사 내부자로부터 정보를 받은 자
④ 권리행사 과정에서 정보를 알게 된 주주

061 금융위 규정에 대한 서술 중 가장 바르지 못한 것은?

① 정보교류차단장치가 의무화되는 고유재산운용업무에서 양도성예금증서의 매매는 제외되나 환매조건부매매는 포함된다.
② 금융투자업자의 정보교류가 금지되는 경우에도 해당 업무를 관장하는 임원 및 준법감시인으로부터 사전승인을 얻은 경우 정보교류가 허용될 수 있다.
③ 금융투자상품의 비교광고를 하는 경우에는 명확한 근거 없이 다른 금융투자상품이 열등하거나 불리한 것으로 표시하여서는 아니 된다.
④ 투자매매업자 또는 투자중개업자는 월별 장외파생상품 매매, 중개/수선 또는 대리의 거래내역을 다음 달 10일까지 금융위에 보고하여야 한다.

062 금융투자업법상 금융투자회사의 계열회사에 정보자료를 제공하는 데 있어서 예외적으로 허용되는 내용으로 거리가 먼 것은?

① 집합투자재산, 신탁재산 등의 구성내역과 운영에 대한 정보를 제공하지 아니 할 것
② 정보를 제공한 후에 대표이사에게 보고할 것
③ 계열회사에 정보를 제공할 때에는 최소한의 범위 내에서만 제공할 것
④ 계열회사에 정보를 제공하는 데 상당한 이유가 존재할 것

063 다음 중 증권분석기관에 해당하는 것을 모두 고르시오.

> ㉠ 인수업무를 수행하는 자
> ㉡ 펀드평가회사
> ㉢ 회계법인
> ㉣ 신용평가업자

① ㉠, ㉡, ㉢
② ㉡, ㉢, ㉣
③ ㉠, ㉢, ㉣
④ ㉠, ㉢

064 「자본시장법」상 금융투자업의 인가조건으로 옳지 않은 것은?

① 인적 · 물적 설비 요건
② 사업계획 타당성 요건
③ 최저자본금 요건
④ 이해상충방지체계 구축 요건

065 다음 중 청약철회에 대한 설명으로 틀린 것은?

① 투자성 상품의 경우 계약서류를 제공받은 날 또는 계약체결일로부터 7일 이내에 철회의사를 표시할 수 있다.
② 투자성 상품은 철회의사를 서명 등으로 발송한 때 효력이 발생한다.
③ 청약의 철회가 가능한 투자성 상품에는 금전신탁계약이 포함된다.
④ 대출성 상품의 경우 계약서류를 제공받은 날 또는 계약체결일로부터 14일 이내에 철회의사를 표시할 수 있다.

066 최근 금융기관 고객에 대한 설명으로 옳은 것은?

① 고객이 선택할 수 있는 금융투자상품 및 서비스의 폭이 좁아졌다.
② 구매의사 결정이 더욱 정교화되고 고도화되었다.
③ 고객의 욕구 및 구매의사 결정이 집단화되고 있다.
④ 고객의 금융욕구가 상품과 정보의 제한으로 단순화되고 있다.

067 다음 중 현재의 금융상담 방식에 관한 사항을 모두 고르면 몇 개인가?

> ㉠ 금융기관 주도
> ㉡ 고객 주도
> ㉢ 장기적 투자사고
> ㉣ 금융상품 위주
> ㉤ 투자방식 위주

① 2개
② 3개
③ 4개
④ 5개

068 다음 중 고객의 반감처리화법에 해당하지 않는 것은?

① Yes, but법
② 부메랑법
③ 추정승낙법
④ 질문법

069 확대형 질문의 이점으로 바르지 않은 것은?

① 고객으로 하여금 스스로 생각하게 한다.
② 상담자가 전문적이고 신뢰할 만하다고 느끼게 한다.
③ 상담 시간이 획기적으로 줄어든다.
④ 고객이 상담자와의 상담이 매우 가치 있었다고 느끼게 한다.

070 다음 중 금융, 투자관리(CRM)에 관한 것을 모두 고르시오.

> ㉠ 자동화
> ㉡ 규모의 경제
> ㉢ 사전대비지향
> ㉣ 고객유지

① ㉠, ㉡, ㉢
② ㉡, ㉢, ㉣
③ ㉢, ㉣
④ ㉠, ㉢

071 고객관리 패러다임 중 금융 투자관리(CRM)의 특징에 대한 설명으로 옳은 것은?

㉠ 고객과의 장기적 관계 형성
㉡ 범위의 경제
㉢ 시장점유율
㉣ 제품차별화

① ㉠, ㉡
② ㉠, ㉢
③ ㉠, ㉡, ㉣
④ ㉡, ㉢, ㉣

072 고객의 동의 확보 및 클로징에 관한 설명이다. 틀린 것은?

① 항상 바잉 시그널을 감지하고 놓치지 않아야 한다.
② 클로징을 하는 경우에는 고객의 Needs와 고객이 이미 받아들여 준 상품의 이점을 상기하여 줌과 동시에 고객으로부터 무엇인가의 약속을 성립시킨다.
③ 클로징에 들어갈 때는 고객은 이미 이쪽의 의사를 받아들이고 있다는 전제하에 자신에 넘친 강력한 말을 사용한다.
④ 클로징을 언제 할지 미리 정한다.

073 고객으로 하여금 니즈를 분석, 궁리하게 하고 느끼게도 하는 질문은?

① 폐쇄형질문
② 개방형질문
③ 확대형질문
④ 자유형질문

074 고객이 자유롭게 이야기하도록 유도하는 질문으로서 좀 더 긴 대답을 유도하고자하는 경우에 사용하는 질문은?

① 폐쇄형질문
② 개방형질문
③ 확대형질문
④ 자유형질문

075 고객상담 활동에 대한 설명 중 올바른 것은?

① 고객 상담 프로세스는 'Needs탐구 → 관계형성 → 설득 및 해법제시 → 동의확보'의 단계로 이루어진다.
② 고객의 Needs 탐구 단계에서는 판매사원이 말하는 시간보다 고객이 말하는 시간이 더 긴 것이 좋은 방법이다.
③ 고객을 설득하는 단계에서 보디랭귀지는 설득력을 떨어뜨릴 수 있으므로 가급적 하지 않는 것이 바람직하다.
④ 상담하는 법은 표준화 · 정형화되어야 하며 자신만의 독특한 화법은 지양하는 것이 바람직하다.

076 직무윤리 일반에 대한 설명으로 다음 중 가장 거리가 먼 것은?

① 자본시장법은 금융투자상품의 개념을 포괄적으로 정의하여 직무윤리의 중요성이 증대되고 있다.
② 무보수인 경우에도 대상이 될 수 있다.
③ 윤리라운드는 비윤리적인 기업의 국제거래를 규제하는 다자간 협상이다.
④ 국제투명성기구가 매년 발표하는 부패인식지수는 사기업의 부패수준을 나타내는데 그 수위가 높을수록 부패정도가 심하다.

077 금융투자업자의 고객에 대한 의무로 거리가 먼 것은?

① 투자정보에 있어 객관적 사실과 주관적인 의견을 명확히 구별하여 전달해야 한다.
② 신임자는 본인보다 수임자의 이익을 우선하여야 한다.
③ 투자자의 손실에 대한 보전을 약속하는 행위는 금지되어 있다.
④ 투자자에게 받은 직무를 다른 사람에게 재위임할 수 없다.

078 **금융투자업 종사자가 준수하여야 할 사항에 대한 서술로 가장 관련이 적은 것은?**

① 금융투자업 종사자는 업무수행의 대가로 자기가 속하는 회사로부터 수수하였거나, 수수하기로 약속한 모든 대가는 고객에게 반드시 주지시켜야 한다.

② 금융투자분석업무 종사자는 구두와 문서를 불문하고 자기 또는 자기가 속하는 회사가 고객을 위하여 수행할 수 있는 업무의 내용에 대하여 부실표시를 하여서는 아니 된다.

③ 금융투자업자의 임직원이 자기의 계산으로 거래하는 경우에도 금융투자상품의 매매와 관련하여 투자자가 입을 손실의 일부를 보전하여 줄 것을 사전에 약속하는 행위는 금지된다.

④ 금융투자업자는 고객과의 이해상충발생가능성을 낮추는 것이 곤란하다고 판단될 경우 매매 또는 그 밖의 거래를 하여서는 아니 된다.

079 **다음 중 직무윤리와 관련하여 틀리게 서술한 것은?**

① 기업윤리와 직무윤리는 흔히 혼용되어 사용되기도 한다.

② 직무윤리는 미시적인 개념이며, 기업윤리는 거시적인 개념으로 보기도 한다.

③ 기업윤리는 조직 구성원 개개인들이 지켜야 하는 윤리적 행동과 태도를 구체화한 것이다.

④ 윤리경영은 직무윤리를 기업의 경영방식에 도입하는 것으로 간단히 정의될 수 있다.

080 **준법감시인이 영업점에 대한 준법감시업무를 위하여 지명하는 영업점별 영업관리자의 관련기준에 관한 내용 중 틀린 것은?**

① 회사는 영업점별 영업관리자에게 업무수행 결과에 따라 적절한 보상을 지급할 수 있다.

② 일정한 요건을 충족하는 경우 단일 영업관리자가 2인 이상의 영업점의 영업관리자의 업무를 수행할 수 있다.

③ 회사는 영업점별 영업관리자의 임기를 1년 이상으로 하여야 한다.

④ 준법감시인은 영업점별 영업관리자에 대하여 연간 2회 이상 법규 및 윤리관련 교육을 실시하여야 한다.

081 신의성실의무에 대한 설명으로 가장 거리가 먼 것은?

① 신의성실의 원칙위반은 강행법규에 대한 위반이다.
② 상법에서는 신의성실의 원칙을 명시하고 있다.
③ 신의성실은 윤리적 의무이면서 동시에 법적의무이기도 하다.
④ 신의성실의 원칙은 조리를 발견함에 있어서 지침이 된다.

082 자본시장법 및 표준내부통제기준상 금융투자업 종사자가 준수해야 할 자기소속 회사에 대한 의무사항과 거리가 먼 것은?

① 회사와 이해상충 관계에 있는 업무 수행 시 부득이한 경우 사후 보고할 수 있다.
② 임직원과 고객과의 이메일은 사용장소에 관계없이 관계법규의 적용을 받는다.
③ 임직원이 언론기관 등에 업무와 관련된 정보를 제공하는 경우 사전에 관계부서와 협의를 해야 한다.
④ 금융투자업 종사자는 소속회사 업무를 신의로 성실히 수행해야 한다.

083 금융투자업 종사자의 투자자와 고객에 대한 의무로 가장 타당하지 못한 것은?

① 직무윤리는 어떠한 법적 관계가 있는 경우에만 적용되는 것이 아니고 법적 관계가 없는 자에 대해서도 광범위하게 요구된다.
② 수임자와 신임자의 이익이 충돌하는 경우 신임자의 이익을 우선시하여야 할 의무가 발생한다.
③ 충실의무를 이행하는 과정에 있어서 고객의 이익을 위하여 최선을 다하였다면 결과에 있어 고객에게 이익이 발생하지 아니하더라도 무방하다.
④ 주의의무는 업무수행이 신임관계에 의한 것이고 사무처리의 대가가 유상인 경우에 요구된다.

084 **직무윤리기준에 대한 서술 중 가장 바르지 못한 것은?**

① 금융투자업 종사자의 주의의무는 정상적인 지식과 윤리의식을 갖는 일반인에게 평균적으로 요구되는 주의를 요구한다.
② 금융투자협회의 영업규정에서는 자신이 발행한 주식을 기초자산으로 하는 파생상품에 대한 조사분석자료의 공표와 제공을 원천적으로 금지하고 있다.
③ 금융투자업자는 투자자와 이해상충이 발생할 가능성을 낮추는 것이 곤란하다고 판단되는 경우 매매 그 밖의 거래를 포기하는 것이 바람직하다.
④ 금융투자업 종사자는 투자자의 희생하에 자기 또는 회사를 포함한 제3자의 이익을 추구하여서는 아니 된다.

085 **다음 중 금융투자회사의 내부통제와 관련한 설명으로 가장 거리가 먼 것은?**

① 금융투자업자는 내부통제기준을 제정하거나 변경하는 경우 이사회 결의를 거쳐야 한다.
② 대표이사는 내부통제체제 구축 및 운영에 필요한 제반사항을 수행, 지원하고 적절한 내부통제정책을 수립한다.
③ 이사회는 내부통제체제 구축 및 운영에 관한 기준을 정한다.
④ 금융투자업자의 준법감시인 임면은 원칙적으로 주주총회의 의결로 정한다.

086 **자본시장법 및 금융투자업규정상 재권유금지에 해당하는 경우는?**

① 채권 투자권유를 거부한 투자자에게 다음 날 채권형 수익증권 투자를 권유
② 주식형펀드 가입 권유를 거부한 투자자에게 다음 날 다른 주식형펀드 가입을 권유
③ 금전신탁상품 가입 권유를 거부한 투자자에게 다음 날 부동산신탁상품가입을 권유
④ 금리스왑 투자권유를 거부한 투자자에게 다음 날 통화스왑 투자를 권유

087 투자자 성향 분류에 대한 설명 중 가장 거리가 먼 것은?

① 점수화방식은 질문에 대한 답변을 점수화 한 것으로 투자자 성향 분석을 할 수 있다.
② 추출방식은 투자자의 투자성향을 확정하지 않고, 각 정보항목 질문에 대한 투자자의 답변을 통해 적합상품을 순차적으로 선별하는 방식이다.
③ 혼합방식은 점수화 방식과 추출 방식을 혼합한 것으로 추출 방식보다 기준 및 시스템이 더 갖추어져야 하는 번거로움이 있다.
④ 상담보고서 활용방식은 투자자와의 상담을 통해 정보를 만들어 가는 방식으로 판매자의 전문성이 고도로 필요하다.

088 투자권유 시 설명해야 하는 내용에 해당하는 것을 모두 고르시오.

㉠ 계약의 해제, 해지에 관한 사항
㉡ 조기상환조건 관련사항
㉢ 수수료에 관한 사항
㉣ 투자성에 관한 구조와 성격

① ㉠, ㉡, ㉢, ㉣　　② ㉡, ㉢, ㉣
③ ㉠, ㉢, ㉣　　④ ㉠, ㉢

089 투자자 정보파악에 관한 설명 중 맞는 것을 모두 고르시오.

㉠ 투자권유를 희망하는 투자자에게 투자권유를 하기 전에 반드시 투자자정보를 파악하여야 한다.
㉡ 투자자의 정보를 파악하기 위해서는 면담과 질문을 통하여 투자자 정보확인서에 따라 파악한다.
㉢ 정한 요건을 갖춘 경우 대리인으로부터 본인의 정보를 파악할 수 있다.
㉣ 투자자의 투자자 정보는 투자자로부터 서명 등의 방법으로 확인을 받아야 하고, 반드시 투자자가 자필로 작성하여야 한다.

① ㉠, ㉡, ㉢　　② ㉠, ㉡, ㉢, ㉣
③ ㉠, ㉢, ㉣　　④ ㉠, ㉢

090 **금융투자업 규정상 투자권유대행인의 금지 행위에 대한 설명으로 거리가 먼 것은?**

① 위탁계약을 체결한 금융투자업자가 이미 발행한 주식의 매수 또는 매도를 권유하는 행위
② 자기 또는 제3자가 소유한 금융투자상품의 가격상승을 목적으로 투자자에게 당해 금융투자상품의 취득을 권유하는 행위
③ 투자목적, 재산상황 및 투자경험 등을 감안하지 아니하고 투자자에게 지나치게 빈번하게 투자권유를 하는 행위
④ 투자자에게 정해진 한도 내에서 이익을 제공하면서 권유하는 행위

091 **투자권유준칙에 대한 서술 중 가장 바르지 못한 것은?**

① 협회의 표준투자권유준칙은 투자자보호를 위한 최저기준을 제시함으로써 법시행초기의 혼선을 방지하는 기능을 담당한다.
② 고객의 정보제공이 없는 경우에도 고객의 확인하에 거래를 하는 경우 일반투자자로서의 보호를 하여야 한다.
③ 금융투자회사는 일반투자자인지 전문투자자인지를 파악하여야 한다.
④ 금융투자회사는 설명의무를 위반하는 경우 이로 인해 발생하는 고객의 손해를 배상할 책임이 있다.

092 **고령투자자에 대한 금융투자상품 판매 시 보호기준에 관한 내용 중 맞는 것을 모두 고르시오.**

㉠ 투자권유 유의상품 투자 권유 시 매매계약 체결 이후에 관리직직원이 권유의 적정성을 확인한다.
㉡ 본사 전담부서 및 전담인력을 지정한다.
㉢ 정확한 사리 분별이 어려운 경우 판매행위를 즉각 중단한다.
㉣ 고객이 원하지 않는 경우 고령투자자전담창구가 아닌 다른 창구 이용이 가능하다.

① ㉠, ㉡, ㉢, ㉣　　② ㉡, ㉢, ㉣
③ ㉠, ㉢, ㉣　　④ ㉠, ㉢

093 투자권유대행의 순서가 가장 적절한 것은?

① 투자권유 – 투자자 성향분석 – 투자자 정보파악
② 투자권유 – 투자자 정보파악 – 투자자 성향분석
③ 투자자 성향분석 – 투자자 정보파악 – 투자권유
④ 투자자 정보파악 – 투자자 성향분석 – 투자권유

094 금융투자상품의 위험도 분류 시 정성적 요소에 해당하는 것을 모두 고르시오.

㉠ 원금손실가능범위
㉡ 레버리지정도
㉢ 거래상대방위험
㉣ 조기상환가능성

① ㉠, ㉡, ㉢
② ㉡, ㉢, ㉣
③ ㉢, ㉣
④ ㉠, ㉢

095 다음 중 투자권유 시 설명의무에 대한 내용으로 틀린 것은?

① 동일 또는 유사 상품에 대한 투자경험이 있거나 해당 상품에 대한 지식수준이 높은 투자자는 간단한 설명이 가능하다.
② 투자권유 시 금융투자상품의 복잡성 및 위험도 등 상품 측면만을 고려하여 설명한다.
③ 계속적 거래가 발생하는 단순한 구조의 상장증권의 경우에는 최초 계좌 개설 시에만 설명의무를 이행한다.
④ 외화증권에 투자권유 시 환위험 헤지 여부, 환율위험 및 대상 국가에 대한 위험 등 추가적인 설명을 하여야 한다.

096 다음 중 개인대차대조표에 해당하는 것은?

① 자산상태표
② 현금수지상태표
③ 투자대조표
④ 부채상환표

097 **생애재무관리 목표가 아닌 것은?**

① 소득과 부의 증대
② 효율적 소비실천
③ 재무안정감 달성
④ 물가, 금리 안정

098 **생애재무설계의 목표를 달성하기 위한 단계와 고객관리의 연결이 잘못된 것은?**

① 소득과 자산의 보호 – 고객수익관리
② 자산의 증대 – 고객투자관리
③ 노후설계와 상속 – 고객은퇴관리 및 세금관리
④ 효율적인 수입과 지출의 관리 – 고객신용관리

099 **다음 중 고객 재무목표 설정 시 유의할 점으로 볼 수 없는 것은?**

① 재무목표는 현실적이어야 한다.
② 추상적이고 이론적인 용어로 기술되어야 한다.
③ 다양한 목표가 있을 경우 우선순위가 정해져야 한다.
④ 고객의 가치관을 파악하고 이것과 일치하는 행동 계획을 세워야 한다.

100 **노후 자산관리의 운용방법에 대한 설명으로 잘못된 것은?**

① 명확한 목적을 가지고 자산을 배분, 운용한다.
② 수익성보다는 안전성을 가장 먼저 고려하여 운용한다.
③ 단기상품보다는 장기상품에 안정적으로 투자한다.
④ 부채를 최소화하고 보험을 활용한다.

2회 실전모의고사

www.tomatopass.com

001 다음 중 신용협동기구가 아닌 것은?

① 상호저축은행
② 신용협동조합
③ 새마을금고
④ 상호금융

002 기초자산 가격 변동과 연계하여 미리 정하여진 방법에 따라 지급금액이 결정되는 권리가 표시가 된 것을 무엇이라 하는가?

① 수익증권
② 파생결합증권
③ 투자계약증권
④ 증권예탁증권

003 다음 중 상장지수펀드(ETF)에 대한 설명으로 틀린 것은?

① 특정 주가지수와 연동하는 인덱스펀드 성격을 가지고 있다.
② HTS나 전화주문이 가능하다.
③ 주식처럼 거래가 되므로 증권거래세가 부과된다.
④ 거래소 거래시간 중에 실시간 현재가격에 매매가 가능하다.

004 양도성정기예금증서에 대한 설명으로 틀린 것은?

① 유통시장에서 매매가 가능하다.
② 예치기간에 제한이 없다.
③ 증서의 만기 전에 중도해지가 불가하다.
④ 무기명 할인식으로 발행한다.

005 다음 중 집합투자기구의 이해관계자에 해당하지 않는 기구는 무엇인가?

① 집합투자업자　② 자산보관회사
③ 신탁업자　④ 투자중개업자

006 다음 중 부채증권으로 볼 수 없는 것은?

① 신주인수권　② 사채권
③ 국채증권　④ 기업어음증권

007 증권회사 등이 자산금액에 대하여 일정한 비율의 수수료를 받고 투자자에게 가장 적합한 투자전략 및 유가증권 포트폴리오 구성에 관한 상담을 해주는 자산종합관리계좌는 무엇인가?

① ABS　② CMO
③ Wrap Account　④ MBS

008 다음 실세금리를 반영하는 금융상품 중에서 예금자보호가 가능한 상품은?

① 양도성예금증서　② 환매조건부채권
③ 표지어음　④ MMF

009 다음 중 예금보험제도에 대한 설명으로 틀린 것은?

① 예금보험의 보호한도는 상품종류별, 지점별이 아닌 금융기관별로 적용한다.
② 보호한도인 5천만원은 원금과 약정이자를 포함한 것이다.
③ 예금자 1인이라 함은 개인뿐만 아니라 법인도 대상이 된다.
④ 예금 전액을 보호하지 않고 일정액만 보호하는 것이 원칙이다.

010 **주가지수연계증권(ELS)에 대한 설명으로 틀린 것은?**

① 기준가격은 기초자산의 가격, 변동성, 이자율 등에 의해 산정된다.
② 기초자산의 가격하락 시에도 원금 또는 원금의 일정부분이 보장 가능하다.
③ ELS에 투자한 개인의 경우 예금자보호 대상이다.
④ 원금비보장형의 경우 원금손실이 발생할 수 있다.

011 **증권의 공모발행에 대한 설명으로 틀린 것은?**

① 모집은 50인 이상의 투자자에게 새로 발행되는 증권 취득의 청약을 권유하는 것이다.
② 매출은 50인 이상의 투자자에게 이미 발행된 증권 매매의 청약을 권유하는 것이다.
③ 모집을 하는 주체는 증권의 보유자이고, 매출하는 주체는 증권의 발행인이다.
④ 통상 50인 산정 시 제외되는 자는 전문가와 발행인의 연고자이다.

012 **다음 중 유상증자의 발행형식이 다른 하나는 무엇인가?**

① 주주배정방식
② 제3자배정방식
③ 일반공모방식
④ 직접공모방식

013 **투자자예탁금의 별도예치에 대한 설명으로 가장 거리가 먼 것은?**

① 투자중개업자는 투자자예탁금을 고유재산과 구분하여 증권금융회사에 예치 또는 신탁한다.
② 투자중개업자는 투자자예탁금이 투자자의 재산이라는 뜻을 밝혀야 한다.
③ 국채나 지방채로 투자자예탁금을 운용 가능하다.
④ 예치기관이나 투자자 채권자는 예치기관에 예치된 투자자예탁금을 자신의 채권액과 상계하거나 압류할 수 있다.

014 유가증권시장의 상장에 대한 설명으로 틀린 것은?

① 주권의 전부를 상장해야 한다.
② 증권발행인으로부터 상장신청이 있어야 가능하다.
③ 재무에 관한 사항은 외부감사인의 감사보고서상 재무제표를 기준으로 한다.
④ 변경상장이란 주권상장법인과 주권비상장법인의 합병 등 사유로 인하여 주권비상장법인의 지분증권이 상장되는 것을 말한다.

015 다음 중 주주우선공모방식과 주주배정방식의 비교로 틀리게 설명한 것은?

① 실권주는 주주배정방식의 경우 이사회 결의에 의해 처리된다.
② 주주우선공모방식의 실권주는 일반투자자 공모로 처리된다.
③ 소요기간 및 일정은 주주우선공모방식이 좀 더 긴 경향이 있다.
④ 실권위험은 주주우선공모방식에 비해 주주배정방식이 낮다.

016 유가증권시장의 가격제한폭제도에 대한 설명으로 틀린 것은?

① 유가증권시장에서 가격제한폭은 기준가격 대비 상하 30%이다.
② 가격제한폭은 주식, DR, ETF 등에 적용하고 ETN, 수익증권에는 적용되지 않는다.
③ 정리매매종목, ELW, 신주인수권증서, 신주인수권증권 등은 가격제한폭제도가 적용되지 않는다.
④ 레버리지ETF는 배율만큼 가격제한폭을 확대하였다.

017 호가의 종류에 대한 설명으로 틀린 것은?

① 지정가주문은 가장 일반적인 주문으로 투자자가 거래하고자 하는 최소한의 가격수준을 지정한 주문이다.
② 시장가주문은 종목, 수량을 지정하되 가격은 지정하지 않는 주문이다.
③ 조건부지정가주문은 지정가주문으로 매매에 참여하나 체결이 안되면 종가결정을 위한 매매거래시간에 자동으로 시장가주문으로 전환되는 주문이다.
④ 최우선지정가주문은 매도의 경우 가장 높은 매도주문가격으로 주문한다.

018 **상장기업 공시의 요건에 대한 설명으로 가장 거리가 먼 것은?**

① 공시되는 정보는 정확하고 완전해야 한다.
② 공시되는 정보는 최신의 것으로 적시에 제공되어야 한다.
③ 공시되는 정보는 투자자가 용이하게 접근하고 이해할 수 있어야 한다.
④ 일반투자자는 전문투자자보다 우선하여 공시내용을 제공해야 한다.

019 **다음은 거래소시장에서의 매매체결에 관한 사항을 설명한 것이다. 이 중 잘못 설명한 것은?**

① 가격우선의 원칙
② 시간우선의 원칙
③ 동시호가로 간주되는 경우 수량우선의 원칙(많은 수량이 우선)
④ 동시호가로 간주되는 경우 자기매매우선의 원칙

020 **다음 중 유가증권시장에서는 적용되지 않고 코스닥시장에만 적용되는 것은?**

① 가격제한폭을 적용한다.
② 증권거래세를 부과한다.
③ 농어촌특별세를 부과하지 않는다.
④ 신용거래를 허용한다.

021 **채권가격과 채권수익률 변동에 대한 설명으로 가장 거리가 먼 것은?**

① 채권가격과 채권수익률은 반대방향으로 움직인다.
② 채권의 잔존기간이 길수록 동일한 수익률 변동에 대한 가격변동률은 커진다.
③ 표면이율이 낮을수록 동일한 크기의 수익률 변동에 대한 가격변동률은 작아진다.
④ 동일한 크기의 수익률 변동이 발생하더라도 채권가격의 변동률은 수익률이 상승할 때와 하락할 때가 동일하지 않다.

022 다음 중 채권에 대한 설명으로 바르지 않은 것을 모두 고르시오.

㉠ 자본시장법에 따르면 채무증권에는 채권뿐만 아니라 기업어음도 포함된다.
㉡ 제1종 국민주택채권은 발행일과 매출일이 같지 않을 수도 있다.
㉢ 표면이율이 동일한 이표채들의 경우 이자지급 단위기간이 짧을수록 매 이자지급 시점에 지급하는 이자금액이 커진다.
㉣ 만기수익률에 의하여 결정된 채권의 매매가격을 액면가라고 한다.

① ㉠, ㉡
② ㉢, ㉣
③ ㉡, ㉢
④ ㉠, ㉣

023 면역전략에 대한 설명으로 가장 올바른 것은?

① 채권투자에서 발생하는 현금흐름 수입을 부채의 상환흐름과 일치하도록 포트폴리오를 구성하는 전략이다.
② 향후 수익률 곡선이 중기물의 수익률은 하락하고 단기물과 장기물의 수익률은 상대적으로 상승할 것으로 예상될 때 사용하는 전략이다.
③ 투자기간과 채권포트폴리오의 듀레이션을 일치시키는 전략이다.
④ 현재 투자성과와 최소 목표성과를 비교하여 초과수익 정도에 따라 적극적 전략 또는 소극적 전략을 구사하는 혼합전략이다.

024 다음 중 이표채권에 대한 설명들 중 옳지 않은 것을 모두 고르시오.

㉠ 일정 기간마다 채권의 매도자가 표면이자를 지급한다.
㉡ 일반 회사채는 이표채 형태의 발행비중이 가장 크다.
㉢ 투자 시 가격변동위험과 재투자위험이 존재한다.
㉣ 지급이자는 매입 시의 만기수익률을 기준으로 산정된다.

① ㉠, ㉡
② ㉡, ㉢
③ ㉢, ㉣
④ ㉠, ㉣

025 채권운용전략 중 적극적 운용전략에 해당하는 것으로만 모두 고르시오.

㉠ 수익률곡선타기 전략
㉡ 채권교체 전략
㉢ 사다리형 만기운용전략
㉣ 나비형 투자전략

① ㉠, ㉡
② ㉢, ㉣
③ ㉡, ㉢, ㉣
④ ㉠, ㉡, ㉣

026 채권을 이자 및 원금지급방법에 따라 분류한 것으로 가장 거리가 먼 것은?

① 특수채
② 할인채
③ 복리채
④ 이표채

027 K-OTC시장에서 적용되는 매매제도에 대한 설명이 틀린 것은?

① 정규시장의 매매거래시간은 장내거래시장과 동일하다.
② 매매방식은 상대매매 방식이다.
③ 결제방식은 매매체결일부터 3일째 되는 날로 장내거래와 동일하다.
④ 위탁매매수수료는 장내거래와 동일하게 적용된다.

028 다음 중 코넥스시장의 불성실공시 유형을 모두 열거한 것은?

① 공시불이행
② 공시불이행, 공시변경
③ 공시불이행, 공시번복
④ 공시불이행, 공시변경, 공시번복

029 코넥스시장의 매매거래제도에 대한 설명으로 적절하지 않은 것은?

① 매매수량단위는 1주로 한다.
② 지정가와 시장가, 조건부지정가 주문을 할 수 있다.
③ 가격제한폭은 기준가격 대비 상하 15%로 제한된다.
④ 접속매매방식으로 체결된다.

030 K-OTC시장의 운영체제에 관한 다음 설명 중 틀린 것은?

① 금융위원회는 K-OTC시장 관련 규정의 제 · 개정에 대한 승인권을 보유하고 있다.
② K-OTC시장은 한국거래소가 개설 운용하는 시장이다.
③ 금융위원회는 기업의 K-OTC시장 상장을 위한 공모업무를 관장한다.
④ 금융투자협회 K-OTC시장 주식의 매매중개업무를 수행한다.

031 아래 지표 중 경기선행지수에 해당하는 것의 개수는?

㉠ 생산자제품재고지수
㉡ 건설수주액
㉢ 장단기금리차
㉣ 종합주가지수

① 1개　② 2개
③ 3개　④ 4개

032 다음 중 환율상승(원화 평가절하)의 원인 및 영향에 관한 설명으로 가장 올바른 것은?

① 그 영향으로 수입은 늘고 수출은 줄어든다.
② 그 영향으로 국내물가가 상승한다.
③ 그 영향으로 해외부채가 많은 기업의 수익성이 개선된다.
④ 달러의 초과공급, 원화의 초과수요가 그 원인이다.

033 **총자본이익률(ROI)이 10%, 매출액순이익률이 5%, 매출액이 10억원일 경우 총자본은 얼마인가?**

① 1억 ② 5억
③ 10억 ④ 20억

034 **시장가치비율분석에 대한 설명으로 가장 거리가 먼 것은?**

① 주가수익비율(PER)은 당해 연도에 이익이 (−)인 경우 일반적으로는 사용하지 않는다.
② 주가수익비율(PER)은 이익이 너무 높거나 낮으면 올바른 분석을 할 수가 없다.
③ 주가순자산비율(PBR)은 주가수익비율(PER)의 약점을 보완해 줄 수가 없다.
④ 자산의 시장가치를 추정대체비용으로 나눈 토빈의 q가 1보다 작으면 M&A의 대상이 된다.

035 **배당과 관련된 비율에 대한 설명으로 가장 거리가 먼 것은?**

① 배당성향이란 당해 연도 순이익 중에서 주주에게 배당한 금액이 차지하는 비율을 나타낸다.
② 우리나라의 경우 '배당률이 10%이다'라는 의미는 주식의 액면가치 대비 10%를 배당으로 지급한다는 의미이다.
③ 통상 지속적으로 성장하는 기업에서는 상대적으로 배당수익률은 높아지게 된다.
④ 배당수익률은 주식의 시장가치에 대한 배당금액의 비율을 나타낸다.

036 **재무비율분석의 장 · 단점에 대한 설명으로 가장 거리가 먼 것은?**

① 심도 있는 기업분석이 가능하다.
② 비율분석에 사용되는 재무제표는 과거의 회계정보라는 한계가 있다.
③ 일정기간의 재무제표인 손익계산서와 일정시점의 재무제표인 대차대조표를 동시에 사용하는 한계가 있다.
④ 기업마다 회계처리 방식이 다를 수 있다.

037 다음 중 EVA에 대한 설명으로 가장 거리가 먼 것은?

① 손익계산서의 당기순이익과 달리 자기자본 사용에 따른 기회비용을 감안한다.
② 계산과정에서 타인자본비용과 자기자본비용을 모두 고려한다.
③ 세후 당기순이익에서 기업의 총자본비용을 차감한 값이다.
④ 가치중심 경영을 유도하기 위한 성과측정 수단이다.

038 기술적 분석을 위한 패턴분석 중 반전형 패턴으로 가장 거리가 먼 것은?

① 삼봉천장형
② 원형바닥형
③ 깃대형
④ V자형

039 다음은 가치평가에 관한 기본적 개념에 관한 설명으로 틀린 것은?

① 일반적으로 자산의 가치는 해당자산의 수명이 다할 때까지 발생시킬 것으로 예상되는 미래기대이익에 기초한다.
② 자산의 가격은 그 자산이 가지고 있는 가치보다 높을 수도 있고 낮을 수도 있다.
③ 투자자산의 가치를 평가할 때 가장 먼저 해야 할 일은 해당자산에 대한 수요를 파악하는 일이다.
④ 증권시장이 효율적이라면 유가증권의 가격은 가치를 제대로 반영할 것이므로 가격과 가치는 동일하게 된다.

040 다음 중 PER의 유용성을 높이는 방법과 가장 거리가 먼 것은?

① 분자의 주가자료는 분석시점의 현재주가를 사용하는 방법이 적절하다.
② 주가는 미래 예상되는 이익을 반영한 것이기 때문에 당해 연도의 예측된 주당이익을 이용한다.
③ 전환증권의 발행이 있으면 희석화 되는 주식수를 포함한다.
④ 경기순환에 취약한 기업이나 매우 적은 이익을 낸 기업의 PER도 산업평균 PER을 계산할 때 미래 이익에 대한 시장의 거래로서의 정보가치가 있기 때문에 그대로 사용한다.

041 정부 경제정책에 대한 설명으로 바르지 않은 것은?

① 정부는 경기활성화를 위해서 재정흑자 정책을 사용할 수 있다.
② 정부의 재정적자 정책은 상대적으로 민간부문의 차입기회를 감소시켜 이자율만 상승하고 경제효과는 반감될 수 있다.
③ 통화공급의 증가는 시중이자율을 하락시켜 투자와 소비수요를 증가시킨다.
④ 통화공급의 증가는 장기적으로 물가상승으로 이어져 그 효과가 상쇄되기 쉽다.

042 제품수명주기에서 매출이 가장 큰 단계는?

① 성숙기
② 도입기
③ 성장기
④ 쇠퇴기

043 빈칸 안에 들어갈 말로 가장 올바른 것은?

PBR = 자기자본순이익률 × (   )

① 부채레버리지
② 매출액 / 총자본
③ PER
④ PSR

044 기업의 단기채무상환능력을 측정하기 위한 재무비율은?

① 매출액 순이익률
② 유동비율
③ 고정비율
④ 총자산회전율

045 **기술적 분석의 기본가정에 대한 설명으로 가장 거리가 먼 것은?**

① 증권의 시장가치는 수요와 공급에 의해서만 결정된다.
② 시장의 사소한 변동을 고려하지 않는다면 주가는 지속되는 추세에 따라 상당기간 움직이는 경향이 있다.
③ 추세의 변화는 기업의 실적 기대치 변동에 의해 발생한다.
④ 도표에 나타나는 주가모형은 스스로 반복하는 경향이 있다.

046 **투자자산 들의 포트폴리오 내 구성 비중을 각 자산이 시장에서 차지하는 시가총액 비율과 동일하게 포트폴리오를 구성하는 자산배분전략 시행방법은?**

① 위험－수익 최적화 방법　② 시장가치 접근방법
③ 가치평가모형　④ 포뮬러플랜

047 **다음 내용은 자산배분에 대한 정의이다. 괄호 안에 각각 들어갈 용어로 올바른 것은?**

> 자산배분이란 (　　　　)과(와) (　　　　)이(가) 다양한 여러 자산집단을 대상으로 투자자금을 배분하여 포트폴리오를 구성하는 일련의 과정이다.

① 이종자산, 표준편차　② 개별종목, 투자시점
③ 기대수익률, 위험수준　④ 투자목표, 상품종류

048 **이자지급형 자산에 대한 설명으로 가장 거리가 먼 것은?**

① 인플레이션이 발생할 경우 원금가치가 유지되지 않을 수도 있다.
② 변동성이 낮은 장점을 가진다.
③ 경기침체로 인해 자산가치가 하락하는 시기에는 안전자산으로 투자의 매력도가 낮아진다.
④ 언제 발생할지 모르는 현금의 필요에 대비한 단기자금운용에 활용하는 것이 바람직하다.

049 **벤치마크(benchmark)에 대한 설명으로 가장 거리가 먼 것은?**

① 투자성과와 위험도를 측정하기 위해 자산집단 각각에 대한 벤치마크가 사전에 설정되어 있어야 한다.
② 벤치마크는 운용자의 운용계획 표현수단인 동시에 투자자와 커뮤니케이션 수단이 된다.
③ 단기금융상품은 CD 91일물을 벤치마크로 현재 많이 사용하고 있다.
④ 현재 활용 중인 자산집단별 벤치마크 외 다른 지수를 별도로 만들어 벤치마크로 사용할 수 없다.

050 **아래 설명에 가장 근접한 기대수익률 측정방법은?**

> 과거의 자료를 바탕으로 하되 미래의 발생 상황에 대한 기대치를 추가하여 수익률을 예측하는 방법으로, 과거의 시계열 자료를 토대로 각 자산별 리스크 프리미엄 구조를 반영하는 기법이다.

① 펀더멘털 분석법
② 시나리오 분석법
③ 추세 분석법
④ 시장공동예측치 분석법

051 **다기간 투자수익률 계산방법과 특징에 대한 설명으로 가장 올바른 것은?**

① 내부수익률은 시간가중평균수익률이라고도 한다.
② 내부수익률은 현금유출액의 현재가치와 현금유입액의 현재가치를 일치시켜주는 할인율이다.
③ 산술평균수익률은 금액가중평균수익률이라고도 한다.
④ 기하평균수익률은 복리로 증식되는 것을 감안하지 않는다.

052 **자산배분전략의 수정방법에 대한 설명으로 가장 거리가 먼 것은?**

① 자산배분전략의 수정방법은 대표적으로 리밸런싱과 업그레이딩 2가지가 있다.
② 리밸런싱의 목적은 자산포트폴리오가 갖는 원래의 특성을 그대로 유지하고자 하는 것이다.
③ 리밸런싱은 기대수익에 비해 상대적으로 낮은 위험을 부담하도록 자산 포트폴리오의 구성을 수정하는 것이다.
④ 업그레이딩 수행 시 높은 성과를 지닌 자산보다 큰 손실을 가져다 주는 자산을 식별하여 제거하는 방법을 많이 사용한다.

053 **전략적 자산배분전략과 전술적 자산배분전략에 대한 설명으로 가장 거리가 먼 것은?**

① 전략적 자산배분은 투자목적을 달성하기 위해 장기적인 포트폴리오의 자산구성을 정하는 의사결정이다.
② 전략적 자산배분은 포트폴리오 이론에 토대를 두고 있다.
③ 전술적 자산배분은 전략적 자산배분에 의해 결정된 포트폴리오를 투자전망에 따라 중단기적으로 변경하는 실행과정이다.
④ 전술적 자산배분의 대표적인 실행방법으로는 최적포트폴리오를 활용한 위험–수익 최적화방법이 있다.

054 **전략적 자산배분전략의 실행방법으로만 모두 묶은 것은?**

㉠ 시장가치 접근방법
㉡ 위험 – 수익 최적화방법
㉢ 다변량 회귀분석
㉣ 포뮬러플랜

① ㉠, ㉡　　② ㉡, ㉢
③ ㉡, ㉢, ㉣　　④ ㉠, ㉡, ㉣

055 상향식 투자 관리에 대한 설명으로 올바른 것으로만 모두 묶은 것은?

> ㉠ 통합적 투자관리 과정에 따라 관리하는 방식이다.
> ㉡ 종목선정을 먼저하고 자산배분은 나중에 하는 방식이다.
> ㉢ bottom-up 방식이라고도 한다.

① ㉠, ㉡
② ㉠, ㉢
③ ㉡, ㉢
④ ㉠, ㉡, ㉢

056 자본시장법상 금융투자상품에 대한 설명으로 옳지 않은 것은?

① 원화로 표시된 양도성예금증서와 관리신탁의 수익권은 금융투자상품이다.
② 금융투자상품의 투자성을 판단함에 있어 판매수수료는 투자원본 산정에서 제외한다.
③ 합명회사의 지분과 합자회사의 무한책임사원 지분은 지분증권에 해당하지 않는다.
④ 특수채증권이란 법률에 의하여 직접 설립된 법인이 발행한 채권이다.

057 자본시장법상 금융투자업 신규 진입 시 인가를 요건으로 하는 업무로 가장 거리가 먼 것은?

① 투자매매업
② 투자중개업
③ 투자자문업
④ 집합투자업

058 자본시장법상 금융투자업에 대한 설명으로 옳지 않은 것은?

① 누구의 명의로 하든지 타인의 계산으로 증권의 발행에 대한 청약의 권유를 영업으로 하는 것은 투자매매업이다.
② 불특정한 사람들을 대상으로 발행되고 불특정다수인이 구입할 수 있는 출판물을 통해 조언하는 것은 투자자문업으로 보지 아니한다.
③ 투자권유대행인이 투자권유를 대행하는 경우에는 투자중개업의 적용이 배제된다.
④ 자기가 증권을 발행하는 경우에는 원칙적으로 투자매매업의 적용이 배제된다.

059 **투자자에 대한 설명으로 바르지 못한 것은?**

① 국가는 절대적 전문투자자이지만, 주권상장법인 및 지방자치단체는 일반투자자 대우를 받을 수 있는 상대적 전문투자자이다.
② 50억원 이상의 금융투자상품 잔고를 보유하고 계좌 개설 후 1년이 경과한 개인은 전문투자자 대우를 받을 수 있다.
③ 주권상장법인은 파생상품을 거래할 때 별도의 의사를 표시하지 아니하면 일반 투자자 대우를 받는다.
④ 전문투자자 대우를 받는 법인과 개인은 금융위 확인 후 2년간 전문투자자 대우를 받을 수 있다.

060 **금융투자업규정상 금융투자업자가 투자광고에 포함시켜야 하는 사항으로 가장 거리가 먼 것은?**

① 타 기관으로부터 수상을 받은 내용을 표기하는 경우 당해 기관의 명칭, 수상의 시기 및 내용
② 최소비용을 표기하는 경우 최대수익
③ 과거의 재무상태를 표기하는 경우 투자광고 시점 및 미래에는 이와 다를 수 있다는 내용
④ 통계수치나 도표 등을 인용하는 경우 해당 자료의 출처

061 **다음 설명 중 바르지 못한 것은?**

① 투자매매업자 또는 투자중개업자는 상장주권의 매매에 관한 투자자의 청약 또는 주문을 처리하기 위하여 대통령령으로 정하는 바에 따라 최선의 거래조건으로 집행하기 위한 조건을 마련하고 이를 공표하여야 한다.
② 투자자문계약을 체결한 투자자는 계약서류를 교부받은 날로부터 7일 이내에 계약을 해제할 수 있다.
③ 금융투자업자의 주요직무 종사자가 상장된 지분증권을 거래할 때에는 매매명세를 분기별로 소속회사에 통지하여야 한다.
④ 금융투자업자가 아닌 자는 금융투자업자의 영위업무 또는 금융투자상품에 관한 광고를 할 수 없지만, 증권의 발행인 및 매출인은 그 증권의 광고를 할 수 있다.

062 **자본시장법상 발행공시 규제에 관한 사항을 설명한 것으로 가장 거리가 먼 것은?**

① 일정한 방법에 따라 산출한 매출가액 총액이 10억원 미만인 경우에는 그 매출에 관한 증권신고서를 제출하지 아니할 수 있다.
② 증권신고서의 효력발생시기는 그 증권신고서가 수리된 날부터 금융위원회가 각 증권별로 정한 일정 기간이 경과한 날이다.
③ 증권신고서의 제출의무자는 당해 모집 또는 매출을 주관한 주관금융투자회사이다.
④ 모집은 일정한 방법에 따라 산출한 50인 이상의 투자자에게 새로 발행되는 증권의 취득의 청약을 권유하는 것이다.

063 **자본시장법상 투자매매업자 또는 투자중개업자의 준수사항에 대한 설명으로 가장 거리가 먼 것은?**

① 투자자로부터 금융투자상품의 매매에 관한 주문을 받는 경우 사전에 투자자에게 자기가 투자매매업자인지 투자중개업자인지를 밝혀야 한다.
② 금융투자상품에 관한 같은 매매에 있어 자신이 본인이 됨과 동시에 상대방의 투자중개업자가 되어서는 아니 된다.
③ 자기 발행 주식에 대해 투자자가 증권시장의 매매 수량단위 미만의 매도 주문을 하더라도 증권시장 밖에서 취득하여서는 아니 된다.
④ 조사분석자료 작성 담당자에게 인수업무와 연동하여 성과보수를 지급하여서는 아니 된다.

064 **다음 중 자본시장법상 파생상품에 속하는 것을 나열한 것으로 거리가 먼 것은?**

① 파생결합증권
② 코스피200선물거래
③ 선도거래
④ 스왑거래

065 **금융분쟁조정세칙상 분쟁조정에 대한 설명으로 가장 거리가 먼 것은?**

① 금융감독원장은 사건의 처리절차 진행 중에 일방 당사자가 소를 제기한 경우에는 그 조정의 처리를 중지한다.

② 금융감독원장은 분쟁 당사자에게 합의할 것을 구두로도 권고할 수 있다.

③ 합의권고를 진행하였으나 접수일로부터 30일 이내에 합의가 성립하지 않는 경우에는 조정위원회에 회부하고 위원회는 회부일로부터 30일 이내에 조정한다.

④ 분쟁당사자가 금융분쟁조정위원회의 조정안을 수락한 경우에는 해당 조정안은 재판상 화해와 동일한 효력을 갖는다.

066 **고객에 대한 투자제안 서비스에서 고객에 대한 금융상담과 거리가 먼 것은?**

① 고객 주도
② 장기적 투자사고
③ 금융상품 위주
④ 포괄적 상담

067 **고객에게 투자분석과 투자제안을 하는 과정에서 고객의 투자동의를 받아야 하는 이유와 가장 거리가 먼 것은?**

① 개별고객이 처한 상황에 따라 제안된 개별고객 위주의 투자제안 방식이므로

② 전략 자체가 장기적인 관점이란 점

③ 투자자산 배분과정에서 투자 위험성 요인이 존재한다는 점 때문에

④ 투자제안으로 안정적인 투자상품 위주의 투자상품 편입이라는 점 때문에

068 **다음 중 고객응대 시 기본 매너가 아닌 것은?**

① 정중한 인사는 45도를 숙인다.

② 전화는 벨이 3번 이상 울리기 전에 받는다.

③ 명함은 손윗사람이 손아랫사람에게 먼저 건넨다.

④ 고객 또는 직장 상사와 같이 보행할 때는 항시 좌측에서 안내 및 동행한다.

069 고객의 발전단계에서 시험기간이 되어 금융거래의 지속 여부를 판단하게 되는 경우는?

① 최초고객 ② 재연장고객
③ 단골고객 ④ 충성고객

070 설득 및 해법을 제시하는 단계에서 설득의 타이밍으로 적절한 것은?

① 당신의 상품이나 회사의 평판에 호의적인 발언을 할 때
② 당신의 상품이 갖는 이점으로 고객의 needs를 만족시킬 수 없는 것이 분명할 때
③ 경쟁회사나 그 상품에 만족하고 있는 발언을 할 때
④ 고객이 아직 자신의 needs에 대해 명확히 인지하지 못하고 있을 때

071 매스마케팅과 관계마케팅의 비교 시, 관계마케팅의 특징으로 올바른 것을 고르시오.

㉠ 시장점유율 중시
㉡ 사전대비 지향
㉢ 고객서비스 중심
㉣ 제품 차별화

① ㉡, ㉢ ② ㉡, ㉣
③ ㉠, ㉡ ④ ㉠, ㉢

072 효과적인 고객동의 확보기술로 가장 거리가 먼 것은?

① T-방법(대차대조표 방법) ② 결과 탐구법
③ 부메랑법 ④ 직설동의요구법

073 고객에 대한 핵심금융서비스로 투자분석 및 제안의 4단계가 적절한 것은?

① 투자제안 – 투자동의 – 투자정보수집 – 투자정보분석
② 투자제안 – 투자정보수집 – 투자동의 – 투자정보분석
③ 투자정보수집 – 투자제안 – 투자동의 – 투자정보분석
④ 투자정보수집 – 투자정보분석 – 투자제안 – 투자동의

074 고객과 관계형성 단계 시 전화절차에서 거절처리를 하는 단계로 가장 적절한 순서는?

① 경청 – 공감 – 완화 – 반전
② 경청 – 인정 – 응답 – 확인
③ 공감 – 경청 – 완화 – 반전
④ 인정 – 경청 – 확인 – 응답

075 성공적인 고객 동의 확보방법으로 가장 적절한 것은?

① 영업사원의 페이스에 고객을 맞추어라.
② 공격적인 모습으로 주장하라.
③ 긍정적인 태도를 유지하라.
④ 전략상품을 권유하라.

076 자본시장법상 금융투자업자가 영위하고 있는 금융투자업 간에 이해상충이 발생할 가능성이 높아서, 원칙적으로 금지되는 행위로 가장 거리가 먼 것은?

① 금융투자상품 매매정보에 관한 전산자료가 공유되도록 전산설비를 공동으로 이용하는 행위
② 사무공간의 출입문을 공동으로 이용하는 행위
③ 대표이사를 겸직하게 하는 행위
④ 금융투자상품의 매매에 관한 정보를 제공하는 행위

077 **고객의 지시에 다를 의무에 대한 설명으로 적절하지 않은 것은?**

① 고객의 지시와 다르게 업무를 수행하려면 고객으로부터 사전 동의를 받아야 한다.
② 임의매매 행위는 민사상 손해배상책임이 인정되나 형사 책임은 지지 않는다.
③ 고객의 판단이 합리적이지 않아 보여도 고객이 고집하면 고객의 의사에 따라야 한다.
④ 고객의 판단이 고객의 이익에 도움이 되지 않는다고 생각되는 경우에도 일단 고객에게 그 사정을 설명해야 한다.

078 **자본시장법상 금융투자업자가 일반투자자뿐만 아니라 전문투자자에 대해서도 부담하는 의무로서 가장 올바른 것은?**

① 투자성과를 보장하는 듯한 표현을 사용하여서는 아니 되는 의무
② 적합성의 원칙에 따라 고객의 투자목적 등에 적합하여야 할 의무
③ 적정성의 원칙에 따라 해당 파생상품이 고객에게 적절하지 않다고 판단될 경우에는 고객에게 이를 알려주어야 할 의무
④ 투자권유를 하는 경우, 금융투자상품의 내용과 투자위험 등을 고객이 이해할 수 있도록 설명하여야 할 의무

079 **투자상담을 담당하는 자가 고객에 대하여 투자권유를 할 때 직무윤리기준을 준수한 것은?**

① 주가는 미래의 가치를 반영하는 것이므로 투자정보를 제시할 때에 현재의 객관적인 사실보다는 미래의 전망 위주로 설명한다.
② 정밀한 조사 분석을 거치지는 않았지만 주관적인 예감으로 확실히 수익성이 있다고 생각되는 상품을 권한다.
③ 중요한 사실이 아니라면 그것을 설명함으로 인해 고객의 판단에 혼선을 가져올 수 있는 사항은 설명을 생략할 수 있다.
④ 고객을 강하게 설득하기 위해 필요하다면 투자성과가 어느 정도 보장된다는 취지로 설명하는 것도 가능하다.

080 **금융투자업 종사자의 의무에 대한 설명으로 가장 거리가 먼 것은?**

① 업무수행에 관하여 고객의 합리적인 지시가 있는 경우에는 그에 따라야 한다.
② 고객으로부터 위임받은 업무에 대하여 고객의 승낙이나 부득이한 사유 없이 재위임을 하는 것은 금지된다.
③ 업무를 처리함에 있어서 필요한 기록 및 증거를 상당기간 유지하여야 한다.
④ 고객으로부터의 요청이 없으면 방문 · 전화 등의 방법에 의하여 장내파생상품에 대한 투자권유를 하여서는 아니 된다.

081 **다음 중 직무윤리와 관련하여 틀리게 서술한 것은?**

① 기업윤리는 조직 구성원 개개인들이 지켜야 하는 윤리적 행동과 태도를 구체화한 것이다.
② 기업윤리와 직무윤리는 흔히 혼용되어 사용되기도 한다.
③ 직무윤리는 미시적인 개념이며, 기업윤리는 거시적인 개념으로 보기도 한다.
④ 윤리경영은 직무윤리를 기업의 경영방식에 도입하는 것으로 간단히 정의될 수 있다.

082 **금융투자업자의 내부통제기준에 대한 설명으로 가장 거리가 먼 것은?**

① 금융투자업자가 준법감시인을 임면하고자 하는 경우에는 이사회 결의를 거쳐야 한다.
② 한국금융투자협회는 표준내부통제기준을 작성하고 금융투자업자에게 사용을 권고할 수 있다.
③ 준법감시인은 해당 금융투자업자의 고유재산 운용업무를 담당하여서는 아니 된다.
④ 모든 금융투자업자는 준법감시인을 반드시 1인 이상 두어야 한다.

083 **다음 중 임직원의 대외활동 시 주의의무의 내용으로 틀린 것은?**

① 임직원이 공개되지 아니한 금융회사의 지분을 취득한 경우 즉시 회사의 사후 승인을 받아야 한다.
② 회사의 업무와 관련이 없는 업무에 종사하고자 하는 경우에는 회사의 사전 승인을 받아야 한다.
③ 임직원이 강연, 연설, 교육, 기고, 방송, 그리고 인터뷰 등을 하고자 하는 경우에는 회사의 사전 승인을 받아야 한다.
④ 대외활동으로 취득한 금전적인 보상은 준법감시인에게 신고하고 그 취득을 허락받은 후에 사용하여야 한다.

084 다음 중 금융소비자보호총괄책임자(CCO)에 대한 설명 중 가장 올바른 것은?

① CCO는 금융소비자보호 협의회의 의장이 될 수 있다.
② CCO는 금융소비자보호 협의회의 설치 및 운영을 담당한다.
③ CCO는 금융소비자보호 업무수행 책임자로 민원발생과는 관련이 없다.
④ CCO는 감사 직속의 독립적 지위를 갖는다.

085 다음 중 정보의 내부차단장치(Chinese wall)에 대한 설명으로 옳지 않은 것은?

① 임직원이 정보차단장치에 의하여 보호되어야 할 비밀정보를 취득할 경우에는 감독기관에게 보고해야 한다.
② 정보의 차단장치는 사무실의 분리, 전산시스템의 접근 차단, 보고라인의 분리 등이 해당된다.
③ 비밀정보를 접하게 되는 부서와 업무상 이러한 정보의 접근이 필요 없는 부서 사이에는 정보차단장치를 설치해야 한다.
④ 동일한 부서 내에서 선관주의의무 준수를 위하여 필요하다고 판단되는 경우에는 비밀정보를 다루는 임직원과 다른 임직원 사이에 정보차단장치를 설치해야 한다.

086 다음 개인정보 중 민감정보에 해당하는 것은?

① 주민등록번호　　② 여권번호
③ 신용카드번호　　④ 건강상태

087 다음 중 내부통제기준에 포함시켜야 될 사항으로 거리가 가장 먼 것은?

① 임직원이 업무 수행할 때 준수절차에 관한 사항
② 업무분장과 조직구조에 관한 사항
③ 대표이사의 임면절차에 관한 사항
④ 내부통제기준의 제정이나 변경절차에 관한 사항

088 금융회사는 고객확인을 이행한 고객과 거래가 유지되는 동안 당해 고객에 대하여 고객 확인의 재이행주기를 설정하고 지속적으로 고객확인을 한다. 이때 중위험고객의 재이행주기로 적절한 것은?

① 1년 ② 2년
③ 3년 ④ 4년

089 이익충돌 시 우선 순위에 관한 설명 중 맞지 않는 것은?

① 고객의 이익은 회사의 이익보다 우선
② 회사의 이익은 임직원의 이익보다 우선
③ 모든 고객의 이익은 상호 동등하게 취급
④ 주주의 이익은 고객의 이익보다 우선

090 회사에 대한 이해상충의 금지의무와 관련하여 틀린 것은?

① '이해상충관계'는 소속회사와 경쟁관계에 있는 경우는 물론이고, 소속회사의 영업에 부정적인 영향을 줄 수 있는 일체의 것을 포함한다.
② 소속회사로부터 미리 승인을 얻은 경우에는 가능하며, 법률적으로 그 승인은 반드시 명시적으로 받아야 한다.
③ 투자권유자문인력은 회사와 이해상충의 관계에 있거나 잠재적 가능성이 있는 경우에도 그러한 지위를 맡거나 업무를 수행하여서는 아니 된다.
④ 임직원이 다른 금융투자회사의 임직원을 겸임하는 행위는 이해상충관계에 있다.

091 투자권유대행의 순서가 가장 적절한 것은?

① 투자자 정보파악 – 투자자 성향분석 – 투자권유
② 투자권유 – 투자자 정보파악 – 투자자 성향분석
③ 투자자 성향분석 – 투자자 정보파악 – 투자권유
④ 투자권유 – 투자자 성향분석 – 투자자 정보파악

092 **금융상품에 대한 이해도가 매우 높음으로 나오면 모든 상품을 권유 가능하고 이해도가 보통이면 파생상품 및 구조가 복잡한 구조화증권을 배제시키는 투자성향분석 방법으로 적절한 것은?**

① 점수화방식
② 추출방식
③ 혼합방식
④ 상담보고서 활용방식

093 **투자권유를 하는 경우 투자자에게 설명해야 할 사항으로 적절하지 않은 것은?**

① 금융투자상품의 투자성에 관한 구조와 성격
② 투자자가 부담하는 수수료에 관한 사항
③ 조기상환조건이 있는 경우 그에 관한 사항
④ 투자성과에 연동된 성과보수에 관한 사항

094 **외화증권 투자를 하는 경우 추가적으로 설명해야 할 사항이 아닌 것은?**

① 투자대상국가 또는 지역 경제의 특징
② 투자에 따른 일반적 위험 외에 환율변동위험
③ 투자대상국가의 거래제도 차이
④ 금융투자회사가 환위험 헤지를 하는 경우 시장상황에 따라 손실이 발생할 수 있다는 사실

095 **금융투자상품의 내재적 특성으로 올바르지 않은 것은?**

① 원금손실 가능성
② 투자결과에 대한 본인책임 원칙
③ 투자상품에 대한 지속적인 관리 요구
④ 금융투자회사 직원에 대한 높은 의존성

096 **자산상태표와 개인수지상태표에 대한 설명으로 틀린 것은?**

① 수지상태표는 저량(Stock)의 개념이고, 자산상태표는 유량(Flow)의 개념이다.
② 자산상태표는 개인 또는 가계의 재무상태가 얼마나 안정적인지 또는 불안정한지를 나타낸다.
③ 개인수지상태표는 개인의 재무운영상의 문제점을 파악하는 데 도움을 준다.
④ 개인수지상태표에서 흑자를 보인 경우 그 흑자의 양만큼 다른 곳에 소비하거나 저축, 투자할 수 있는 여지가 있음을 나타낸다.

097 **개인대차대조표에 대한 설명으로 잘못된 것은?**

① 개인대차대조표는 자산, 부채, 순자산으로 구성된다.
② 자산은 상업적 가치나 교환가치가 있는 모든 재산의 현재가치를 의미한다.
③ 투자자산은 양도성예금증서, 저축예금, 정기예금, 주식, 채권 등이다.
④ 보통 만기가 1년 이내인 부채를 단기부채라 한다.

098 **다음 중 개인수지상태표에 대한 설명이 틀린 것은?**

① 개인수지상태표는 기업의 수익과 비용을 나타내주는 손익계산서와 같다.
② 개인수지상태표는 개인가계의 수입과 지출, 손익결산으로 구성되어 있다.
③ 현금유입은 급여소득, 자영수입, 저축과 투자수입, 자산매매수입 등으로 이루어진다.
④ 고정지출의 대부분은 계약에 의해 발생되는 지출로 주식비, 의료비, 세금 등이다.

099 **고객 재무의사결정과정에 영향을 미치는 요인에 대한 설명이 적절하지 않은 것은?**

① 교육수준이 높고 소득수준이 높은 가계일수록 주식투자와 같은 공격적 투자성향을 갖는다.
② 현재를 중시하게 되면 보험과 연금 등의 금융상품을 늘리게 된다.
③ 금리상승이 예상되면 미리 대출받는 것이 유리하다.
④ 물가상승률과 실질소득은 반대상향으로 움직이며 실질소득은 물가상승효과를 제거한 실질적 구매력을 나타낸다.

100 **다음 중 효율적 소비의 실천방법과 거리가 먼 것은?**

① 가계부나 현금출납부 등 건전한 재무기록을 유지한다.
② 비용이 가급적 낮은 종류의 신용카드를 사용한다.
③ 효율적인 소비보다 효율적인 저축이 더욱 중요하다.
④ 불요불급한 용도에 대한 지출을 삼간다.

모의고사 # 정답 및 해설

www.tomatopass.com

01회 실전모의고사

001	002	003	004	005	006	007	008	009	010	011	012	013	014	015
③	③	④	②	②	③	③	④	②	④	①	②	②	③	③
016	017	018	019	020	021	022	023	024	025	026	027	028	029	030
③	②	②	④	④	④	②	②	②	④	③	②	③	②	①
031	032	033	034	035	036	037	038	039	040	041	042	043	044	045
③	③	②	③	①	④	④	②	②	④	①	③	②	①	②
046	047	048	049	050	051	052	053	054	055	056	057	058	059	060
①	②	④	③	②	③	②	④	②	②	①	③	①	④	④
061	062	063	064	065	066	067	068	069	070	071	072	073	074	075
①	②	③	③	③	②	②	③	③	③	①	④	③	②	②
076	077	078	079	080	081	082	083	084	085	086	087	088	089	090
④	②	①	③	④	②	①	④	①	④	②	③	①	①	④
091	092	093	094	095	096	097	098	099	100					
②	②	④	③	②	①	④	①	②	③					

001
새마을금고, 신협은 별도 자체기금을 통한 예금자보호 제도를 운영한다.

002
신탁형 혹은 일임형 하나의 계좌만 가능하다.

003
중도해지가 가능하며 펀드상품이 아니므로 추가수익이 가능하지 않다.

004
불스프레드(Bull-Spread)형에 대한 설명이다.

005
가입에 대한 나이제한은 없다.

006
상장지수펀드는 지수를 추종하면 되므로 수수료가 낮다.

007
투자자문업과 투자일임업은 등록대상 금융투자업이며 나머지는 인가대상이다.

008
발행어음은 예금자보호 대상 상품이다.

009
표지어음은 중도해지가 불가하며(배서에 의한 양도는 가능), 예금자보호 대상 상품에 해당한다.

010
연금수령 시 연금소득세가 과세되면 연금지급기간은 만 55세 이후 10년 이상 연단위이다.

011
코스닥시장 증권거래세는 0.18%이다(2025년 0.15%로 인하 예정).

012
재상장은 폐지일로부터 5년 이내 가능하다.

013
증자가 추가상장의 사례이다.

014
자기자본은 300억원 이상이어야 한다.

015
거래소는 상법상 주식회사이다.

016
공정공시에 대한 설명이다.

017
유가증권 및 코스닥시장 동일 5만원~20만원 미만 호가단위는 100원이다.

018
모두 맞는 연결이다. 최유리지정호가와 최우선지정호가를 특히 잘 구분해야 한다.

019
단일가매매가 아닌 접속매매에 대한 설명이다.

020
18일까지는 매입해야 신주를 배정받을 수 있다. 19일은 권리락이 발생한다.

021
①~③은 표면금리에 대한 설명이다.

022
다른 조건이 같을 경우 복리채는 이자가 만기에 복리되어 지급되니 현금흐름이 많아진다.

023
차등가격 경매방식으로 현재 국고채 낙찰수익률 결정방식이다.

024
금리변화에 대해 채권가격은 금리가 상승할 때보다 하락할 때 크게 변한다.

025
㉠, ㉡은 소극적 투자전략에 해당한다.

026
바벨형 만기운용전략은 예측을 하지 않고 단기와 장기채로 운용하는 소극적 투자전략이다.

027
준법감시인이 아닌 상근감사의 선임의무가 면제된다.

028
매매방식은 접속매매로 동일하다.

029
모두 신규지정요건에 해당한다.

030
가격일치원칙을 적용한다.

031
광공업생산지수는 동행지수에 해당한다.

032
일반적으로 성장률이 하락하면 경쟁이 더욱 치열해진다.

033
시장이 세분화되는 것은 성숙기에 해당한다.

034
① 유동비율은 단기 채무능력을 평가하는 비율이다.
② 총자본이익률은 수익성을 평가하는 비율이다.
④ 자기자본이익률은 재무상태표 및 손익계산서 항목으로 구성되는 재무비율이다.

035
재고자산회전율은 활동성에 관한 비율이다.

036
이익률이 일정하고 총자산회전율이 증가하면 ROA는 증가하게 된다.

037
배당수익률은 1주당 배당금을 주가로 나눈 것으로, 배당률, 즉 주식액면금액을 기준으로 배당금을 나눈 것과 구분해야 한다.

038
환율이 상승하면 수출에 유리해진다.

039
구축효과는 재정적자로 민간의 차입 기회를 감소시켜 금리가 오르는 효과를 말한다.

040
주가는 대표적인 경기에 선행하는 지표이다.

041
주가=배당/(요구수익률−성장률)이다. 따라서 2,000=100/(R−0.05)이므로 요구수익률(R)은 10%이다.

042

배당금 규모는 이익잉여금처분계산서에 나타난다.

043

재무제표는 과거자료이므로 미래를 예측하는데 한계가 있다.

044

기본적 분석은 본질적인 내재가치에 치중한다.

045

패턴분석에 대한 설명이다.

046

모두 투자목표 설정 시 고려해야 할 사항이다.

047

상관관계가 낮아야 위험감소 효과가 커지게 된다.

048

95% 신뢰구간은 표준편차의 2배 수준으로 구간을 예측하게 된다. 따라서 10－16＝－6%부터 10＋16＝26%까지가 신뢰구간이다.

049

최적포트폴리오는 투자자의 효용함수를 반영하므로 투자자마다 다를 수 있다.

050

리스크 프리미엄을 반영하는 방법이 펀더멘탈분석법이다.

051

전술적 자산배분의 가정에 해당한다.

052

전술적 자산배분은 단기적으로 시장을 예측하여 투자하는 방법으로 역투자전략이 해당한다.

053

기하평균수익률이 과거 일정기간의 수익률 계산에 적절하므로 반대로 설명하고 있다.

054

업그레이딩에 대한 설명이다.

055

투자자마다 요구수익률이 다양하게 나타나므로 투자자의 상황을 고려해서 투자전략을 수립하는 것은 전략적 자산배분의 실행방법에 해당한다.

056

투자매매업에 대한 설명이며 '타인의 계산'으로 매매하는 것은 투자중개업에 해당한다.

057

판매수수료는 투자원본에 포함되지 않다.

058

6개월 이내가 아닌 3개월 이내이다.

059

투자자예탁금은 안전한 국채 등에 투자하며 회사채에 투자할 수 없다.

060

단순 주주가 아닌 주요 주주(10% 이상 보유)가 해당된다.

061

금융시장 교란에 대한 우려가 적어 정보교류차단에 환매조건부매매는 제외된다.

062

정보 제공 전에 보고하는 것이 원칙이다.

063

펀드평가회사가 아니라 채권평가회사가 해당한다.

064

인가요건으로 최저자기자본 요건이 해당한다.

065

철회가 가능한 투자성 상품에는 비금전신탁계약이 포함된다.

066

상품의 폭이 넓어지고 고객의 니즈는 개별화, 다양화되고 있다.

067

고객주도, 장기적 투자사고, 투자방식 위주가 해당한다.

068

추정승낙법은 판매종결 시 활용한다.

069

확대형 질문은 상담 시간이 길어지게 된다.

070

기존 고객서비스의 특징과 CRM의 특징을 비교하면 다음과 같다.
자동화 → 정보화, 규모의 경제 → 범위의 경제, 사후처리 지향 → 사전대비 지향, 고객 획득 → 고객 유지

071

금융 투자관리(CRM)은 시장점유율보다 고객점유율, 제품보다는 서비스차별화가 특징이다.

072
클로징은 바잉 시그널이 나올 때 실행한다.

073
확대형질문에 대한 설명이다.

074
개방형질문에 대한 설명이다.

075
① 고객 상담 프로세스는 관계형성인 먼저 이루어져야 한다.
③, ④ 보디랭귀지 및 자산만의 화법을 적절히 사용해야 한다.

076
부패인식지수는 그 수위가 낮을수록 부패정도가 심한 것을 의미한다.

077
반대로 설명하고 있다. 고객의 이익이 우선이 되어야 한다.

078
속하는 회사가 아닌 곳으로부터 수수하는 경우 알려야 한다.

079
③은 직무윤리에 대한 설명이다.

080
연간 1회 이상 관련 교육을 실시하여야 한다.

081
신의성실의 원칙은 민법에 명시하고 있다.

082
이해상충 관계에 있는 업무수행은 사전에 보고해야 한다.

083
사무처리 대가가 무상인 경우에도 당연히 요구된다.

084
일반인이 아닌 전문가 수준 즉 해당 업에 종사하는 자의 평균 이상의 수준의 주의를 요구한다.

085
준법감시인의 임면은 이사회의 의결로 정한다.

086
권유를 거부한 경우 다른 종류의 상품에 한해(투자자 보호에 문제가 없을 경우) 재권유가 가능하다. 주식형펀드를 거부한 고객에게 같은 종류의 주식형펀드를 권유하는 것은 불가하며, 다시 주식형펀드를 권유하는 것은 1개월이 지난 후에 가능하다.

087
혼합방식은 추출방식보다는 덜 번거롭다.

088
모두 투자의사결정에 필요한 내용에 해당한다.

089
반드시 투자자가 자필로 작성하지 않고 컴퓨터 단말기에 입력 후 프린트하여 확인하는 등의 방법을 사용할 수 있다.

090
정해진 한도를 준수하는 것은 금지행위에 포함되지 않다.

091
고객의 정보제공이 없고 고객이 이를 확인하는 경우 향후에도 투자권유를 할 수 없다.

092
투자권유 유의상품은 매매계약 체결 이전에 관리직 직원의 적정성 확인이 필요하다.

093
정보파악 이후에 성향분석이 이루어 진다.

094
원금손실가능범위, 레버리지 정도는 정량적 요소에 해당한다.

095
상품 측면만이 아닌 고객의 경험, 이해도 측면을 고려하여 설명하여야 한다.

096
자산현황을 알 수 있는 것이 자산상태표이다.

097
물가나 금리와 같은 거시경제 항목은 개인이 관리할 수 있는 목표가 아니다.

098
소득과 자산의 보호를 위해서는 위험관리가 필요하다.

099
구체적이고 현실적인 용어로 기술되어야 한다.

100
노후 자산관리는 장기보다는 단기로 상황에 따라 관리하는 것이 합리적이다.

02회 실전모의고사

001	002	003	004	005	006	007	008	009	010	011	012	013	014	015
①	②	③	②	②	①	③	③	②	③	③	④	④	④	④
016	017	018	019	020	021	022	023	024	025	026	027	028	029	030
②	④	④	④	③	③	②	③	④	④	①	①	③	②	②
031	032	033	034	035	036	037	038	039	040	041	042	043	044	045
③	②	②	③	③	①	③	③	③	④	①	①	③	②	③
046	047	048	049	050	051	052	053	054	055	056	057	058	059	060
②	③	③	④	①	②	③	④	①	③	①	③	①	③	②
061	062	063	064	065	066	067	068	069	070	071	072	073	074	075
③	③	③	①	③	③	④	③	①	①	①	③	④	①	③
076	077	078	079	080	081	082	083	084	085	086	087	088	089	090
③	②	①	③	④	①	④	①	④	①	④	③	②	④	②
091	092	093	094	095	096	097	098	099	100					
①	②	④	④	④	①	③	④	②	③					

001
저축은행은 조합원의 상호 금융이익을 위한 신용협동기구에 해당하지 않다.

002
파생결합증권의 정의에 해당한다.

003
펀드이므로 증권거래세가 면제되어 거래비용도 낮추는 효과가 있다.

004
정기예금으로 30일 이상의 만기조건이 있다.

005
신탁재산의 보관은 신탁업자가 담당하므로 별도의 자산보관회사가 필요한 것은 아니다.

006
신주인수권은 신주를 인수할 수 있는 권리에 해당하므로 지분증권이다.

007
랩어카운트(Wrap Account)에 대한 설명이다.

008
표지어음은 예금자보호 대상 상품이다.

009
보호한도에는 원금과 예금보험공사의 소정이자를 포함한다.

010
ELS는 투자상품으로 예금자보호 대상 상품이 아니다.

011
모집을 하는 주체는 증권의 발행인이고, 매출하는 주체는 증권의 보유자이다.

012
주주배정, 3자배정, 일반공모는 간접발행 방식이다.

013
투자자예탁금은 고객의 자산이므로 상계나 압류가 불가하다.

014
우회상장에 대한 설명이다.

015
실권위험은 주주배정방식이 더 높다.

016
ETN, 수익증권에도 가격제한폭이 적용된다.

017
최우선지정가주문은 매도의 경우 가장 낮은 매도주문가격으로 주문이 된다.

018
공시는 일반투자자나 전문투자자 모두에게 공평해야 한다.

019
고객 즉, 위탁매매가 우선이 된다.

020
유가증권시장은 농어촌특별세가 부과되나 코스닥시장은 증권거래세만 부과된다. 2021년 기준으로 최종 거래비용은 0.23%로 동일하다. 유가증권시장 0.08+0.15=0.23%, 코스닥시장 0.23%이다.

021
표면이율이 낮을수록 채권가격의 변동률은 커지게 된다.

022
단위기간이 짧을수록 이자금액이 줄어들고 만기수익률에 의하여 결정된 채권가격은 시장가격 혹은 유통가격이다.

023
수입과 부채의 흐름을 일치시키는 것은 현금흐름일치전략이며 면역전략은 투자기간과 채권의 듀레이션을 일치시키는 전략이다.

024
표면이자를 지급하는 주체는 채권의 발행자이며 해당 이자는 표면이자율을 기준으로 지급한다.

025
사다리형 만기운용전략은 시장에 대해 예측을 하지 않는 소극적 운용전략에 해당한다.

026
특수채는 발행주체에 따른 분류에 해당한다.

027
K-OTC시장은 시간외거래가 없다.

028
제도 간소화 및 상장법인의 공시 부담 완화를 위하여 공시불이행 및 공시번복에 한하여 불성실공시법인 지정을 적용하고 있다.

029
코넥스시장에서는 조건부지정가 주문은 불가하다.

030
K-OTC시장은 금융투자협회가 개설 운용하는 시장이다.

031
경기선행지수에 해당하는 것은 ㉡~㉣이다. 생산자제품재고지수는 후행지표이다.

032
환율이 상승하면 수출이 늘어나지만 수입물가도 올라 결국 국내물가가 상승하게 된다.

033
총자본이익률=매출액순이익률×총자본회전율(2회)
총자본회전율(2)=매출액(10억)/총자본(5억)

034
RER은 이익의 관점에서 PBR은 자산의 관점에서 판단하므로 상호 보완관계에 있다.

035
일반적으로 성장성이 좋은 기업은 유보율을 높여 배당보다는 더 높은 성장을 추구한다.

036
재무비율분석으로 전반적인 분석이 가능하며 심도 있는 분석은 어렵다.

037
PER은 세후 당기순이익 기준이나 EVA는 세후 순영업이익 기준이다.

038
깃대형은 지속형 패턴의 한 종류이다.

039
수요와 공급분석은 기술적 분석에서 가장 중요한 분석방법이다.

040
이익의 변동성이 크거나 적자 등의 기업을 분석할 때는 PER의 유용성이 낮아진다.

041
경기활성화를 위해 정부는 재정적자 정책을 주로 사용한다.

042
성숙기에서 매출이 가장 크게 나타난다.

043
PER의 값에 자기자본순이익률을 곱하면 PBR을 구할 수 있다.

044
유동비율은 유동자산에서 유동부채를 나누어 구하며 단기채무 상환능력을 측정하는데 활용한다.

045
기업의 실적분석은 기본적 분석에서 사용한다.

046
시장가치 접근방법에 대한 설명이다.

047
기대수익률과 위험수준이 다양한 자산으로 구성하는 것이 자산배분이다.

048
이자지급형 자산은 안전성이 높아 경기침체 시 매력도가 높아진다.

049
예를 들어 주식과 채권을 혼합하여 운용하는 경우 주식과 채권의 벤치마크를 혼합하여 설정할 수 있다.

050
펀더멘털 분석법의 특징은 리스크 프리미엄을 반영한다는 데 있다.

051
① 내부수익률은 금액가중방법이다.
③ 산술평균은 시간가중방법이다
④ 기하평균수익률은 복리를 감안하여 산정된다.

052
③은 업그레이딩에 대한 설명이다.

053
④는 전략적 자산배분에 대한 실행방법이다.

054
다변량 회귀분석과 포뮬러플랜은 전술적 자산배분전략의 실행방법이다.

055
일반적인 통합적 투자관리 과정은 하향식 방식을 사용한다.

056
자본시장법상 양도성예금증서, 관리신탁의 수익권, 스탁옵션은 투자상품으로 분류하지 않는다.

057
투자자문업과 투자일임업은 등록제이다.

058
①은 투자중개업에 대한 설명이다.

059
파생상품 전체가 아니라 장외파생상품인 경우이다.

060
최소비용을 표기하는 경우 최대비용을 함께 포함하여야 한다.

061
매매명세를 월별로 소속회사에 통지한다.

062
증권신고서의 제출의무자는 당해 법인이다.

063
자기 발행 주식에 대해 투자자가 증권시장의 매매 수량단위 미만의 매도 주문을 하더라도 증권시장 밖에서 취득이 가능하며 3개월 이내에 매도하도록 하고 있다.

064
파생결합증권은 증권의 한 종류이다.

065
조정위원회는 회부일로부터 60일 이내에 조정한다.

066
단순한 상품위주가 아니라 전반적인 투자컨설팅 차원에서 제안한다.

067
고객의 성향에 따라 투자위험이 있는 상품이 편입되기 때문이다.

068
반대로 설명하고 있다. 명함은 손아랫사람이 먼저 건네는 것이 기본 매너이다.

069
최초고객에게 해당하는 경우이다.

070
호의적인 반응이 있을 때 설득의 타이밍으로 적절하다.

071
시장점유율보다는 고객점유율, 제품 차별화보다는 고객 차별화가 특징이다.

072
부메랑법은 반감처리화법에 해당한다.

073
정보수집 후 분석이 이뤄지고 제안을 하게 된다.

074
경청 후 공감의 단계로 넘어가게 된다.

075
고객의 페이스로 공감하는 자세로 고객에게 맞는 상품을 권유해야 한다.

076
이해상충을 방지하기 위한 여러 금지행위 중 대표이사의 겸직은 제외된다.

077
임의매매는 형사 책임을 질 수 있는 행위이다.

078
전문투자자의 경우 적합성, 설명의무가 없으나 투자자 책임원칙은 기본적으로 준수해야 한다.

079
투자권유는 객관적인 사실위주로 진행하며 투자결정에 영향을 미치는 중요한 사실이 아니라면 생략이 가능하다.

080
고객의 요청이 없다면 장내파생상품이 아니라 장외파생상품이 투자권유 불가이다.

081
기업윤리는 조직 구성원 전체에게 해당하는 것이다.

082
소규모 금융투자업자 예를 들어 자문사와 같은 경우에는 예외가 가능하다.

083
임직원이 공개되지 않은 금융회사의 지분을 취득한 경우 사전 승인을 받아야 한다.

084
CCO는 대표이사 직속의 독립적 지위를 갖다.

085
감독기관이 아니라 준법감시인에게 보고해야 한다.

086
개인의 정치적 소신이나 건강상태 등이 민감정보에 해당한다.

087
내부통제기준에는 준법감시인의 임면절차에 관한 사항이 포함된다.

088
고위험은 1년, 중위험은 2년, 저위험은 3년주기로 이행한다.

089
고객의 이익이 최우선이다.

090
반드시 명시적일 필요는 없고 묵인도 가능하다.

091
먼저 정보파악 후 성향분석을 하게 되고, 투자권유를 한다.

092
추출방식에 대한 설명이다.

093
일반적으로 성과보수는 조건을 충족하는 예외적인 경우에 받을 수 있다.

094
투자자가 직접 환위험 헤지를 하는 경우 시장 상황에 따라 헤지비율 미조정 시 손실이 발생할 수 있는 사실을 설명해야 한다.

095
모든 금융상품이 직원에게 높은 의존이 필요한 것은 아니다.

096
반대로 설명하고 있다. 수지상태표는 유량의 개념이며 자산상태표는 저량의 개념이다.

097
양도성예금증서와 저축예금은 현금성자산으로 분류한다.

098
주식비와 의료비는 변동성 지출에 해당한다.

099
미래를 중시하면 보험과 연금 등으로 대비하게 된다.

100
소득을 늘리는 것이 쉽지 않기 때문에 효율적인 소비를 통해서 저축 재원을 확보하는 것이 더욱 중요한다.

Memo

Memo

04 가장 빠른 1:1 수강생 학습 지원

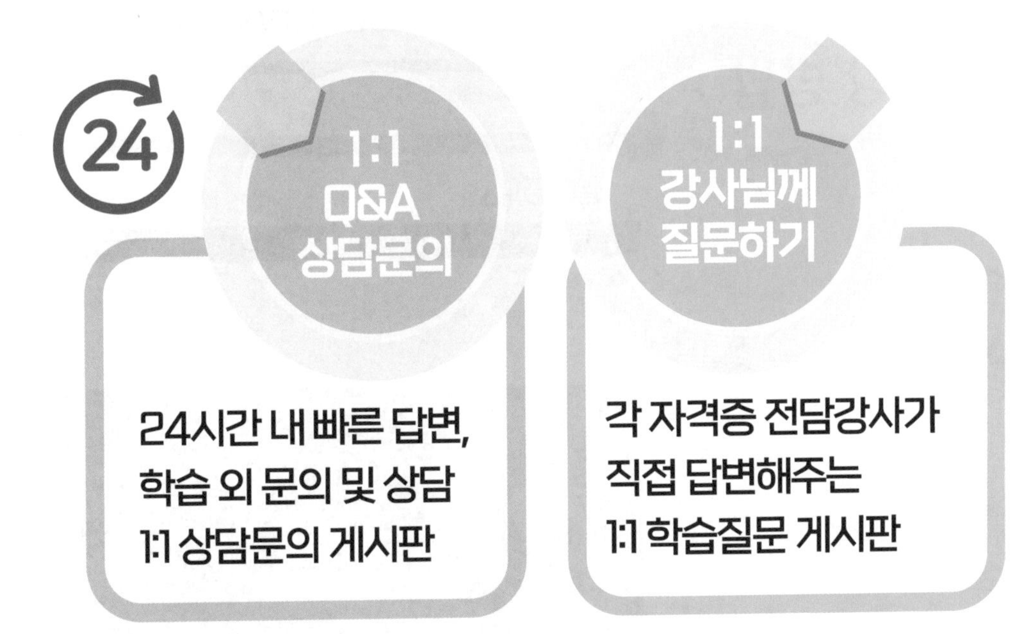

토마토패스에서는 가장 빠른 학습지원 및 피드백을 위해 다음과 같이 1:1 게시판을 운영하고 있습니다.

· Q&A 상담문의 (1:1) | 학습 외 문의 및 상담 게시판, 24시간 이내 조치 후 답변을 원칙으로 함 (영업일 기준)

· 강사님께 질문하기(1:1) | 학습 질문이 생기면 즉시 활용 가능, 각 자격증 전담강사가 직접 답변하는 시스템

이 외 자격증 별 강사님과 함께하는 오픈카톡 스터디, 네이버 카페 운영 등 수강생 편리에 최적화된 수강 환경 제공을 위해 최선을 다하고 있습니다.

05 100% 리얼 후기로 인증하는 수강생 만족도

96.4

2020 하반기 수강후기 별점 기준 (100으로 환산)

토마토패스는 결제한 과목에 대해서만 수강후기를 작성할 수 있으며,
합격후기의 경우 합격증 첨부 방식을 통해 100% 실제 구매자 및 합격자의 후기를 받고 있습니다.
합격선배들의 생생한 수강후기와 만족도를 토마토패스 홈페이지 수강후기 게시판에서 만나보세요!
또한 푸짐한 상품이 준비된 합격후기 작성 이벤트가 상시로 진행되고 있으니,
지금 이 교재로 공부하고 계신 예비합격자분들의 합격 스토리도 들려주시기 바랍니다.

강의 수강 방법
PC

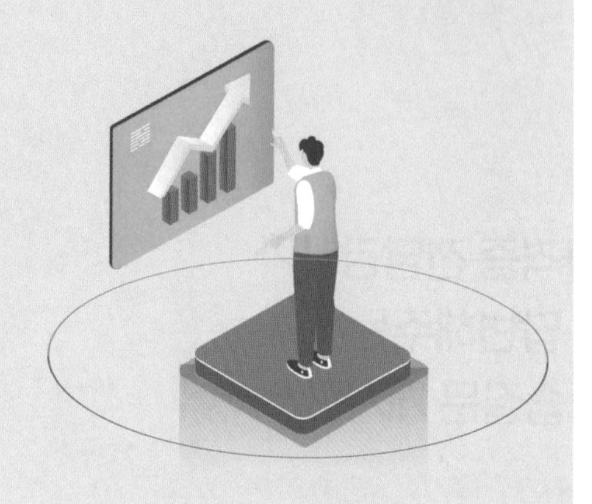

01 토마토패스 홈페이지 접속

www.tomatopass.com

02 회원가입 후 자격증 선택

· 회원가입시 본인명의 휴대폰 번호와 비밀번호 등록
· 자격증은 홈페이지 중앙 카테고리 별로 분류되어 있음

03 원하는 과정 선택 후 '자세히 보기' 클릭

04 상세안내 확인 후 '수강신청' 클릭하여 결제

· 결제방식 [무통장입금(가상계좌) / 실시간 계좌이체 / 카드 결제] 선택 가능

05 결제 후 '나의 강의실' 입장

06 '학습하기' 클릭

07 강좌 '재생' 클릭

· IMG Tech 사의 Zone player 설치 필수
· 재생 버튼 클릭시 설치 창 자동 팝업

강의 수강 방법 모바일

탭 · 아이패드 · 아이폰 · 안드로이드 가능

01 토마토패스 모바일 페이지 접속

WEB · 안드로이드 인터넷, ios safari에서 www.tomatopass.com 으로 접속하거나

Samsung Internet (삼성 인터넷)

Safari (사파리)

APP · 구글 플레이 스토어 혹은 App store에서 합격통 혹은 토마토패스 검색 후 설치

Google Play Store

앱스토어

tomato 패스 합격통

02 존플레이어 설치 (버전 1.0)

· 구글 플레이 스토어 혹은 App store에서 '존플레이어' 검색 후 버전 1.0 으로 설치
(***2.0 다운로드시 호환 불가)

03 토마토패스로 접속 후 로그인

04 좌측 👤아이콘 클릭 후 '나의 강의실' 클릭

05 강좌 '재생' 버튼 클릭

· 기능소개

과정공지사항 : 해당 과정 공지사항 확인
강사님께 질문하기 : 1:1 학습질문 게시판
Q&A 상담문의 : 1:1 학습외 질문 게시판
재생 : 스트리밍, 데이터 소요량 높음, 수강 최적화
다운로드 : 기기 내 저장, 강좌 수강 시 데이터 소요량 적음
PDF : 강의 PPT 다운로드 가능

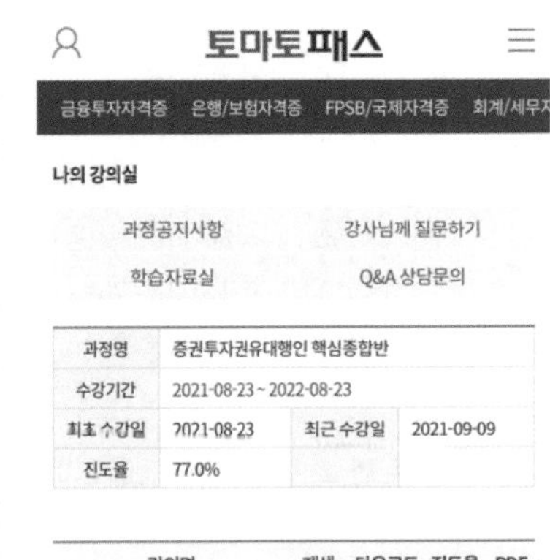

토마토패스

증권투자권유대행인 핵심정리문제집

초판발행 2017년 4월 20일
개정7판1쇄 2024년 6월 20일

편 저 자 백영
발 행 인 정용수
발 행 처 (주)예문아카이브
주 소 서울시 마포구 동교로 18길 10 2층
T E L 02) 2038-7597
F A X 031) 955-0660

등록번호 제2016-000240호

정 가 19,000원

홈페이지 http://www.yeamoonedu.com

ISBN 979-11-6386-296-3 [13320]